国土空间用途管制逻辑架构与制度体系研究

龚 健　杨建新　渠丽萍　叶 菁　朱江洪 等　著

科 学 出 版 社
北 京

内 容 简 介

本书面向国土空间治理现代化需求，系统构建了国土空间用途管制的理论体系与实践框架。本书首先从概念内涵、治理理念和制度演进三个维度，建立了国土空间用途管制的基础理论，分析了当前我国国土空间用途管制面临的现实挑战与改革方向，并通过国际比较研究提炼出可资借鉴的实践经验。在此基础上，创新性地提出自然资源“两统一”职责下的多层级管制事权配置体系、基于功能分区的全域全要素管制架构、“刚性约束+弹性适应”的规则传导机制、依托智能化监管平台的数字化转型路径，以及生命全周期监督与保障机制等五大核心体系模块。

本书融合理论探索与实践创新，可供公共管理、国土空间规划、自然资源管理等领域的学者与管理人员、高等院校相关专业的师生参阅使用。

图书在版编目（CIP）数据

国土空间用途管制逻辑架构与制度体系研究 / 龚健等著. --北京：科学出版社，2025. 7 --ISBN 978-7-03-082828-6

Ⅰ. F129.9

中国国家版本馆 CIP 数据核字第 2025YR3824 号

责任编辑：彭胜潮 / 责任校对：郝甜甜
责任印制：赵　博 / 封面设计：马晓敏

科 学 出 版 社 出版
北京东黄城根北街 16 号
邮政编码：100717
http://www.sciencep.com

北京华宇信诺印刷有限公司印刷
科学出版社发行　各地新华书店经销

*

2025 年 7 月第　一　版　　开本：787×1092　1/16
2025 年10月第二次印刷　　印张：14
字数：329 000

定价：128.00 元

（如有印装质量问题，我社负责调换）

序

国土空间治理是国家治理的重要组成部分。随着我国生态文明建设的持续推进，自然资源管理范式加速重构，“两统一”职责改革标志着国土空间治理体系改革和能力现代化建设全面启动。作为国土空间规划实施的关键制度保障，国土空间用途管制体系与实践机制正在经历从传统土地管理制度向现代空间治理制度演进的转型升级过程。

长期以来，我国土地用途管制制度多以“农转用”审批与耕地保护为核心，制度边界相对单一，实施机制相对封闭，难以满足新时期高质量发展的治理需求。党的十八大以来，国家明确提出建立以国土空间规划为基础、以用途管制为手段的空间开发保护制度，这一变革推动国土空间治理从“指标控制”走向“多维统筹”，从“部门主导”迈向“多元共治”。在此背景下，《国土空间用途管制逻辑架构与制度体系研究》一书的出版，恰逢其时、意义重大。

作者团队凭借深厚的理论积淀和敏锐的政策洞察力，将丰富的规划实践经验与扎实的学术素养有机结合。全书结构严谨、体系清晰，其突出特点体现在三个维度：一是立足国土空间用途管制的制度重塑需求，从宏观制度设计入手，深入分析我国用途管制从土地、用地到空间的范式跃迁过程；二是聚焦实践痛点，系统回应了“管什么、谁来管、如何管”等根本问题；三是关注实操层面的制度运行与技术支持，构建了涵盖管制对象识别、规则体系构建、事权分配、规划衔接、监督实施与数字化支撑的全链条分析框架。书中不仅关注国家顶层制度设计和制度落地机制，也重视制度运行的实践反馈，提出了适应中国国情的用地分区逻辑、规则设计原则与治理路径，为构建统一高效、分区精准、规则明晰的用途管制制度体系提供了理论依据和操作建议。特别值得一提的是，作者针对“两统一”改革中的央地事权重构问题，提出了基于治理效能提升的权责划分方案，回应了规划实践中职责交叉、管控乏力、政策碎片等现实问题，具有现实针对性和政策指导意义。

用途管制制度是空间治理法治化、科学化、精细化的基础制度，在资源保护、格局优化、发展引导等方面发挥着不可替代的战略作用。当前，随着国土空间规划立法进程加快、用途管制规则持续细化，制度研究与地方实践的对接将愈加紧密，研究范式也需从传统管理学转向治理科学和空间政治经济学的交汇融合，实践路径需从政策传导转向法治化与技术创新双轮驱动。在此关键转型期，该书无疑为我国用途管制制度体系的理论构建和实践探索提供了重要启示和支撑。我相信，这部凝聚集体智慧与长期实践积淀的专著，将为学术界深化用途管制研究提供基础，也将为地方政府、相关部门在推进“三区三线”实施、用途管制规则制定和空间治理机制完善等工作中提供有益参考。

谨此作序，予以推荐。

中国工程院院士

2025 年 6 月 30 日

前　言

国土空间是人类生存与发展的基础载体，承载着自然资源保护、经济社会发展和生态文明建设的多重功能。然而，国土空间开发保护面临因无序开发、过度开发、分散开发导致的优质耕地和生态空间占用过多、生态破坏、环境污染等问题。为解决这些问题，2015 年中共中央、国务院印发《生态文明体制改革总体方案》，明确提出要“将分散在各部门的有关用途管制职责，逐步统一到一个部门，统一行使所有国土空间的用途管制职责”，完善自然资源监管体制。随着我国经济社会高质量发展转型的不断深入和生态文明制度体系的逐步完善，建立健全统一的国土空间用途管制制度，已成为实现国土空间治理体系和治理能力现代化的重要抓手，也是生态文明体制改革的重要任务。2019 年中共中央、国务院在《关于建立国土空间规划体系并监督实施的若干意见》中明确提出，要“以国土空间规划为基础、以用途管制为手段”，构建科学、高效、统一的空间开发保护制度。

近年来，国土空间用途管制从传统的以限制农用地转为建设用地、切实保护耕地为核心的“土地用途管制”制度，逐步向全域全要素覆盖、全过程统筹的“国土空间用途管制”制度演进，其内涵和外延不断拓展和深化。用途管制不再仅仅关注土地要素的指标管控，而是成为嵌入国家空间治理体系的关键制度安排，其目标在于统筹各类空间安排和资源利用、协调多元主体权责边界、规范各类开发保护行为，最终实现国土空间的集约高效、生态安全与社会公平。如何在生态文明体制改革背景下厘清用途管制的基础逻辑、权责体系、运行机制与实施手段，已成为当前国土空间治理和自然资源管理领域的重要议题。

本书围绕“逻辑架构—制度体系—实施手段—保障机制”这一主线，系统构建新时代国土空间用途管制的理论框架与实践体系。内容涵盖用途管制的基础理论、制度演进、国际经验、权责体系、对象规则、实施路径、监督机制、数字支撑与保障体系等多个方面，力求从系统性、结构性、实操性层面回应“如何构建支撑高质量发展的新时代国土空间用途管制制度体系”这一改革命题。

本书共 10 章。第 1 章系统界定国土空间的概念、属性与分类，阐释用途管制的制度内涵、目标意义与多维关系，明确其在国土空间治理中的核心地位，主要由龚健、杨建新、黄川悦、高静等完成。第 2 章梳理了我国国土空间用途管制从传统土地用途管制向多元空间治理的演化历程，聚焦机构改革前后的制度变迁与现实困境，主要由龚健、渠丽萍、吴伟、李蕊完成。第 3 章选取欧美、亚洲等典型国家的国土空间空间用途管制制度，对比分析其立法逻辑、技术工具与制度设计，总结对我国的启示，主要由叶菁、杨建新、黄川悦、吴奇伟等完成。第 4 章提出构建“全覆盖、多层次、强传导”的体系化用途管制框架，厘清其核心任务与制度支撑关系，回应新时代高质量发展战略需求，主要由龚健、杨建新、熊芸、李曼、麻夏丽等完成。第 5 章重点讨论自然资源部统一行使国土空间用途管制职责的央地事权划分及多部门协调机制，探讨多元主体治理模式的可行路径，主要由龚健、张志、杨建新、熊芸、李曼、麻夏丽等研究完成。第 6 章构建分区分级分类的用途管制对象体系，分别提出主体功能区、总体规划与详细规划三个层级的规则安排，形成“分区—准入—管控”三位一体的管制逻辑链条，主要由龚健、杨建新、李曼、熊芸等完成。第 7 章探讨用途管制与国土空间规划的横纵向衔接机制，提出基于“事权+规划+实施反馈”三维一体的制度传导路径，强调刚性与弹性并重，主要由渠丽萍、叶菁、高静、熊芸、李曼负责完成。第 8 章从监管责任、生命周期监督体系与技术手段三个维度入手，提出全过程动态监督机制，强化依法依规管控体系，由叶菁、渠丽萍、黄文俊等撰写。第 9 章构建用途管制数字化转型路径，探讨统一管制平台建设、数据底板集成、智能审核机制等关键任务，展望技术赋能下的空间用途管制革新，主要由朱江洪、黄文俊、陈光、邱宇莹等完成。第 10 章聚焦用途管制的政策配套与制度保障，提出从法律体系、治理模式、标准规范、绩效评估等方面构建系统性支撑保障措施，由龚健、张志、杨建新、王丹婷、齐艺莲等完成。此外，周明洋、斯煜涵、齐艺莲等对全书进行了校对，在此表示感谢。

本书受到国家自然科学基金项目（项目编号：42471306）以及湖北省、青海省自然资源科技计划项目资助，是项目组多年来在国土空间治理、用途管制制度与自然资源管理等领域持续探索的阶段性成果。在此，谨向长期给予指导、支持与帮助的各界专家、学者、同仁与出版机构表示诚挚感谢。我们也深知，国土空间用途管制作为一项复杂的系统工程，其理论体系和制度框架仍在不断演进之中。限于研究水平，书中若有不当之处，敬请读者批评指正，以期共同推动我国国土空间治理体系的理论创新与实践进步。

目　录

序
前言
第 1 章　国土空间用途管制基础概念与理论……1
1.1　国土空间用途管制认知……1
1.2　国土空间用途管制主体及对象……14
1.3　国土空间用途管制基础理论……17
参考文献……20
第 2 章　国土空间用途管制演进历程与实践困境……22
2.1　国土空间用途管制演进历程……22
2.2　国家机构改革前用途管制制度解析……31
2.3　国家机构改革后用途管制实践困境……39
参考文献……43
第 3 章　国土空间用途管制国际对比及经验借鉴……44
3.1　欧美发达国家国土空间用途管制经验……44
3.2　亚洲国家国土空间用途管制经验……58
3.3　发达国家国土空间用途管制经验的启示……68
参考文献……74
第 4 章　国土空间用途管制体系架构研究……76
4.1　国土空间用途管制的时代需求……76
4.2　国土空间用途管制核心任务……81
4.3　国土空间用途管制体系架构构建……89
参考文献……95
第 5 章　“两统一”职责下国土空间用途管制事权体系……97
5.1　国土空间用途管制事权体系总体思路……97
5.2　国土空间用途管制央地事权优化……98
5.3　“两统一”视角下政府职能部门管控事权梳理……104
5.4　市场化配置下的多主体治理……109
参考文献……113
第 6 章　全域全要素国土空间用途管制对象与规则……114
6.1　国土空间用途管制对象及其分区分级分类体系……114
6.2　以空间协调发展为导向的主体功能区用途管制策略……124
6.3　以空间格局优化为导向的总体规划分区管制规则……129

6.4　以空间精细化管理为导向的详细规划用途管制规则 …… 134
6.5　国土空间用途管制规则“全流程”实施手段 …… 137
参考文献 …… 142
第 7 章　国土空间用途管制与规划衔接传导机制 …… 144
7.1　国土空间用途管制与国土空间规划的有效衔接 …… 144
7.2　以“事权”为核心的用途管制纵向传导路径 …… 146
7.3　以“规划为依托”的用途管制横向衔接路径 …… 151
7.4　“刚弹兼济”思维下的用途管制传导方式 …… 154
参考文献 …… 157
第 8 章　国土空间用途管制实施监督 …… 159
8.1　国土空间用途管制监督主体与责任 …… 159
8.2　国土空间用途管制的全生命周期监督 …… 161
8.3　国土空间用途管制监督手段 …… 169
参考文献 …… 173
第 9 章　数字化国土空间用途管制 …… 174
9.1　数字化国土空间用途管制的内涵 …… 174
9.2　用途管制数字化转型的关键任务 …… 175
9.3　国土空间用途管制数字化平台 …… 181
参考文献 …… 189
第 10 章　国土空间用途管制实施保障 …… 190
10.1　加强用途管制法制建设，确保依法管制 …… 190
10.2　打造多元治理模式，提升用途管制治理效能 …… 191
10.3　完善用途管制政策措施，筑牢政策体系稳定性基石 …… 194
10.4　优化技术标准体系，强化动态适应性匹配 …… 198
10.5　健全差异化考核机制，强化用途管制绩效评估 …… 199
参考文献 …… 200
附录 …… 201
附表 1　第三次全国国土调查与用地用海分类对应表 …… 201
附表 2　国土空间用途管制分区地类兼容表 1 …… 206
附表 3　国土空间用途管制分区地类兼容表 2 …… 208
附表 4　使用权证申请及发证部门表 …… 210
附图 1　国土空间用途管制分区条件准入流程图 …… 211
附图 2　国土空间使用许可/规划许可流程图 …… 212
附图 3　国土空间审批许可流程图 …… 213

第 1 章　国土空间用途管制基础概念与理论

国土空间用途管制是一种通过科学分类和系统规划，实现对国土空间中各类自然资源的合理利用与有效保护，以推动经济、社会、环境协调发展的管理制度。该制度涉及行政、市场及社会公众等多层级主体，涵盖区域、要素和行为三大核心对象。在管制过程中，主体行为及其对象属性，无论独立存在还是相互作用，都会直接影响管制的效果。

本章在明确国土空间的分区与分类属性的基础上，详细阐释国土空间用途管制的概念、管制主体和对象，并深入解析管制的目标与意义。作为全书的重要理论基础，第 1 章为后续构建国土空间用途管制体系框架提供了关键的理论指引。

1.1　国土空间用途管制认知

1.1.1　国土空间的概念及属性

1. 国土空间的概念界定

国土是指一国居民的生存条件，包括一国的陆地、河流、湖泊、内海、领海、大陆架以及它们的上层和下空（刘胤汉等，1992）。“国土空间”这一概念是对原先国土概念的进一步确认。从空间、区划、用途层面（林坚等，2018）看，国土空间是一个包含人类生活、生产活动和各种资源要素的、复杂的整体时空系统，具体包括“区域”型国土空间、“要素”型国土空间。“区域”型国土空间体现地理学区划视角，如行政区划、经济区划、自然区划、政策区等各种类型划分；“要素”型国土空间可细分为管制类要素空间和用途类要素空间。从管制范围（吴次芳等，2020）看，国土空间是国家主权与主权权利管辖下的地域空间，是国民生存的场所和环境，包括陆地、地上水域、内水、领海、领空等。从国土空间组成要素看（马海涛，2015），国土空间是一个由自然-社会等多种要素共同构成的复杂空间,包括土地资源、水资源、矿产资源、生态环境、社会经济等不同主题要素。国土空间还是地域分异规律的产物，是社会经济客体在空间中相互作用的聚集形态，是制定实施政策的区域单元。国土空间具有自然地理、经济和政治属性。

综上，国土空间是包含生态、资源和环境等自然要素以及经济、社会等人文要素在内的开放式复合系统。国土空间是指国家主权与主权权利管辖下的地域空间，包括一个国家的陆地、河流、湖泊、内海、领海、岛屿、大陆架，以及这些地区的地下部分和上空。从分类而言，根据《国土空间调查、规划、用途管制用地用海分类指南（试行）》，国土空间可分为用地、用海和地下空间。国土空间体现了一个国家或地区的自然地理、人文地理和社会经济等多维度特征，是国家或地区整体发展的空间载体和基础。国土空间的规划和管理，对于实现国家或地区的可持续发展、人民群众的幸福生活具有重要意义。

2. 国土空间的“分区”属性

国土空间依据行政边界、地域、功能、用途等不同标准，可划分为行政分区、地域分区、功能分区、用途分区等不同分区。

1）行政分区

行政分区，是指国家为了便于行政管理，根据政治、经济、民族、历史等各种因素的不同，把领土划分成大小不同、层次不等的区域，并在此基础上建立相应的政权机关进行社会管理的制度。行政区划按四级制，可分为省级、地市级、县级和乡级。

行政分区划分在保持国家统一和整体利益的前提下，同时兼顾地方利益和民意，尊重和维护不同地区的特殊需求和特点。因此，行政区划划分有相对独立性、统一性、完整性、合理性、便于管理和便于发展等特点。

2）地域分区

地域分区是根据不同地理条件所划分的空间范围，这些条件可以包括地形、气候、人文、经济、技术等因素。地域分区旨在将国土空间按照相应特点划分为几大板块，以便进行地理、气候、经济、行政等方面的研究和管理，其有助于更好地理解和利用不同地区的自然资源和人文特点，促进区域协调发展。

自然地域分区　根据地形地貌的不同，可以划分为平原、丘陵、山地、高原等不同类型的地区。自然地域分区或自然综合分区，主要按照光、热、水、土、气、生等要素相互作用形成的地域综合体划分为若干个区域内特征相似、区域间差异显著的空间共轭区域，为国土空间规划、国土空间用途管制、自然资源利用、生态环境保护以及经济和行政管理提供科学依据。例如，将我国国土空间分为 12 个一级区：东北区、内蒙古高原及长城沿线区、黄淮海平原区、长江中下游区、江南丘陵区、四川盆地区、黄土高原区、西北区、云贵高原区、华南区、横断山区、青藏高原区。

中国气候区划　气候的地域分异规律是进行气候区划的基础。由于太阳辐射分布的纬度差异，产生气候随纬度发生有规律变化的纬度地带性；由于海陆分布和海陆对比关系带来干湿度的差异，产生气候随干湿度发生有规律变化的经度地带性；随山地海拔高度的增加，气温下降，产生气候随海拔高度变化的垂直地带性；气候受地方的地形起伏、坡向以及下垫面状况等因素影响，也发生变化。因此，任何地方的气候都是受地带性与非地带性综合影响的结果。气候区划必须反映这些气候分布规律。根据气候条件的不同，可以将全球划分为北寒带、北温带、热带、南温带、南寒带五大温度带。我国根据热量指标，把全国划分为 6 个气候带和一个高原气候区：赤道带、热带、亚热带、暖温带、温带、寒温带、高原气候区（青藏高原）。随着社会的发展和科技进步，气候区划综合考虑自然因素和社会经济因素，是中国乃至全球气候变化研究和适应策略制定的重要基础。

综合农业区划　依据农业发展生产中的自然、经济、技术条件区内相似性和区际差异性，农业基本特征和发展方向一致性，农业生产关键问题与建设途径相对一致性，保持一定行政区划完整性等原则，把中国综合农业区划分为 10 个一级区和 38 个二级区

（具体如表 1-1 所示）。一级区包括秦岭-淮河以北的东北区、内蒙古及长城沿线区、黄淮海区、黄土高原区，东部秦岭-淮河以南地区的长江中下游区、西南区、华南区，西部地区的甘新区、青藏区。这 9 个大陆部分的一级区揭示了中国农业最基本的地域差异，既反映了中国农业自然资源的分布特点，特别是热量、水资源、土壤类型的不同组合对农业发展的潜在影响，也反映了各地区历史形成的农业基本地域特征。此外，中国的海域被划分为一个海洋水产区。由于各一级农业区内部存在农业结构的复杂性和多样性，并伴有显著差异，故在各一级区内部进一步划分出若干二级区。

表 1-1 中国综合农业区划

一级区	二级区	一级区	二级区
I. 东北区	I1. 兴安岭林农区 I2. 松嫩三江平原农业区 I3. 长白山地林农区 I4. 辽宁平原丘陵农林区	VI. 西南区	VI1. 秦岭大巴山林农区 VI2. 四川盆地农林区 VI3. 川鄂湘黔边境山地林农区 VI4. 黔桂高原山地农林牧区 VI5. 川滇高原山地农林牧区
II. 内蒙古及长城沿线区	II1. 内蒙古北部牧区 II2. 内蒙古中南部农牧区 II3. 长城沿线农林牧区	VII. 华南区	VII1. 闽南粤中农林水产区 VII2. 粤西湘南农林区 VII3. 滨南农林区 VII4. 琼雷及南海诸岛农林区 VII5. 台湾农林区
III. 黄淮海区	III1. 燕山太行山山麓平原农业区 III2. 冀鲁豫低洼平原农业区 III3. 黄淮平原农业区 III4. 山东丘陵农林区	VIII. 甘新区	VIII1. 蒙宁甘农牧区 VIII2.北疆农牧林区 VIII3. 南疆农牧林区
IV. 黄土高原区	IV1. 晋东豫西丘陵山地农林牧区 IV2. 汾渭谷地农业区 IV3. 晋陕甘黄土丘陵沟谷牧林农区 IV4. 陇中青东丘陵农牧区	IX. 青藏区	IX1.藏南农牧区 IX2.川藏林农牧区 IX3.青甘农区 IX4.青藏高寒牧区
V. 长江中下游区	V1. 长江下游平原丘陵农林水产区 V2. 豫鄂皖平原山地农林区 V3. 长江中游平原农业水产区 V4. 江南丘陵山地林农区 V5. 浙闽丘陵山地林农区 V6. 南岭丘陵山地林农区	X. 海洋水产区	

3）功能分区

为突破行政区谋发展的理念，统筹未来我国人口分布、经济布局、国土利用和城镇化格局，我国提出了主体功能区划，其体现了以人为本谋发展、尊重自然规律谋发展的理念，是区域发展中贯彻落实科学发展观的重大战略举措，对于实现高质量发展和可持续发展具有重要意义。

主体功能区划是指在对不同区域的资源环境承载能力、现有的开发密度和发展潜力等要素进行综合分析的基础上，以自然环境要素、社会经济发展水平、生态系统特征以及人类活动形式的空间分异为依据，划分出具有某种特定主体功能的地域空间单元。以划分切入点不同，我国主体功能区的具体划分战略也具有多重呈现方式。

基于不同区域的资源环境承载能力、现有开发强度及未来发展潜力，以及其是否符合大规模高强度工业化、城镇化发展的适宜性要求，主体功能区可按开发方式划分为优化开发区域、重点开发区域、限制开发区域和禁止开发区域。其中限制开发区域包括农产品主产区和重点生态功能区两类。具体分类及其特征见表1-2。

表1-2 按开发方式划分的主体功能区分类

区域	内涵及特征
优化开发区域	优化开发区域是综合实力较强、经济规模较大、城镇体系较健全、内在经济联系紧密且科学技术创新实力强，能引领并带动全国自主创新和结构升级的城市化地区
重点开发区域	重点开发区域是指具备较强的经济基础、城镇体系初步形成、具备经济一体化条件且其中心城市有一定的辐射带动作用，能够带动周边地区发展、对促进全国区域协调发展意义重大的城市化地区
限制开发区域（农产品主产区）	限制开发区域（农产品主产区）是指具备较好的农业生产条件，以提供农产品为主体功能，以提供生态产品、服务产品和工业品为其他功能，需要在国土空间开发中限制进行大规模高强度工业化城镇化开发，以保持并提高农产品生产能力的区域
限制开发区域（重点生态功能区）	限制开发区域（重点生态功能区）是指生态系统十分重要，关系全国或较大范围区域的生态安全；目前生态系统有所退化，需要在国土空间开发中限制进行大规模高强度工业化城镇化开发，以保持并提高生态产品供给能力的区域
禁止开发区域	禁止开发区域是指有代表性的自然生态系统、珍稀濒危野生动植物物种的天然集中分布地、有特殊价值的自然遗迹所在地和文化遗址等，需要在国土空间开发中禁止进行工业化城镇化开发的重点生态功能区

资料来源：全国主体功能区规划。

按照开发内容的不同，以主体产品类型为依据，并以县级行政区为划分单元，主体功能区可划分为城市化地区、农产品主产区和重点生态功能区。城市化地区是以提供工业品和服务产品为主体功能，以提供农产品和生态产品为次要功能的地区；农产品主产区是以提供农产品为主体功能，以提供生态产品、服务产品和部分工业品为次要功能的地区；重点生态功能区是以提供生态产品为主体功能，以提供一定农产品、服务产品和工业品为次要功能的地区。

4）规划与管制分区

（1）土地利用规划与管制分区

土地利用分区以土地利用地域分异规律为理论基础，是土地利用规划的关键内容，也是实行土地用途管制的重要手段，对科学制定土地利用方向、合理确定土地利用结构、提高土地利用集约化程度、促进区域协调发展具有重要意义。

土地用途分区主要是作为土地利用总体规划的一项重要内容而存在，是在土地用途管制制度下派生出的分区，将区域土地资源根据用途管制需要、经济社会发展客观要求和管理目标，划分出不同空间区域，并制定各区域土地用途管制规则，通过用途变更许可制度，实现对土地用途的管制。

土地利用分区是按照地域分异规律和土地利用条件、土地利用现状、土地开发利用方向与途径的相似性和差异性对土地进行区域划分，又称土地利用区划。它是合理开发利用和保护土地资源、因地制宜调整土地利用结构和确定土地利用方向的重要科学依据。

早在 1994 年出版的《中国土地利用》把全国划分为 4 个一级区和 17 个二级区，具体见表 1-3。一级区反映我国水、热条件和土地利用结构最大的地域差异；二级区反映我国各地区自然、社会经济条件和历史发展过程不同，而形成不同土地利用结构、不同利用水平等最基本的地域差异。此后，在历次土地利用总体规划编制中，对土地利用分区做了相应调整与优化。

表 1-3　中国土地利用分区表

一级分区	二级分区
北方区	东北山地丘陵区、东北平原丘陵区、长城沿线区、黄土高原区、华北平原区
南方区	四川盆地和秦岭大巴山区、长江中下游平原区、东南丘陵区、云贵高原区、华南滇南区
西北区	内蒙古东北区、蒙甘宁区、北疆区、南疆区
青藏高原区	青藏高原西北部区、青川藏区、青藏高原东南部区

（2）城乡规划与管制分区

城乡规划分区是指对城市和乡村进行合理的空间布局和功能分区，以实现经济、社会和环境的协调发展。这一过程包括总体规划和详细规划两个层次，总体规划着重于绘制出城乡发展的总体方向，而详细规划则是从面向建筑、交通等方面进行具体的规划和建设。

城乡规划分区主要依据功能进行划分，包括居住区、商业区、工业区、交通区、公共设施区等（表 1-4）。各类区域根据其特定功能进行规划和布局以满足不同需求。

表 1-4　城乡规划功能分区

规划分区	相关释义
居住区	居住区主要关注居民的生活环境和居住质量。居住区的规划会考虑住宅的布局、公共设施的配套、绿化环境以及交通出行等因素
商业区	商业区是城市中经济活动最为集中的区域，主要规划各类商业设施，如商场、办公楼、酒店等，以满足城市的商业活动需求
工业区	工业区是城市中工业生产活动的主要区域，规划时需要考虑工业生产的特性，如土地利用、交通运输、环境保护等
交通区	交通区主要关注城市的交通规划和建设，包括道路、铁路、港口、机场等交通设施的布局和规划
公共设施区	公共设施区规划各类公共服务设施，如学校、医院、公园、图书馆等，以满足城市居民的基本生活需求
生态保护区	生态保护区是为了保护城市的自然环境和生态系统而设立的特定区域，规划时需要考虑如何保护和维护这些区域的自然生态
历史文化保护区	历史文化保护区是为了保护和传承城市的历史文化遗产而设立的特定区域，规划时需要关注如何保护历史建筑、古迹和文化遗产
农业区	在乡村规划中，农业区是主要的分区之一，关注农业生产和农村环境的规划和管理

城乡规划管制分区是城乡规划中的一项重要内容，它通过对城乡空间进行科学合理的划分，制定不同区域的开发标准和控制引导措施，以实现城乡空间的有序发展和合理利用。根据城乡规划的要求和区域特征，可以划分 4 类管制分区（表 1-5）。

表 1-5　城乡规划管制分区

管制分区	相关释义
禁建区	禁止进行任何与保护无关的建设活动的区域。这些区域通常具有重要的生态、景观或历史文化价值，需要严格保护。例如，自然保护区、风景名胜区、历史文化遗产保护区等
限建区	限制进行建设活动的区域。这些区域虽然可以进行一定的建设活动，但需要符合特定的条件和要求，并严格控制建设规模和强度。例如，生态敏感区、水源保护区等
适建区	适宜进行建设活动的区域。这些区域通常具有较好的建设条件和发展潜力，可以根据城乡规划的要求进行合理开发和利用。例如，城市新区、产业园区等
已建区	已经建成并投入使用的区域。这些区域需要注重维护和更新改造，提高土地利用效率和城市品质

（3）生态环境管控分区

生态环境管控分区以保障生态功能和改善环境质量为目标，针对不同环境的差异化精准管控要求，展开区域划分。《生态环境分区管控管理暂行规定》（环评〔2024〕41 号）基于生态环境结构、功能、质量等区域特征，通过环境评价，在大气、水、土壤、生态、声、海洋等各生态环境要素管理基础上，确定优先保护单元、重点管控单元和一般管控区域等三类管控单元。

优先管控单元，是落实“三区三线”划定成果，以生态保护红线为基础，所划出的保护区域。重点管控单元指的是以生态环境质量改善压力较大、资源与能源消耗强度高、污染物排放集中的区域为主体，结合生态破坏严重和环境风险高的特征，将发展与保护矛盾突出的区域加以识别，从而确定重点管控的区域。一般管控单元即以上两个单元以外的其他区域。

（4）国土空间规划与管制分区

国土空间规划与管制分区主要是根据国土空间用途管制的需要，突出耕地保护、生态管控、建设控制、文化保全和自然资源节约高效利用，遵循可操作性原则所划分的区域。其按照国土空间不同用途所发挥的功能不同，先将我国国土空间划分为城镇空间、农业空间、生态空间、能源与矿产空间和海洋空间等五类空间；其次，依据国土空间用途管制的差异，将五类空间细分为一级用途管制分区和二级用途管制分区。一级用途管制分区是省市级规划与管制重点，二级用途管制分区是市县规划与管制重点。

五类空间包括生态、农业、城镇、能源与矿产、海洋空间。生态空间，作为国土空间的重要组成部分，主要承担提供生态服务或生态产品的功能，其显著特点是具备自然属性。这一空间范畴广泛，涵盖了森林、草原、湿地、河流、湖泊、滩涂、岸线、海洋等多种自然要素，同时也包括荒地、荒漠、戈壁、冰川、高山冻原以及无居民海岛等地域。通过保护和合理利用生态空间，能够维护生态平衡，促进可持续发展。农业空间是以农业生产和农村居民生活为主要功能的国土空间，它肩负着农牧产品生产和农村生活的重要职责。在进一步划分上，农业空间可分为两大类型：农业生产空间和农村生活空间。城镇空间主要指城镇集中开发建设并可满足城镇生产、生活需要的区域，也是人类活动作用强度最高的区域。能源与矿产空间包含矿产能源发展区一级用途管制分区，其是为适应国家能源安全与矿业发展的重要陆域采矿区、战略性矿产储量区等区域。海洋空间是指地球表面上被海洋覆盖的区域，包括海洋表面、海底和海洋大气层，是地球最大的生态系统，占据地球总面积的 70%。

以国土空间开发适宜性评价为基准，以承载的主导功能为导向，打破行政界线，将上述五大空间进一步细分为“生态保护区、生态控制区、海洋生态保护区、农田保护区、乡村发展区、海洋发展区、城镇发展区、矿产能源发展区”8 个一级用途管制分区，各地方因地制宜在一级用途管制分区的基础上编制二级分区，具体见表 1-6。

表 1-6　国土空间分区表

五类空间	一级用途管制分区	二级用途管制分区
生态空间	生态保护区	自然保护地核心保护区
		生态保护红线一般控制区
	生态控制区	生态控制区
农业空间	农田保护区	农田保护区
		村庄建设区
	乡村发展区	一般农业区
		林业发展区
		牧业发展区
城镇空间	城镇发展区	城镇集中建设区
		城镇弹性发展区
		特别用途区
能源与矿产空间	矿产能源发展区	矿产能源发展区
海洋空间	海洋生态保护区	海洋生态核心保护区
		海洋生态保护一般控制区
	海洋发展区	渔业用海区
		交通运输用海区
		工矿通信用海区
		游憩用海区
		特殊用海区
		海洋预留区

3. 国土空间的“分类”属性

1）基于适宜性的国土空间分类

基于国土空间不同的功能特性、开发适宜性，可将国土空间划分为生产、生活、生态等三类空间，即“三生”空间。“三生”空间是我国新时期国土空间开发优化的重要风向标，自此，重视绿水青山为主导的生态空间、以人为本的生活空间，开始成为城乡建设工作的重中之重（王颖等，2018）。

生产空间是可以提供农产品、工业产品等多种形式产品，人民从事生产活动，具有资源供给、经济增长功能的特殊功能区域，如耕地、独立工矿用地等。生活空间是为人们提供居住、服务消费、休闲娱乐活动等日常生活活动使用的综合国土空间，如居住用地、商服用地等。生态空间是指能缓解生态环境问题并保证生态安全，具有生态防护、环境净化和景观维护功能，可提供生态产品和生态服务的国土空间，如林地、草地、水域等（王颖等，2018；王昆，2018）。

“三生”空间之间存在彼此交融、共生共灭的关系。生产空间是生态空间和生活空间的物质保障基础；生活空间是人类社会、文化活动的承载场所；生态空间是支撑生产空间和生活空间实现自身功能的基础。

“三生”空间分类更聚焦于城乡内部核心功能，在边界划定、空间识别上会出现一定的交叉重叠、识别不一致等现象，导致其在实施落地、上下级实施统筹等方面可能存在一定实操难度。因此，基于国土空间规划、用地用海的国土空间分类，已成为我国国土空间分类的重要标准。

2）基于现状调查、规划、管制的国土空间分类

任何体系的国土空间用途管制都必须紧密结合国土空间实际情况，最终落实到土地与海洋的精细化管理上。国土空间的合理分类不仅为设计用途管制制度提供了科学依据，更是构建科学、高效的国土空间用途管制制度的重要基石。

土地利用现状分类　1984 年《土地利用现状调查技术规程》中的“土地利用现状分类及含义”，将土地分为耕地、园地、林地、牧草地、居民点及工矿用地、交通用地、水域和未利用土地 8 个一级类和 46 个二级类。该土地分类体系一直沿用到 2001 年 12 月。修订后的 1998 年《中华人民共和国土地管理法》将土地分为农用地、建设用地和未利用地三大类。因此，第二轮土地利用总体规划编制所采用的规划分类体系，是在原土地分类体系基础上进行归并和调整所确定的。

全国土地分类　1998 年，《中华人民共和国土地管理法》明确国家实行土地用途管制制度，将土地分为农用地、建设用地和未利用地。2002 年，为满足土地用途管理的需要，科学实施全国土地和城乡统一管理，扩大土地调查成果，在研究、分析 1984 年《土地利用现状调查技术规程》制订的“土地利用现状分类及含义”和 1989 年《城镇地籍调查规程中》制订的“城镇土地分类及含义”两个土地分类基础上，国土资源部制定了城乡统一的“全国土地分类”。“全国土地分类”包括《全国土地分类（试行）》和《全国土地分类（过渡期间适用）》。《全国土地分类（试行）》是城乡一体化的土地分类，适用于城镇和村庄大比例尺地籍调查，其采用三级分类，其中一级分为农用地、建设用地和未利用地 3 类，对应《中华人民共和国土地管理法》的三大类、15 个二级类、71 个三级类。《全国土地分类（过渡期间适用）》是针对全国城镇与村庄地籍调查尚未全面完成的现实情况制定的，适用于土地变更调查和更新调查，其框架及农用地和未利用地部分与《全国土地分类（试行）》完全相同，建设用地部分做了适当的归并。

2007 年全国《土地利用现状分类》　经过进一步优化调整，2007 年 8 月国土资源部正式发布实施《土地利用现状分类》(GB/T 21010—2007)，并按照此分类体系开展

了第二次全国土地调查。该标准采用土地综合分类方法，确定二级分类体系，共包含 12 个一级类、57 个二级类。一级类主要依据土地用途、利用方式、经营特点，考虑农、林、水、交通、城市管理等不同部门管理需求划分的，分为耕地、园地、林地、草地、商服用地、工矿仓储用地、住宅用地、公共管理与公共服务用地、特殊用地、交通运输用地、水域及水利设施用地、其他土地 12 大类。二级类依据自然属性、覆盖特征、用途和经营目的等方面的土地利用差异，对一级类进行具体细化。

2017 年全国《土地利用现状分类》　为提高生态保护工作的落实力度、明确新兴产业用地类型、兼顾监管部门管理需求，《土地利用现状分类》(GB/T 21010—2017）完善地类含义，细化二级类划分，调整地类名称，在原三大类的基础上增加湿地归类。与 2007 年版相比，总体框架及一级类保持不变，共分为 12 个一级类、72 个二级类，二级类的编码由 3 位数字变为 4 位数字。该分类系统在第三次全国土地调查中全面应用。

《国土空间调查、规划、用途管制用地用海分类指南（试行)》(以下简称《分类指南（试行)》）采用三级分类体系，共设置 24 种一级类、106 种二级类及 39 种三级类。《分类指南（试行)》实施三年来，为各级自然资源主管部门统一行使全民所有自然资源资产所有者职责，统一行使所有国土空间用途管制和生态保护修复职责，建立健全统一调查监测和确权登记制度，推进“多规合一”的国土空间规划体系建设并监督实施，全面规范自然资源管理，促进生态文明建设等方面发挥了重要积极作用。根据《分类指南（试行)》的实施情况，结合自然资源调查监测、国土空间规划编制及“三区三线”划定、国土空间用途管制、耕地保护监督、自然资源开发利用、用地用海审批和执法监管的实际需要，为更好地满足自然资源精细化管理需求，自然资源部对《分类指南（试行)》予以修订，并正式颁布《国土空间调查、规划、用途管制用地用海分类指南》(自然资发〔2023〕234 号)。最新文件对用地用海分类采用三级分类体系，共设置 24 个一级类、113 个二级类和 140 个三级类，其与第三次全国国土调查工作分类对应情况见附表 1。

1.1.2　国土空间用途管制概念及内涵

1. 国土空间用途管制概念

2013 年《中共中央关于全面深化改革若干重大问题的决定》首次“明确统一行使所有国土空间用途管制职责”。2019 年《中共中央　国务院关于建立国土空间规划体系并实施监督的若干意见》明确提出:“到 2025 年，形成以国土空间规划为基础，以统一用途管制为手段的国土空间开发保护制度”。不同学者从不同角度对国土空间用途管制进行了概念界定。

国土空间用途管制的基本内涵是按照不同发展要求，划分不同尺度的空间区域，并制定各空间用途管制或正负面清单，通过用途变更许可或正负面清单制度等配套政策、措施，使国土空间开发利用者严格按照国家规定的用途开发利用国土空间的制度（吴次芳等，2020)。从管制主体、对象角度出发（赵毓芳等，2023)，国土空间用途管制是政府运用行政权力对空间资源利用进行管理的行为，其管制对象是自然资源载体。

综合分析认为，国土空间用途管制是指通过合理分类和规划国土空间，对不同类型的土地和海洋资源进行合理利用和保护，以实现经济、社会和环境协调发展的管理制度。它包括对国土空间中不同用途的划分、布局、开发和管理等一系列措施和规定，以确保资源的科学利用、生态环境的保护和社会经济的可持续发展。

国土空间用途管制涉及规划、实施、监督三项核心职责。与传统的土地用途管制相比，其在以下三方面具有更强的功能：第一，更具有整体性和全域性的功能；第二，具有更强的空间管控功能；第三，具有更强的空间治理功能。此外，国土空间用途管制权作为一项行政权力，具备经济规制和社会规制的复合功能，它是经济规制、行政规制、法律规制、社会规制、生态规制乃至道德规制的综合体。

国土空间用途管制的目标是在保护生态环境的前提下，合理利用我国自然资源，促进经济可持续发展，提高生活质量，并推动城乡一体化的可持续发展。它是国土空间管理的重要组成部分，对于保护自然生态、维护社会安全、优化经济布局、提升国家竞争力具有重要意义。

2. 用途管制重大关系辨析

1）国土空间用途管制与国土空间规划

国土空间规划和国土空间用途管制间具有相互关联性，也具有差异性。国土空间规划是一个宏观的、长期的战略性规划，在整体上考虑国土空间的合理布局，并谋划未来发展。而国土空间用途管制是具体的、针对性的措施，通过制度规范和引导人类行为，以达到对国土空间进行有效管理的目的。

国土空间用途管制通过法规和政策来约束不同区域的土地利用行为，以促进经济社会发展和自然资源保护。其通过规划制定不同区域的用途分区，设定不同类型的土地使用标准、限制条件和管理措施，对开发利用活动进行引导和限制。

国土空间规划是在制定战略规划时对国土空间进行统筹考虑和规制，以协调各方利益需求，并将其转化为行动计划。它包括明确国土空间的发展目标、规划原则和指导方针，并制定具体的规划措施，用于指导国土空间开发和利用。

国土空间用途管制与国土空间规划之间存在紧密的依存关系。具体而言，国土空间用途管制是国土空间规划得以实施的重要基础，它确保了规划所确定的用途分区等内容能够切实转化为实际行动。反过来，国土空间规划则为国土空间用途管制提供了明确的指导依据，有助于制定出更为精准有效的管制措施，并确保其实施过程的顺利进行。两者相辅相成，共同构成了国土空间治理体系的重要组成部分。

2）国土空间用途管制与土地用途管制

土地用途管制的核心在于对耕地、建设用地及未利用地这三大类别进行精细管理。其主要目的在于严格限制农用地向建设用地的转变，严格控制建设用地的总量，并致力于保持耕地总量的稳定，从而确保国家粮食安全不受威胁。其相关配套措施主要针对农用地，如永久基本农田保护制度和耕地占补平衡制度。总体来说，土地用途管制对象相对较为狭窄，不能准确反映各类土地用途的管制细则。

国土空间用途管制制度显著扩大了其管辖范围，全面覆盖了整个国土空间。这一制度不仅涵盖了诸如河流、湖泊、地下水、湿地、森林、草原、滩涂、岸线、海洋、荒地、荒漠、戈壁、冰川、高山冻原以及无居民海岛等众多自然生态空间，还涉及城乡建设区域。在此基础上，国土空间用途管制还需深入考虑各类开发建设活动的空间布局与管理，制定一系列规则，以规范不同用途土地如耕地、林地、草地、湿地、海域、海岛等的转换行为，最终实现全域内各要素间的协调与平衡发展。综上所述，国土空间用途管制相较于土地用途管制，在对象范围和管制细则上更加广泛和综合，涵盖了更多类型的资源和各类开发建设活动，以实现国土空间协调发展。

3）国土空间用途管制与国家治理

国家治理是指由主权国家的执政者及其国家机关为了实现社会发展目标，通过一定的体制设置和制度安排，协同经济组织、政治组织、社会组织和公民一起，共同管理社会公共事务、推动经济和社会其他领域发展的过程。国家治理涵盖了政府治理、市场治理、社会治理等多元主体不同层次的治理。研究国家治理现代化除了注重其一般属性之外，还要注重中国的独特国情，实现符合中国特色的现代国家治理。

从土地用途管制到国土空间用途管制的演变，始终与推进国家治理体系和治理能力现代化、全面建设社会主义现代化国家的总体战略部署息息相关，是国土空间治理视角下的重要议题（林坚等，2024；林坚，2020）。我国国土空间治理制度是向土地赋予空间权力的一系列方式集合，其主要与权利人占用或使用的权籍空间对应；国土空间用途管制是对多种权力束进行统一管制的过程，其是国土空间治理的重要手段（谢莹，2021）。

4）用途管制、行政许可和行政审批

用途管制本质上就是利用行政权力来配置土地发展权的过程，它是解决土地利用外部性问题的主要途径，其管制手段包括行政许可和行政审批。

审批和许可是一种并存且相互补充的关系，但审批与许可两者在适用对象与规范关系上存在一定差异。具体来说，行政许可主要针对公民、法人或其他经济组织，其目的在于规范政府与这些对象之间的行政关系。相较之下，审批的适用范围更为广泛，它不仅涵盖了行政许可的对象，还扩展至行政机关本身，主要用于调整不同层级政府间的相互关系。因此，审批与许可在实际应用中各有侧重，需根据具体情况灵活选择。

1.1.3　国土空间用途管制的目的与意义

1. 国土空间用途管制的目的

1）矫正市场失效，降低空间负外部性

完全的市场竞争会带来无法控制的负面效应。大多数市场主体秉持自身利益最大化的原则，往往只注重局部空间用途带来的经济效益，而忽视了全局空间用途的社会、生态和经济效益。如上游开发引起的水土流失和环境污染对下游产生的生产生态影响，无法由市场治理规避。通过合理的功能分区和政策分区，国土空间用途管制可以有效减少国土空间开发利用的负面影响。如限制上游地区的开发、将居住用地与工业用地分开一定距离布局等措施，能最大程度地降低国土空间利用的负外部性问题，减少对公共健康的潜在威胁，为人民提供便利和福利。此外，国土空间用途管制对于维护空间公共利益起到了重要的作用。首先，国土空间用途管制可确保资源在社会中公正分配。通过对国土空间规划和管理，可以避免资源过度集中或过度分散的问题，从而实现公平的资源分配，更好地满足社会各群体的需求。

因此，国土空间用途管制旨在降低国土空间开发利用负面影响，并减少市场失灵现象，以更好地满足全体人民的需求和期望，实现公共利益的共享。

2）协调开发保护矛盾，保障国家发展战略协同落地

人类历史上，随着其他产业生产、居民居住、社会消费和自然休闲等需求与农业生产用地竞争的增加、大量的边缘自然资源被不断开发利用，国土空间开发和保护的矛盾成为一个长期存在且重要的话题。此外，国家机构改革前，各部门对国土空间的管理事权、管控范围交叉，管制手段较为薄弱，缺乏对国土空间开发保护的制度规范。一系列诸如区域协调发展战略、主体功能区战略、新型城镇化战略等国家发展战略的深入实施，都需要国土空间作为载体、保障和管控约束。为确保统筹协调战略在空间层面得以实施，必须实现各类开发和保护活动的相互协调，并形成有效的空间治理合力。

国土空间用途管制坚守底线思维，首要考虑国家安全、生态安全、环境安全和粮食安全，深入剖析潜在问题，并针对性地制定应对策略。其核心理念超越单纯的经济视角，致力于实现公共安全和长远福祉的最大化。在实施国土空间用途管制之前，通过国土空间规划进行全面调查、深入评价和细致梳理，以识别开发与保护全过程中可能出现的核心矛盾和关键问题。基于对客观世界、空间要素、结构功能及其演变规律的深刻理解，统筹开发主体的决策，合理选择开发行为的类型、资源利用的空间布局，以及适时安排最为适宜的资源利用方式。此外，国土空间用途管制指导支撑战略实施的空间布局规划，完善空间治理体系，为国土空间开发保护提供制度依据。绿色、高效、集约、节约、科学、合理开展国土空间开发保护活动，有助于构建优势互补、高质量发展的区域经济布局和国土空间体系，明确加强战略融合和实施协同的新导向。

3）强化国土空间管理，保障经济高质量发展

发展是解决中国所有问题的关键。国土空间用途管制具有一定的强制性，摒弃某些不符合新发展理念的开发模式，这可能导致经济增速减缓，但实行国土空间用途管制并不意味着制约经济发展。国土空间用途管制的最终目的，是实现经济高质量发展。共抓大保护、不搞大开发，并不是摒弃发展，而是把生态修复放在首位，

不搞破坏性开发。在国土空间开发中，用途管制提供开发前置性条件和要求，通过规定用途、明确开发利用条件，严格控制城镇建设占用优质耕地和自然生态空间，协调经济发展中生态保护与国土空间供给的关系，实现优化国土空间开发格局、提升开发质量、规范开发秩序的目标。用途管制并非限制所有类型的国土空间开发，而是通过强制力限制不符合新发展理念的开发，引导国土空间开发向绿色、高效、集约、节约转变。因此，建立和实施国土空间用途管制，是为了破除当前经济发展过程中面临的资源环境瓶颈、强化国土空间管理，其最终目的是为经济高质量发展提供保障。

2. 国土空间用途管制的意义

1）推进生态文明体制改革，加强生态文明建设

国土空间用途管制也是推进体制改革的重要一环。它要求我们在规划、管理、监管等方面进行全面改革，打破传统的管理模式和思维定式，建立更加科学、合理、高效的国土空间治理体系。这一改革过程不仅有助于提升国土空间治理的效能和水平，更能为生态文明制度建设提供有力支撑。

国土空间用途管制制度是推进生态文明建设的重要手段，也是满足人民美好生活需要的重要基础和实现高质量发展的重要保障。通过实施国土空间用途管制，我们能够有效地规范国土空间的开发、利用和保护行为，防止过度开发和无序扩张，从而保护生态环境、维护生态平衡。这一制度的实施，有助于推动形成绿色发展方式和生活方式，促进人与自然和谐共生，推动全国生态文明制度建设迈上新台阶，为地区乃至全国的生态文明建设贡献智慧和力量。

国土空间用途管制在推进体制改革和加强生态文明制度建设方面具有重要意义。我们应当深入研究和探索这一制度，不断完善和优化其实施机制，为构建美丽中国、实现中华民族永续发展作出积极贡献。

2）推进规划制度改革，保障国土空间规划精准落地实施

国土空间用途管制是规划制度改革的重要一环。通过对不同功能空间和用途的转换规则进行明确和细化，打破传统规划中的僵化框架，实现规划体系的灵活性和适应性，不仅可以提高规划的科学性和可操作性，更能实现定量管理规划任务，为国土空间的高效利用提供有力保障。

国土空间用途管制是保障国土空间规划精准落地实施的关键措施。通过实施严格的用途管制，确保规划内容得到严格执行，防止发生随意改变规划用途和破坏规划布局的行为，有助于维护规划的权威性和严肃性，提升规划实施的效果和质量。

综上所述，国土空间用途管制在推进规划制度改革、保障国土空间规划精准落地实施方面具有重要意义。它不仅是规划工作的重要组成部分，更是推动国土空间科学、合理、高效利用的重要手段。

3）完善国土空间治理体系，提高国土空间治理能力

通过构建兼具多样性和实施性的层级化国土空间用途管制体系，可以实现对国土空间的精细化、科学化管理，推动国土空间治理体系和治理能力现代化。

国土空间用途管制体系不仅明确了横向和纵向的实施内容与方式，更对国土空间分类、空间准入/转用规则、部门内部事权与外部合作、规划实施与监管等提出了具体要求。其有助于形成权责清晰、运行高效的国土空间治理机制，确保国土空间规划的精准实施和有效监管。

国土空间用途管制的实施，可以促进国土空间治理体系的进一步完善，具体包括对国土空间利用行为的规范、对违法违规行为的惩治、对国土空间资源的优化配置等方面。同时，还可以提高国土空间治理能力，包括提升规划编制水平、加强规划实施监督、完善规划评估机制等。

国土空间用途管制是完善治理体系、提高国土空间治理能力的重要途径。通过构建层级化、精细化的管制体系，可以实现对国土空间的科学规划和合理利用，为全国及地区高质量发展提供有力支撑。

4）提高资源利用效率，保障社会可持续发展

国土空间用途管制制度是落实党中央、国务院对国土资源工作新要求，适应经济社会发展需要的关键制度。国土空间用途管制旨在合理规划和管理国土空间利用、引导产业布局和规范建设活动，以实现对公共资源的合理配置，提高公共财政效率。

用途管制替代分级限额审批制度后，推动了土地管理方式的根本变革，强化了国土空间规划和年度利用计划的效能，成为抑制耕地占用、保护耕地资源的重要手段，对控制土地利用方向，严格限制农用地转为建设用地，尤其对耕地进行特殊保护具有重要意义。此外，国土空间用途管制规则规范各类国土空间的开发建设活动，严格控制建设用地增长速度与数量，缓解自然资源利用中的冲突问题，提高资源利用效率，有助于保障国家生态安全和水土资源安全，促进生产生活方式绿色转型，推动我国可持续发展空间蓝图的顺利实施，保障国土的可持续利用和社会经济的健康发展。

1.2　国土空间用途管制主体及对象

国土空间用途管制中的主体、对象、规则主要对应管制中的“谁来管”“管什么”“怎么管”问题。管制规则是管制主体针对即将或已实施开发利用行为的个人或组织制定的限制或许可规范，明晰国土空间用途管制主体及对象是管制规则实施的前提。

我国国土空间用途管制从单要素单领域向全域全要素全过程维度的转变，要求相应的管制主体和对象也发生相应改变，本书的管制主体主要包括政府、市场、社会公众。管制对象包括空间、要素、行为这三大核心对象，具体见图 1-1。

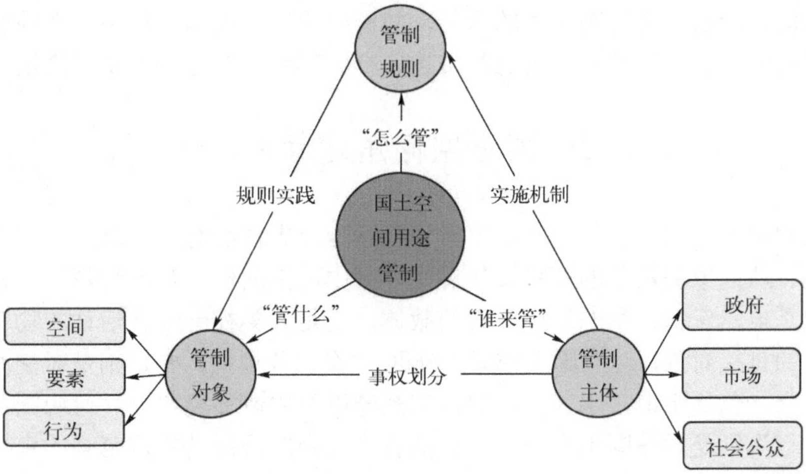

图 1-1 国土空间用途管制主客体及规则路径

1.2.1 国土空间用途管制主体

在国土空间用途管制中，管制主体的界定对于实现有效的空间治理至关重要。管制主体不仅涉及管制的责任主体，也包括对于管制权力的具体行使主体。一般而言，国土空间用途管制主体主要包括行政主体、市场主体、社会和公众主体（冷佳薪，2021）。

行政主体：行政层级包括国家层级、地方政府层级、行业主管部门层级。国家层级亦最高层级，国家通过制定相关的国土空间规划法律、政策和标准，为国土空间用途管制提供基本遵循。国家层级的管制重点在于维护国家安全、推进国土资源的合理布局和高效利用，以及保护生态环境。地方政府是国土空间用途管制的直接执行主体，根据国家层面的规划和政策，结合本地实际情况制定更为具体的实施方案和措施。地方政府负责具体的空间规划制定、审批以及监督实施等工作。行业主管部门负责具体业务的受理和监督工作，根据自身的职能范围，参与国土空间用途管制的具体实施，如自然资源部、农业农村部等。

市场主体：在市场经济中，市场调控是有效的资源配置手段。首先，政府在公益类自然资源资产配置中发挥决定性作用，而市场在私益类自然资源资产配置中发挥主体性作用，而政府在其中承担相应监管责任。其次，自然资源资产的有偿使用规则、自然资源资产分等定级规定和交易体系及平台的出现，都为市场主体合理开发、利用、流转自然资源资产提供了开放的环境。

社会和公众主体：在现代国土空间治理理念中，公众和社会组织也是重要的参与主体，具有大众监督权。通过公众参与机制，增强国土空间用途管制的透明度和公众的知情权，同时收集社会公众对于空间规划和国土空间用途管制的意见和建议，共同推动国土空间的科学管理和可持续发展。

此外，考虑到国土空间用途管制是一个多主体协同参与的复杂过程，强调各管制主体之间的沟通、协调和合作对于提高管制效率具有重要意义。可见，明确国土空间用途管制主体的问题涉及识别管制主体的责任，故需要正确认识和处理中央和地方的关系、各职能部门间的关系，以及明确政府与市场、社会三者间的互动关系（高炬，2016）。

1.2.2 国土空间用途管制对象

国土空间用途管制涵盖了空间、要素、行为这三大核心对象。这一过程实质上是从宏观到微观、从抽象到具象的逐步细化过程。其中，空间作为管制的基础，特指国土空间，它不仅是自然资源、生态环境要素的载体，更是人类社会经济活动的物理平台，因此成为管制的直接对象，对应国土空间“分区”“分类”属性。要素则是对空间内各类资源的细化分类，包括土地、水、矿产等自然资源以及生态环境要素，对应国土空间“分类”属性。行为则是对在国土空间上进行的各类社会经济活动的规范与约束（王颖等，2018；王昆，2018）。

1. 国土空间

空间可以划分为实体空间和虚拟空间两个层面，而由于虚拟空间的非客观感知性，实施国土空间用途管制应专注于实体空间，因此虚拟空间不应在用途管制的范围内被纳入考虑。此外，实体空间具有多重属性。第一，功能属性，《关于建立国土空间规划体系并监督实施的若干意见》基于功能的差别，将我国国土空间划分为生态、农业、城镇等功能空间。第二，边界属性，其又分为行政区划边界和空间边界。行政区划边界是在平面的基础上划分，具有层级属性。具体而言，根据行政管理需要，我国国土被分割成为若干个省级行政区（包括省、自治区和直辖市），而每个省级行政区又被进一步划分为若干个地级市，而地级市下又进一步划分为不同的县级行政区（包括区和县），以此类推。空间边界是指立体空间的边界，如《国土空间调查、规划、用途管制用地用海分类指南》将国土空间分为地上、地下空间以进行分类管理。

综述，国土空间用途管制的直接对象首先是我国主权范围内的全域空间，包括领地、领海及领空；其次，该管制空间具有功能、价值属性，能在人类能力范围内被开发利用，即超过人类极限的空间无需纳入管制客体。

2. 自然资源要素

在上述国土空间的基础上，空间内包含各自然资源要素，如草原、耕地、林地、水体等，这类自然资源也具有一定的功能和价值属性，使其所在的国土空间产生了相应的功能与价值。从国土空间用途管制客体角度看，自然资源要素是国土空间的进一步细化。

从自然资源要素角度分类，国土空间用途管制要素对象主要包括耕地、草原、林地、湿地、水资源、矿产资源和建设用地。针对不同的要素分类，可构建以资源类型为导向的国土空间用途管制体系。

3. 人类行为

各类用途分区中人类进行开发、利用、保护国土空间的行为过程，是国土空间用途管制的本质与核心对象。通过设定人类活动准入标准和行为规范，可以实现对国土空间全要素的有效保护和合理开发利用。基于此，我国国土空间的活动可划分为四大类别：保护类、修复类、利用类和转用类。保护类活动主要聚焦于生态本底条件优越的自然资源和建设资源，旨在进行生态保育和文化保护，确保这些资源的原生状态和价值得以延续。修复类活动则针对质量和生态效益受损的自然资源和建设资源，通过修复修缮工作，恢复其原有的功能和生态价值。利用类活动则是对各类资源进行有限的升级改造、勘查、采伐、加工、生态建设等开发利用，旨在实现资源的可持续利用和经济社会的协调发展。而转用类活动则涉及土地用途的变更和转换，需要严格遵循相关规划和政策，确保国土空间的合理利用和生态平衡。

1.3　国土空间用途管制基础理论

1.3.1　人地关系理论

人地关系理论是构建人与自然和谐共生关系的科学基石。自古以来，人类活动与自然环境之间的相互作用一直是学术界的热议话题，且随着人类社会的演进，这一讨论变得愈发深刻。中西方学者基于不同学术背景和观点，进行了诸如天命论、机械唯物论、环境决定论、适应论、人地相称论、人定胜天论等多元化的理论探讨。从原始文明到农耕文明，再到工业文明，直至今日的生态文明，人类社会与自然的关系也从最初的“靠天吃饭”逐渐演化为追求“和谐共生”的理念，每个时代都展现出独特的人地秩序格局。过去几十年间，我国经济社会快速发展，同时出现了空间开发失序、资源利用粗放、生态环境退化等一系列问题，带来了人民日益增长的美好生活需要和不平衡不充分发展之间的主要矛盾，亟需重新审视人与自然的关系。“共生”作为一个生态学概念，最早是指不同种属生物之间共同生活的状态特征，后该概念被其他领域借用，尤其是在拓展人地关系理论的深度与广度上发挥了重要作用。对此，应根据新发展阶段的新发展理念和新发展格局时代要求，尊重自然生态系统的演替规律与内在机理，致力于提升自然资源的综合承载能力和整体功能，不断优化人与自然和谐共生的关系。

在人地关系理论的支撑下，国土空间用途管制的实施过程也是逐步实现人与自然和谐共生具象化的过程。

第一，健全国土空间治理体系，优化国土空间格局。人地关系理论指出人类活动对地理环境的影响，而国土空间用途管制可以通过调控不同地区的用途，优化国土空间格局。在国土空间格局优化过程中，首先需要识别当前人地关系中存在的主要矛盾。这些矛盾可能包括资源短缺、环境污染、生态退化等问题，以及由此引发的区域发展不平衡、城乡差距扩大等社会问题。通过深入分析这些矛盾，可以明确国土空间格局优化的方向和目标。

基于人地关系的理解和对主要矛盾的识别，制定科学合理的国土空间规划并实施严格的国土空间用途管制，是优化国土空间格局的关键。国土空间用途管制是落实国土空间规划的重要手段。通过制定和实施严格的用途管制政策，可以限制不合理的土地利用行为，保护生态环境和耕地资源、引导产业布局和城镇建设活动，促进经济社会的绿色转型和可持续发展。

人地关系是一个动态变化的过程。随着经济社会的发展和科学技术的进步，人类活动对地理环境的影响也在不断变化。因此，在国土空间格局优化过程中，需要注重人地关系的动态调整，包括根据新的形势和任务要求，及时调整和完善国土空间规划和用途管制政策；加强监测和评估工作，及时发现和解决存在的问题；推动科技创新和成果应用，提高国土空间治理的智能化和精细化水平。

第二，强化资源要素保障与利用效能升级，推动发展方式绿色转型。人地关系理论强调资源利用与环境保护的平衡。国土空间用途管制通过限制过度开发和滥用资源，促进资源保护与利用效能的提升。通过调控用地的类型和规模，推动发展方式的绿色转型，实现可持续发展。强化“山水林田湖草沙”一体化保护修复工作，提升生态系统多样性、稳定性和可持续性。人地关系理论强调生态系统与人类生活的相互关联。国土空间用途管制强化对“山水林田湖草沙”一体化保护修复，保护和恢复自然生态系统的完整性。通过划定生态保护区、限制破坏性开发，提升生态系统的多样性、稳定性和持续性，确保人地和谐发展。

第三，着力建设生态经济产业体系，全面普及生态文明建设的普惠福祉。人地关系理论指出经济活动与生态环境的相互作用。国土空间用途管制可以推动生态经济产业的发展，引导经济活动向生态友好型转变。通过规划产业布局、限制高污染高耗能产业，实现经济发展与生态保护的可持续性，为人民提供普惠福祉。

第四，积极推进碳达峰碳中和治理体系建设，为国际生态治理贡献中国方案。人地关系理论强调减缓气候变化，保护全球生态环境的重要性。国土空间用途管制可以推动碳达峰碳中和治理体系的建设，通过调控能源利用和产业结构，减少温室气体排放。中国努力在国内建立低碳发展模式，并积极参与国际合作，为国际生态治理贡献中国方案。

综上所述，国土空间用途管制与人地关系理论密切相关，通过调节用地规划和发展模式，实现人地协调发展、资源保护与利用效能提升、生态系统保护与修复、经济转型发展以及全球生态治理贡献等多方面目标。

1.3.2　公共选择理论

公共选择理论产生于 20 世纪 60 年代的美国，有着特殊的经济和政治背景，詹姆斯·布坎南，美国著名经济学家，诺贝尔经济学奖获得者，是公共选择理论的创始人和主要代表人物。公共选择理论是介于经济学和政治学之间的新交叉学科，以新古典经济学的基本假设（尤其是理性人假设）、原理和方法作为分析工具，来研究政治市场上的主体行为和政治市场的运行（高炬，2016）。在国土空间用途管制的语境下，这意味着政府、开发商、居民及其他利益相关者都被视为在追求自身利益最大化的理性决策者。他们根据成本-收益分析做出决策，考虑如何在有限的资源下实现个人或团体的最大利益。

政府角色与市场失灵。公共选择理论的核心是政府与社会的关系问题，把分析政府行为效率以及促使政府最有效工作的规则制约体系作为其最高目标，认为市场常会失败，如信息不对称、外部性、公共物品供给不足等，需要政府干预、纠正。在国土空间用途管制中，政府作为主体，其角色在于制定和执行相关法规与政策，以确保国土空间的合理、高效和可持续利用。政府通过管制手段，如国土空间利用规划、分区管制、开发许可等，来弥补市场机制的不足，防止过度开发、环境污染等问题的发生。

政府行为效率与规则制约。公共选择理论的核心还包括关注政府行为的效率问题，并寻求建立促使政府最有效工作的规则制约体系。在国土空间用途管制中，需要一套科学合理的制度框架，来规范政府的管制行为，确保其决策过程透明、公正、高效，如明晰管制目标、制定详细的管制规则、建立有效的监督机制，以及实施必要的激励和惩罚措施等。

政治市场与经济分析的结合。公共选择理论将政治市场视为与经济市场相似的决策过程，运用经济学的原理和方法来分析政治市场中的主体行为和结果。在国土空间用途管制中，这意味着可以将经济学中的供需理论、成本效益分析、博弈论等工具应用于分析不同利益主体之间的策略互动、管制政策的效果评估以及潜在的社会经济影响等方面。

提高政府效能的途径。基于公共选择理论，提高国土空间用途管制中政府效能的关键在于改革约束政府运转的过程和规则。这包括加强管制政策的科学性和民主性，确保政策制定过程充分反映各方利益诉求；优化管制流程，减少不必要的行政干预和审批环节，提高管制效率；加强监管和问责机制，确保管制政策得到有效执行和遵守；以及推动技术创新和信息化建设，提升管制工作的智能化和精细化水平。

公共选择理论为国土空间用途管制提供了一个独特的分析视角和理论框架，有助于更深入地理解政府在这一领域中的行为逻辑和效率问题，并探索提高政府效能的有效途径。

1.3.3　外部性理论

萨缪尔森和诺德豪斯曾阐释：“外部性是指生产或消费活动中，对其他团体造成的无法补偿的成本或带来的无需补偿的收益的情况。”兰德尔则进一步指出：“外部性揭示了一种现象，即当某个行动产生的效益或成本未被决策者纳入考量时，会导致效率低下；换句话说，就是某些效益被无偿给予，或某些成本被强加于未参与决策的人。”在数学语境下，外部效应表现为一个经济主体的福利函数受到他人行为的影响，而该主体并未因此向他人支付报酬或获得补偿。这些表述虽然形式各异，但都指向了同一核心概念——外部性。总体上，外部性理论是经济学中的一个重要概念，用于描述市场交易对经济主体以外的第三方或环境所产生的影响。外部性是指某个经济主体的行为或活动对其他经济主体或环境产生的效益或损失，这些效益或损失无法通过市场价格来衡量和内部化。

“外部性”这一概念可进一步细分为正外部性和负外部性两种形式。具体而言，正外部性指的是某一经济主体在行动过程中对其他经济主体或环境产生的积极、正面的影响；而负外部性则是指某一经济主体的行为对其他经济主体或环境造成的消极、不利的影响。这两种外部性在经济学中扮演着重要的角色，影响着资源配置的效率与公平性。国土空间用途管制在一定程度上可以被视为一种经济政策工具，用来应对外部性问题。国土空间用途管制在解决外部性问题方面发挥着重要作用。通过制定和实施用地规划和管理政策，可以限制和规范各类用地的功能和开发方式，从而减少和解决外部性问题对经济和社会的负面影响。此外，国土空间用途管制通过设置不同用地类型的界限、提高环境标准和要求等措施，引导经济和社会活动朝着对外部性产生正面影响的方向发展。例如综合考虑生态保护和经济发展的需要，充分建立生态产品价值转移路径，探索横向纵向生态补偿制度，实现资源利用的最优化和社会效益的最大化。

1.3.4 协同治理理论

协同治理是一个关于政府与非政府部门之间进行协同和合作的概念（田培杰，2014）。协同治理理论认为，一个系统内部的各个子系统或者要素围绕共同的目标，通过协同合作能达到优化系统结构和高效实现目标的效果。协同治理更强调多要素多方位的统筹协调与有机合作，形成一个有序的协作体系，从而提高治理的效率（裴新生等，2024）。

首先，协同治理理论是在新公共治理理论的基础上发展起来的，其通过建立三种机制实现协同治理（何玮，2021）。一是沟通协商机制，各参与主体通过充分沟通来传达自身需求，了解其他参与主体的诉求，交换各自所掌握的信息，实现信息、资源互通互享，提升合作成效。二是利益共享机制，各参与主体均有各自的利益诉求，参与合作要有利于各方利益的达成，这是达成合作的关键。三是责任共担机制。通过合作，理想的结果是使双方的利益更大化，实现双赢，形成“1＋1＞2”的结果；但在负面结果出现时，合作双方也要共同承担起相应的责任，这也在一定程度上降低了各自的风险和压力。协同治理理论强调的多元主体参与，为国土空间用途管制提供了丰富的参与者和决策视角。在传统的规划管理模式中，政府往往占据主导地位，而协同治理则鼓励政府、企业、社会组织和公众等多方力量的共同参与和协商，形成合力。这种多元共治的模式，使得国土空间用途管制能够更全面地考虑各方利益和需求，确保决策的科学性和民主性。

其次，国土空间用途管制本质上是对空间和要素的组织、调控。通过对空间、要素间组织关系的修复和作用关系的干预，让各类自然资源要素、人工要素形成更加高效的组合，从而实现国土空间资源的优化配置。协同治理理论为这一过程提供了方法论指导。通过深入分析生态、农业、城镇等关键要素之间的相互作用关系，可以识别出空间格局中的瓶颈问题和优化潜力。在稳固空间底板方面（张尚武，2022），协同治理要求不仅要守住“三条控制线”的底线，更要通过协调关键要素之间的组织关系，解决它们之间的矛盾冲突；在规划分区和空间结构性要素的识别与优化中，充分考虑各要素之间的协同效应和互补性，构建和谐共生的空间格局。例如，通过合理布局重要功能板块、重要节点和主要廊道等空间结构性要素，引导资源要素的有序流动和高效配置，提升国土空间的整体效能。协同治理在这一过程中发挥了关键作用，它促使管制超越单一要素的局限，从系统、整体、全局、长远的角度出发，构建更加科学合理的空间结构，寻求最优解。

参 考 文 献

高炬. 2016. 公共选择理论视角下的县域土地整治规划实施评价研究[D]. 中国地质大学（北京）.
何玮. 2021. 银川市国土空间用途管制：现状、问题与对策[D]. 宁夏大学.
冷佳薪. 2021. 国土空间用途管制制度研究[D]. 重庆大学.

林坚，刘松雪，刘诗毅. 2018. 区域-要素统筹：构建国土空间开发保护制度的关键[J]. 中国土地科学, 32(6): 1-7.
林坚，张瑜. 2024. 从空间规划体系到国土空间体系——兼析国土空间体系构建下的国土空间治理趋向[J]. 中国土地科学, 38(1): 1-8.
林坚. 2020. 建设自然资源调查监测体系　推进国家治理能力现代化[J]. 青海国土经略, (6): 28-29.
刘胤汉，张元平. 1992. 对我国国土资源的评价[J]. 山西师大学报（自然科学版）, (3): 56-64.
马海涛. 2015. 科学认知“国土空间”[J]. 科学, 67(5): 42-44, 4.
裴新生，钱慧，杨韫萍. 2024. 国土空间协同治理的关键要素识别与策略研究[J]. 城市规划, 48(5): 30-39.
田培杰. 2014. 协同治理概念考辨[J]. 上海大学学报（社会科学版）, 31(1): 124-140.
王昆. 2018. 基于适宜性评价的生产-生活-生态（三生）空间划定研究[D]. 浙江大学.
王颖，刘学良，魏旭红，等. 2018. 区域空间规划的方法和实践初探——从“三生空间”到“三区三线”[J]. 城市规划学刊, (4): 65-74.
吴次芳，谭永忠，郑红玉，等. 2020. 国土空间用途管制[M]. 北京：地质出版社, 8.
谢莹. 2021. “界-能-时”国土空间用途管制理论研究[D]. 东北农业大学.
张尚武. 2022. 国土空间规划编制技术体系：顶层架构与关键突破[J]. 城市规划学刊, (5): 45-50.
赵毓芳，林坚，李亮等. 2023. 国土空间用途管制理论与实战[M]. 北京：商务印书馆.

第 2 章　国土空间用途管制演进历程与实践困境

新中国成立以来，国土空间用途管制制度从无到有，演进历程是一段不断探索与持续完善的过程，经历了从管制萌芽初期、初步构建、多部门探索到体系化构建的深刻变革。国土空间用途管制逐渐由简单的分类管制向更精细化、系统化的全域全要素全流程管制模式转变。尽管在高质量发展背景下，国土空间用途管制制度正不断发展与完善，但在实践过程中仍面临着一系列困境亟需解决，如空间管控体系“形合神散”、管制手段缺乏灵活性、管制传导效率低等。这些问题制约了国土空间用途管制的有效实施，迫切需要系统性和创新性的解决方案来提高管控的科学性和可操作性。

2.1　国土空间用途管制演进历程

2.1.1　用途管制萌芽阶段

1. 土地用途管制初步提出

新中国成立初期，为了迅速恢复和发展国民经济，解决土地问题成为关键任务。1949 年 9 月通过的《中央人民政府组织法》明确规定，由地政司负责全国范围内的土地管理工作，承担最高行政职能，行使土地管理及相关工作的权力。此举奠定了新中国土地管理制度的初步基础，并标志着土地管理开始纳入国家治理的重要议程。此后的五年间，土地管理事务由内务部地政司统一实行，初步形成了国家对土地资源的集中管理模式。这种集中的管理模式在新中国成立初期的社会和经济条件下具有重要意义，为国民经济的恢复和建设提供了基础保障。

随着农业合作化运动在全国范围内的深入推进，国家对农村和城市土地的管理需求逐渐分化，政府机构也随之进行调整。20 世纪 50 年代中期，随着城市化进程的加快和城市建设需求的增加，土地管理权力出现了重新分配，城市土地的管理职能从内务部地政司移交给新设立的城市建设部。内务部则保留了对农村土地遗留问题的处理和部分征地划拨工作的职责。这一变动标志着中国土地管理开始实施城乡分管制度，土地管理逐渐走向分散化。这种分散管理模式在一定程度上满足了各地不同的发展需求，但也导致了城乡土地管理权的碎片化，难以实现统一的规划与管控。

进入 20 世纪 80 年代，随着中国经济体制改革的深化，经济发展带来了对土地资源日益增长的需求，土地管理中存在的分散化和多头领导的弊端逐渐显现。1986 年 2 月，土地管理局的设立，改变了原有土地管理多重领导、分散管理的体制，标志着我国土地资源统一管理新阶段的开启。同年 6 月，国务院颁布了《中华人民共和国土地管理法》，结束了我国长期以来缺乏统一、完整的土地管理法律的局面。这部法律不仅在法律层面首次确立了土地管理的基本原则，还明确了“统一分级限额审批”用地管理制度。此举标志着中国土地管理逐步从依赖单一行政手段的粗放管理，走向了综合运用行政、法律和经济手段进行土地管理的新时期。

随后，为进一步细化和完善土地管理的法律框架，政府部门陆续出台了一系列政策和法规，如 1987 年的《建设用地计划管理暂行办法》和 1988 年修订的《中华人民共和国土地管理法》。这些法规进一步确立了土地管理的规范性，包括对特定用地指标的严格监管，如占用耕地指标、农业建设用地指标和非农建设用地指标等。然而，这一时期的土地管制思维仍受旧有制度的影响较大，地方利益在土地管理中占据主导地位，土地需求往往优先于土地利用计划，供地计划更多地以满足地方经济发展和社会建设的需要为目标。尽管这些管制措施在一定程度上推动了土地资源的有序利用，但由于缺乏对无计划用地和超计划用地的有效惩罚机制，违规用地现象仍然广泛存在。土地管理制度在这一阶段表现出管制措施不够系统、监管手段单一等问题，亟需进一步发展和完善。

20 世纪 90 年代后期，地方政府在缓解财政压力的背景下，通过土地开发进行创收成为普遍现象，导致中央政府提出的分级限额审批制度在地方层面未能得到充分落实。地方政府通过土地出让获取财政收入的驱动力，催生了土地管理中的盲目开发和低效利用。为遏制这种现象，保障全国耕地数量和国家粮食安全，国家加大了对土地管理的力度。1997 年 5 月，国务院发布《关于进一步加强土地管理切实保护耕地的通知》，文件中首次提出了“用途管制”的概念，为后续正式建立土地用途管制制度奠定了基础。用途管制的引入，标志着从传统的数量控制到质量控制、从粗放管理到精细管理的转变，开启了土地用途管制的探索阶段。

在这一时期内，中国的土地管理从无偿计划供给（基本没有实行用途管制）逐渐演变为通过一系列制度调整和法规实施实现多部门分散管理模式的变革。土地使用制度也从过去的无偿计划性供应向有偿供给过渡，使得土地资源的资产属性得到了更好的体现。虽然这些改革的直接目标并非全面的用途管制，但在土地数量和结构控制方面，为用途管制制度的建立奠定了重要基础。尤其是通过征购、征用和国有化等手段，国家实现了对土地用途的初步管理。这为后续出台更完善的土地用途管制政策提供了实践依据和经验积累，使得土地资源的利用在逐步走向规范化和科学化。

2. 城乡规划许可初步确立

新中国成立初期，城市规划被视为国民经济发展计划在空间层面的延续和具体化，整体上仍处于一种被动和封闭的状态。这种局面在很大程度上受限于我国在规划方法上的学习模式——对苏联的照搬，导致规划工作未能形成自身特色。1955 年，城乡规划制度开始受到进一步重视，标志是国务院设立了城市建设总局，设立城市规划局和城市设计院，作为国家层面的城市规划主管行政机关和专业设计机构。这一举措提升了城市规划在国家发展中的重要性。1956 年，城市建设总局升级为城市建设部，统一负责全国的城市规划和城市建设工作，开启了城乡土地分管制度的尝试。

为了规范土地征用和使用，国务院随后出台了《国家建设征用土地办法》，明确了征地的条件和程序，为土地征用提供了制度保障。然而，这一时期的规划仍然是以土地管理为基础的，侧重于间接管控规划建设和项目实施，尚未形成真正意义上的规划许可制度，规划的执行和监督力度较为有限。

1978 年改革开放后，经济迅速发展，带来了对城乡建设用地的巨大需求，促使中央政府重新认识到城市规划的重要性，并要求尽快恢复相关工作。1980 年，国家建委在北京召开全国城市规划工作会议，正式恢复了城市规划的地位，使其在国家层面得到了应有的重视。1982 年，国务院的机构改革设立了城乡建设环境保护部和农牧渔业部，进一步增强了城乡土地管理的系统性和协调性，加强了土地的统筹管控。

随着政策的推进，国务院出台了《城市规划条例》，规定城市规划主管部门依据批复的城市规划管理规划区域内的建设活动，所有城市规划区内的建设用地必须遵循规划和管理规定。这一条例建立了城市规划区内的“两证”规划许可制度，即建设用地许可证和建设许可证，为建设用地许可和建设工程许可提供了明确的法律基础。这一制度的确立，标志着我国规划许可制度的初步成型，并为后续规划管理奠定了基础。

1990 年，《中华人民共和国城市规划法》（以下简称《城市规划法》）出台，取代了《城市规划条例》，在法律层面进一步规范了规划编制，使我国的城市规划制度迈上了新的台阶。《城市规划法》确立了包括城市总体规划、详细规划和城镇体系规划在内的编制体系，提出了更为完善的“一书两证”规划许可制度，即建设项目选址意见书、建设用地规划许可证和建设工程规划许可证。这些规范使得规划许可的管理开始具备法律依据，规划许可制度更加完善和具体化。

1994 年，国务院出台《村庄与集镇规划管理条例》，将规划制度从城市拓展到乡村，初步形成了我国当代城乡规划体系。这一体系的成型标志着城乡规划不再仅仅是国民经济计划的被动执行工具，而是转变为指导城市发展和管理城市建设的主动手段，逐步为城乡建设用地用途管制体系的萌芽奠定了基础（刘霞辉，2021）。

这一时期的改革和制度创新，使得中央政府逐渐将部分行政权力下放至地方政府，赋予地方政府更大的审批投资项目的权限和额度，加强了其在城市规划方面的主导作用。地方政府利用城市规划来吸引投资，协调各类企业和项目，以推动地方经济发展，保持竞争优势。这种变化促使城乡规划从单纯执行国家计划的技术手段，逐渐发展为具有引导性和战略性的城市发展工具，为城市建设和国土空间用途管制的系统性奠定了基础。

2.1.2　用途管制初步构建阶段

1. 土地用途管制制度确立

伴随着我国进一步对外开放战略的实施以及城市土地市场的逐步形成，原有的“分级限额审批”用地管理模式暴露出诸多弊端。为了适应新的经济形势和管理需求，1998 年修订的《中华人民共和国土地管理法》明确规定“国家实行土地用途管制制度”，这一修改不仅强调了用地指标的约束，还首次确立了土地用途管制制度在我国土地管理体系中的法律地位。这项制度要求土地利用总体规划作为土地用途管制的依据，明确了农用地转为建设用地的审批权限，并对建设用地占用耕地实施了严格的限制，标志着我国土地用途管制制度的正式确立。

为落实土地用途管制制度，《全国土地利用总体规划纲要（1997—2010 年）》制定和实施了一系列加强土地宏观调控和管理的政策措施。通过这一纲要，土地用途管制逐步落地生效，土地利用得到有效的控制和引导。然而，尽管如此，优质耕地减少、工业用地增长过快以及建设用地粗放浪费等问题依然日益严重，暴露出土地管理中存在的深层次矛盾和挑战。

2002 年 5 月，《国有土地使用权招标拍卖挂牌出让规定》的发布，推动了控制性规划在工业、居住和商业用地供应规模及比例管理方面的作用。用途管制的具体指标在这一时期得到更为充分的体现。随后，2003 年和 2004 年，国家陆续发布了《关于加强城市建设用地审查报批工作有关问题的通知》和《国务院关于深化改革严格土地管理的决定》等一系列文件，这些文件进一步明确了用地审批权集中在国务院和省级政府层面，加强了中央对土地供应总量的控制，有效遏制了地方政府通过“化整为零”方式规避审批的现象（王雨晨等，2021）。

为加强对土地管理的监督和执法，2005 年 1 月起实行“土地管理行政首长负责制”，将各省（区、市）耕地及基本农田保护面积纳入省（区、市）长任职考核内容。这一制度在地方政府的土地保护责任上提供了更为明确的约束机制，推动了各级政府在土地管理中的责任落实。

2006 年，国家进一步建立了土地督察制度，以应对土地利用粗放和耕地保护压力的加剧。根据《中华人民共和国土地管理法》，市、县两级政府无权对土地征收和农用地转用进行审批，但在存量土地的供应上则拥有更多的审批权限，旨在鼓励地方政府盘活存量土地、减少新增建设用地的使用。这一制度通过授权国土资源部代表国务院对各省、自治区、直辖市以及计划单列市的土地利用和管理情况进行监督检查，并在地方派驻了 9 个国家土地督察局，负责查处非法买卖土地、非法占用土地、破坏耕地等行为，明确了相关行政和刑事责任。这一制度的建立，不仅保障了用途管制制度的实施，还帮助和支持地方政府更好地履行耕地保护的目标责任。

在这一时期，我国的土地用途管制制度逐步完善，以法律为依据，以土地利用总体规划为龙头，以土地用途分区为基本单元，逐级下达约束性用地指标，要求下位规划不得突破上位规划的约束。这一系列措施实现了以耕地保护为核心内容的土地用途管制落实。同时，土地用途管制还辅以土地利用计划管理、耕地占补平衡制度、用地审批制度、执法监察和土地督察制度等相关机制，以确保土地用途管制在实际中的执行和效果。

这种系统化、多层次的管控体系，既体现了中央政府加强土地管理的决心，也为应对快速城市化过程中土地资源的保护与高效利用提供了制度保障。然而，面对新时期经济发展与生态保护的双重需求，土地用途管制仍需不断适应和完善，以应对日益复杂的国土空间治理挑战。

2. 城乡规划许可制度确立

随着改革开放进程的深入推进，中国逐渐面临区域发展不平衡、城乡差距日益扩大、国土空间开发矛盾加剧、资源保护不足和生态环境恶化等一系列问题。这些问题逐渐引起了社会的广泛关注，促使人们对可持续发展理念的认同不断加深。为应对这些挑战，2002 年后，建设部相继颁布了“三区四线”政策，划定了禁建区、限建区和适建区的范围。该政策通过明确不同区域的开发限制，进一步推动了土地用途管制制度的发展，不仅丰富了管制手段和方法，还加强了对空间利用的精细化管理。

到 2005 年，建设部主导的城乡规划督察制度开始实施。这一制度通过越级监督检查的方式提高了规划管理的效率，使规划行政管理更加严谨、有效，推动了城乡规划有序发展。

2008 年 1 月，《中华人民共和国城乡规划法》的正式实施，带来了城乡规划的重要转变，将控制性详细规划从技术参考文件转变为具有法律效力的行政许可依据。随后，全国范围内启动了对控制性规划的全覆盖编制工作，以确保城乡建设有章可循。值得一提的是，这一时期在原有的“一书两证”基础上新增了“乡村建设规划许可证”，形成了“一书三证”制度，实现了城乡规划许可管理的全面覆盖。此举打破了以往城乡分割的二元结构，通过统一的规划许可制度，确保了乡村建设得到有效管理和指导，避免了无序发展和资源浪费。

新增的乡村建设规划许可证程序，标志着规划许可制度在乡村层面的正式落地。此项制度的推行，改变了以往乡村建设无规划、无序发展的局面，加强了法治化管理的力度。同时，在保证规划许可的严格性基础上，对许可程序进行了适当简化，提高了审批效率。政府机构的变革在这一时期也起到了整合和强化城乡建设管理职能的作用，使城乡规划更加系统化和高效化。

与此同时，这一时期还明确了控制性详细规划与规划许可程序之间的严格约束关系，强化了管制力度。通过加强控制性详细规划在规划许可中的作用，确保了各级建设活动严格遵循规划要求，减少了违规开发的风险。整体上，以“三区四线”和“一书三证”为核心的城乡规划空间管制体系的确立，使城乡规划从规划编制、审批到执行的全流程得到了有效的法律保障和制度支持，为城乡协调发展提供了稳定的制度框架。

2.1.3　空间用途管制多部门探索阶段

随着我国区域发展不均衡、国土空间开发矛盾加剧，优质耕地减少、工业用地增速过快、建设用地粗放浪费等问题日益严重，资源瓶颈和环境污染也逐渐成为制约发展的关键挑战（林坚等，2019）。这些问题的加剧使得可持续发展理念逐步成为社会共识，推动国土空间管理从单一目标向多元化、综合性方向转变。

在此背景下，多个部门开始依据法律授权的职责或国家发展和管理的需要，通过编制各自领域的行业规划参与到国土空间用途管制中。例如，农业部门通过编制农业规划来确保农用地的保护和合理利用，工业和信息化部门则通过制定工业用地规划来控制工业用地的增长和分布。生态环境部门依据生态保护法等相关法律，编制生态保护和环境治理规划，参与到国土空间的用途管制中，确保开发建设不对环境造成不可逆转的破坏。

这种多部门参与的国土空间用途管制模式，虽然在一定程度上推动了不同领域在资源配置和空间利用上的协调，但也带来了一定的挑战。例如，行业规划之间的协调难度加大，各部门的利益和职责有时会出现冲突，导致空间利用规划的执行和管理效率受到影响。因此，在推动多部门合作的同时，需要进一步明确和细化部门职责，加强各行业规划与国土空间用途管制的有机衔接，以实现资源的合理配置和可持续发展目标。

1. 国土资源部门

1998 年《中华人民共和国土地管理法》首次明确我国实行土地用途管制制度的法律地位后，为了更好地统筹土地资源的开发、利用与保护，并促进国民经济持续稳定发展，2008 年，国务院批复了《全国土地利用总体规划纲要（2006—2020 年）》。在现有土地用途管制的基础上，该规划提出了建设用地的空间管制思路，强调实施差别化的土地利用政策，加强对省、自治区、直辖市建设用地的调控，明确了政府在土地利用管理中的主要目标、任务及政策，旨在引导全社会有效保护和合理利用土地资源。

土地利用总体规划被确立为实施最严格土地管理制度的纲领性文件，是落实土地宏观调控、土地用途管制及城乡规划的重要依据。规划明确了每一个地块的土地用途，自批准后必须严格执行。根据规定，土地用途一经确定，任何单位和个人不得擅自改变，必须按照规划用途使用土地。违反规定擅自改变用途使用土地的行为被视为违法，将受到法律制裁。其主要目的是保障耕地保护的底线，确保耕地总量动态平衡，严禁未经批准将农用地转为建设用地。为实现这一目标，国家对农用地转为建设用地设置了一系列审批和管理制度。

同一时期，国家开始深入探索增减挂钩试点工作。增减挂钩试点尝试通过将计划手段和市场手段相结合，创新土地用途管理模式。这种试点为城乡土地管理引入了市场化因素，使土地用途管制更加灵活和高效，逐步形成了政府主导和市场参与相结合的土地管理机制。

尽管土地管理制度逐步完善，但长期以来我国粗放型经济增长方式及其带来的结构性矛盾依然存在，尤其是在矿产资源领域。矿产资源开发利用长期以来存在浪费严重、综合利用率低、开采布局小、散、乱，以及矿山环境破坏等问题，加剧了资源供求的紧张状况。为此，国土资源部于 2008 年发布了《全国矿产资源规划（2008—2015 年）》。该规划是指导全国矿产资源勘查、开发利用与保护的重要文件，成为依法审批和监督管理矿产资源勘查、开采活动的依据。

《全国矿产资源规划（2008—2015 年）》还强调了建立规划实施监督管理机制，要求将规划执行情况作为国土资源执法监察的重要内容。通过实行严格的规划审查和许可制度，对矿业权的审批、出让、变更及延续等事项进行严密审查，不符合规划要求的申请将不得批准立项，也不得颁发勘查和采矿许可证。此外，在新发现的矿产地申请勘查和开采活动时，必须将其纳入规划，进行严格论证和统筹安排。此举旨在从源头上强化矿产资源管理，确保矿产资源开发活动符合国家政策和可持续发展目标，保障生态环境的保护和矿产资源的有效利用。

2. 林业和草原部门

林地是我国陆地生态系统的重要组成部分，作为绿色生态屏障的主体，林地在维持生态平衡和环境保护中起着关键作用。然而，由于我国人多林少的基本国情，林地的保护与利用面临一些突出的难题。为了提高林地的节约集约利用水平，优化林地资源配置并推动生态可持续发展，国务院批复由国家林业局编制的《全国林地保护利用规划纲要（2010—2020 年）》（以下简称《纲要》）。该《纲要》旨在通过实施严格的林地用途管制，提升林地的保护与利用效率（汪毅等，2020）。

《纲要》明确提出，林地应严格用于林业发展和生态建设，不得擅自改变用途。对于勘查、开采矿藏及各类建设工程，必须坚持“不占或少占”林地的原则，如确需占用或征用林地，应依法办理审核手续。对于林地转为其他农用地的情况，《纲要》同样提出严格限制，禁止通过毁林开垦或毁林挖塘等行为将林地转化为其他类型农用土地。此外，《纲要》强调，在农业综合开发、耕地占补平衡及土地整理过程中，不得挤占林地，并应严格保护公益林地。严禁擅自改变国家级公益林性质，随意调整其面积和范围，或降低保护等级。尤其在国家级公益林地内，禁止进行采石、采砂、取土等活动，严格控制对公益林地的勘查、开采矿藏及工程建设的占用和征用，除了由国务院有关部门和省级人民政府批准的基础设施建设项目外，不得占用和征用一级国家级公益林地。

随着经济社会的快速发展，林地面临无序占用、粗放使用及支付补偿标准低等问题，导致森林植被减少且无法得到有效恢复。为应对这些问题，2015 年，财政部和国家林业局联合发布了《关于调整森林植被恢复费征收标准引导节约集约利用林地的通知》。此通知旨在通过调整森林植被恢复费的征收标准，引导和推动林地的节约和集约化利用，遏制无序占用及粗放使用林地的行为。通知进一步强调了公益林和城市规划区内林地的保护，要求保障公共基础设施、公共事业及民生工程等建设项目合理使用林地，并严格控制经营性建设项目的林地使用。

该政策根据各地区的经济社会发展水平、森林资源特点和恢复成本差异，提出了合理的征收标准，以适应各地植树造林和恢复森林植被工作的需要。这项制度为促进林地节约集约利用、培育和恢复森林植被以及实现森林植被的占补平衡提供了重要保障。

3. 水利部门

1999 年 12 月，依据国务院“三定”规定，水利部开始统筹全国各流域管理机构，在各省（区、市）内开展水功能区划工作。这项工作旨在加强水资源的科学管理和保护，推动水资源的合理开发与利用。随后，《中国水功能区划》《中华人民共和国水法》及《水功能区划分标准》等一系列法律法规陆续出台，明确了水功能区划方法和管理措施，包括取水许可和水权交易等重要环节。这些法规为我国水资源管理奠定了法制基础，为进一步推动水资源用途管制提供了制度支持。

然而，由于江河湖库水域长期以来未能实现明确的功能划分和保护要求，导致用水与排污布局不合理，开发利用与保护的关系不协调，水域保护目标不明确。这种局面对水资源的有效管理和保护形成了严峻挑战。为应对这种状况，国务院批复了由水利部会同有关部门和地方政府共同编制的《全国重要江河湖泊水功能区划（2011—2030 年）》。该区划明确了通过实施水功能区划来处理水资源开发利用和保护之间的关系，协调整体和局部的利益，强化水功能区的监督管理，对落实最严格的水资源管理制度和实现水资源的可持续利用具有重要的战略意义。

2012 年，国务院发布了《关于实行最严格水资源管理制度的意见》，进一步强化了水资源开发利用的红线管理，严格实施用水总量控制。这一意见标志着我国在水资源管理方面迈入了新的阶段，强调了对水资源开发利用的严格管控与监督。2013 年，《国务院办公厅关于印发实行最严格水资源管理制度考核办法的通知》出台，从用水总量控制、用水效率等方面对各省级人民政府进行考核，明确要求各省、自治区、直辖市人民政府根据本办法制定最严格水资源管理制度的考核办法。这一系列政策的实施，确保了各地能够根据本地区实际情况，落实最严格的水资源管理制度。

通过实施水功能区划与严格的监督管理体系，国家逐步实现了水资源用途的明确化和系统化管控，确保了水资源在既定用途下进行开发与利用。这不仅有效推动了水资源用途管制在全国范围内的贯彻落实，也确保了开发利用活动符合国家生态保护的基本原则和可持续发展目标。此举对于防止水资源滥用、规范水资源用途变更、促进水资源的合理开发和有效保护具有重要的意义，有助于建立健全水资源规划和用途管制体系。

4. 发展和改革部门

国土资源是人类生存和发展的根本保障。为缩小地区间公共服务差距，促进区域协调发展，并引导经济布局、人口分布与资源环境承载能力相适应，实现人口、经济、资源在空间上的均衡布局，国家依据《国民经济和社会发展第十一个五年规划纲要》和《国务院关于编制全国主体功能区规划的意见》，批复了由国家发展改革委牵头编制的首个全国性国土空间开发规划——《全国主体功能区规划》。该规划明确了对各类开发活动的严格管制要求，尽量减少对自然生态系统的干扰，确保生态系统的稳定和完整性，并在土地利用总体规划的基础上实行差别化的土地利用政策。

《全国主体功能区规划》提出了对优化开发区域实行更严格的建设用地增量控制，适度扩大重点开发区域的建设用地供给，强化对限制开发区域和禁止开发区域的土地用途管制，严格禁止改变生态用地的用途。这一规划不仅体现了国家在土地利用和开发活动中对生态保护的重视，还对各区域的开发活动提出了差异化的管理措施。

通过编制《全国主体功能区规划》，国家发展改革委积极参与到国土空间用途管制中，明确了以控制城市空间总面积扩张为目标，坚持最严格的耕地保护制度，并严格控制建设用地占用耕地的行为。此外，规划还强调实行基本草原保护制度，禁止草原开垦，以保护草地生态。规划在开发保护内容上，通过优化开发、重点开发、限制开发和禁止开发区域的划分，规范了不同类型区域的开发利用方式。

这一规划的实施有助于统筹谋划未来的国土空间开发战略格局，形成科学的国土空间开发导向，推动经济社会的协调发展。通过明确的分区政策和用途管制措施，《全国主体功能区规划》不仅打破了传统的行政区划界限，促进了跨区域的合作与资源协调利用，还为制定针对性的政策措施和绩效评估体系提供了依据。该规划加强了区域调控能力，优化了资源配置，推动了国土空间的可持续利用与经济社会的高质量发展。

5. 环保部门

为协调人与自然的关系、平衡生态保护与经济社会发展的需求，增强生态支撑能力，国务院依据《全国生态环境保护纲要》等法律法规，批复了由环境保护部与中国科学院共同编制的《全国生态功能区划》（以下简称《区划》）。该《区划》强调，生态功能区的划定应与国家主体功能区规划、重大经济技术政策、社会发展规划、经济发展规划及其他专项规划相衔接。通过明确各类生态功能区的主要生态问题、生态保护方向及相应的限制或禁止措施，该《区划》为我国生态保护与建设、自然资源的有序开发，以及产业合理布局提供了科学指导，并在推动经济社会与生态保护协调发展的过程中发挥了重要作用。

在生态功能区划编制与实施中，环保部门通过《全国生态功能区划》参与到国土空间用途管制中，逐步将该区划纳入国家限制开发和禁止开发主体功能区的管理体系，进一步完善了区域开发和经济发展的准入条件。通过这一机制，生态文明建设在政策制定和发展布局中得到了显著推进。《全国生态功能区划》不仅明确了资源开发的边界和条件，还成为指导经济结构调整、产业合理布局、生态环境保护与建设的重要依据，有助于在政策层面确保各类经济活动符合生态保护的总体目标，减少了资源开发与环境保护之间的矛盾，有效地引导各地区在推进经济发展的同时重视和落实生态保护任务。

2.1.4　国家机构改革后国土空间用途管制新阶段

面对自然资源和国土空间的分割管理，以及“九龙治水”难以形成管制合力的局面，党中央在“十八届三中全会”上提出了“完善自然资源监管体制，统一行使所有国土空间用途管制职责”的战略决策，旨在解决自然资源所有者职责不到位、空间规划重叠等问题，实现“山水林田湖草沙”的整体保护、系统修复和综合治理（易家林等，2023）。尽管“多规合一”试点工作已取得了一定进展，但仍存在体制和机制上的难题亟待破解。

2018 年，依据《深化党和国家机构改革方案》，国务院整合了多个部门的职责，组建了自然资源部，将原国土资源部的职责、国家发展和改革委员会的主体功能区规划编制职责、住房和城乡建设部的城乡规划管理职责、水利部的水资源调查和确权登记管理职责、农业部的草原资源调查和确权登记管理职责、国家林业局的森林、湿地等资源调查和确权登记管理职责、国家海洋局及国家测绘地理信息局的职责统一整合。作为国务院的组成部门，组建后的自然资源部承担着对自然资源开发利用和保护的监管职责，负责建立和监督实施空间规划体系，履行全民所有的自然资源资产所有者职责，进行统一调查和确权登记，建立自然资源有偿使用制度，并负责测绘和地质勘查行业的管理。

在自然资源部内，设立了“国土空间规划局”，整合了国家发改委的主体功能区规划编制职责、住建部的城乡规划管理职责以及原国土资源部的土地利用规划职责。通过这次行政机构的重组，国家进一步推进了用途管制制度的变革。

随后，党中央和国务院不断出台文件和指示精神，推动国土空间规划体系和国土空间用途管制体系的构建。2019 年发布的《关于建立国土空间规划体系并加强监督实施的重要意见》强调了以国土空间规划为指导完善国土空间用途管制制度，从整体上对国土空间进行分区分类，并实施相应的用途管制措施（杨梅等，2022）。同时，鼓励根据不同地区的实际情况制定适宜的用途管制制度。同年 8 月，《中华人民共和国土地管理法》迎来第三次修订，进一步明确了永久基本农田的重要地位，并确立了国土空间规划体系。次年，国务院发布了《关于授权和委托用途审批权的决定》，进一步深化了“放管服”改革，改革了土地管理制度，赋予省级人民政府更大的用地自主权，明确将国务院可授权的永久基本农田以外的农用地转为建设用地的审批事项授权给省级政府。这一系列的政策部署简化了土地审批程序，旨在促进地方经济发展与国土空间的高效利用。

在这一阶段，随着对生态环境和空间保护意识的不断增强，国土空间用途管制措施变得更加细化和明确，管制力度也在持续加强（唐巧珍等，2020）。与过去单纯追求数量控制的管理方式相比，如今的管制已扩展到对土地质量、空间布局等多个方面的综合管控，强调全方位的约束和保障。管制范围不再仅限于耕地、林地等单一要素，而是拓展到涵盖山水林田湖草沙等在内的全域、全要素的国土空间用途管制，实现了全面的生态保护和空间治理。

通过自然资源管理机构的改革和各管制部门职责的整合，国土空间用途管制的管理模式发生了深刻的变革。国务院自然资源部门作为统一的管理机构，全面统筹并行使国土空间用途管制职责，取代了过去多头管理、职责分散的模式，减少了部门间的权责重叠和协调难题。此举有效提升了国土空间用途管制的效率和协同性，使得管制措施能够更加系统地实施。

目前，统一的国土空间用途管制制度已基本建立，其框架和实施机制得到了较为完善的构建。这个制度体系以严格的管制规则和清晰的实施程序为基础，涵盖了从规划编制、审批许可到实施监管的全流程。未来，随着政策和技术的不断进步，该制度还将进一步朝着科学化、精细化的方向发展，不仅为国土空间的高效利用提供了坚实保障，还为生态文明建设奠定了稳固基础。国土空间规划和用途管制的转型和强化成为提高国土空间治理能力的重要抓手，推动我国国土资源管理迈向更高水平的可持续发展。

这些改革举措标志着我国在自然资源和国土空间管理方面进入了更加统一和高效的阶段。通过推进“多规合一”和用途管制改革，国家在行政、法律和技术手段上为国土空间的统筹规划和高效管理提供了制度保障，逐步形成了从中央到地方协调推进、综合治理的国土空间用途管制体系。

2.2 国家机构改革前用途管制制度解析

2.2.1 主体功能区规划下的管制制度解析

1. 管制主体

全国主体功能区规划旨在统筹考虑资源环境的承载现状与潜力、地域功能的适宜性特征及趋势、国土空间的开发与保护关系，是基于自然地理条件、发展战略格局和主体功能定位的综合区划方案（樊杰等，2021）。主体功能区规划体系由国家级和省级两级规划组成。全国主体功能区规划由国务院发展改革部门负责实施监督检查、中期评估和规划修订。监察部门则负责配合相关部门制定绩效考核评价体系，并在实施过程中进行监督检查。省级人民政府的发改部门负责监督检查省级主体功能区规划的落实情况，定期进行跟踪分析，以及时发现和纠正实施中出现的问题和偏差，确保规划有效落实。此分工明确了中央和地方各级政府在主体功能区规划中的角色和职责，强化了自上而下的规划管理与监督。

2. 管制对象

主体功能区规划根据不同区域的资源环境承载能力、现有开发密度和发展潜力，对未来发展进行全面规划，将国土空间划分为不同的功能区域。其核心目标是缩小区域间公共服务的差距，促进区域协调发展，实现资源高效利用与生态环境保护。主体功能区规划以特定区域内的空间单元及其相关活动为管制对象，按开发方式划分为优化开发区、重点开发区、限制开发区和禁止开发区，按开发内容划分为城市化地区、农产品主产区和重点生态功能区。依据不同主体功能定位，对这些空间单元内的开发活动进行严格的规划、引导和约束，确保开发活动与区域的资源环境承载能力和主体功能相匹配。

通过主体功能区划，政府在不同区域内实施差异化的管制措施。例如，优化开发区注重提高土地利用效率和集约化发展，重点开发区则推动产业和城市基础设施的建设，以促进区域经济增长。限制开发区和禁止开发区则以生态保护为主，强调环境保护和生态修复，禁止或限制高强度开发活动，以保障生态系统的稳定性和可持续性。这种管制体系强调区域经济、人口布局与资源环境承载能力相适应，促进了社会经济发展与资源环境的空间均衡性。

此外，主体功能区规划通过制定和实施有针对性的政策措施和绩效考评体系，推动区域之间的资源节约和环境保护。发展改革部门和相关监察部门的合作，确保规划不仅能在制定时充分体现科学合理性，还能在实施中实现持续的动态管理与调整。

3. 管制规则

主体功能区规划通过设立生态红线、控制环境容量、调控资源供给、管控开发强度和方向等手段，对区域开发的极限、速度、强度和边界进行强制性规定和管控。从性质上看，主体功能区的用途管制规则可分为两大类型：一类是通过设立限制开发区和禁止开发区，以保障国家的生态安全和粮食安全。此类区域主要依靠划定生态保护红线等措施来限制大规模、高强度的经济开发行为，并在自然保护区等特定区域内禁止一切经济开发活动，实现强制性生态保护。另一类是对开发强度较高、资源环境承载能力开始减弱的区域（如优化开发区）进行适度开发调控，强制实施节能减排和产业准入门槛，以严格控制开发强度和防止城镇空间的无序扩张，从而保护重要的生态空间。

从整体上看，三类主体功能区的用途管制规则具体如下。

1）重点生态功能区

在重点生态功能区内，严控各类建设活动，限制高强度开发，尽可能减少对自然生态系统的干扰。此类区域应控制基础设施建设的空间范围，确保绿色生态空间的总量不减少。对于确需新建的基础设施项目，应综合规划动物迁徙廊道以减少对生态系统的影响。区域内严格控制开发强度，减少农村居民点对土地的占用，腾出更多空间以维系生态系统的循环和可持续发展。城镇建设应集中在资源环境承载能力较强的区域内，避免“摊大饼”式的无序扩张。

2）农产品主产区

农产品主产区以保障农产品生产能力为核心，限制大规模、高强度的工业化和城镇化开发。在生态保护的前提下，应积极开发具有资源优势和增产潜力的粮食生产后备区。区域内应推广标准化和规模化养殖业，以促进畜牧业和水产养殖业的稳定增产。农产品主产区应控制开发强度，优化开发方式，推动循环农业发展，实现农业资源的可持续利用和长效保护。

3）城市化地区

在城市化地区，应统筹规划建设用地空间，扩大服务业、交通和城市居住等基础设施的建设空间，减少农村生活空间的占用并增加绿色生态空间。通过完善城市基础设施和公共服务，推进土地和基础设施的耦合开发，促进产业集群化发展。要防止无序和碎片化开发，提高城市人口的承载能力，并预留吸纳外来人口的空间。为了支持可持续发展，城市化地区应改变粗放式的经济增长模式，合理利用国土空间，保护能源和矿产资源，将其资源优势转化为经济优势。该区域的管控指标包括开发强度、万元 GDP 能耗、万元 GDP 地耗和万元 GDP 水耗等，以推动更高效、更集约的资源利用。通过细化和严格执行这些规则，主体功能区规划在保障国家生态安全和社会经济均衡发展的同时，能够引导各区域在符合其主体功能定位的方向上实现资源合理配置与可持续利用。

4. 主要问题和不足

主体功能区规划下的管制制度旨在通过科学的空间规划，明确各区域的主体功能，促进区域协调发展。然而，在具体实施过程中，该制度面临一些挑战和问题，主要包括以下几个方面。

1）政策执行的难度

主体功能区规划的编制涉及国家和省级两个层级，覆盖土地、农业、人口、环境等多个方面的配套政策，执行时需要跨越多个行政单元，空间尺度较大，使得政策精准落地面临困难（胡鞍钢等，2017）。不同的行政单元由于各自的经济发展需求和利益诉求不同，可能在政策执行过程中产生利益冲突和博弈。例如，有的地方政府可能优先考虑短期经济效益，从而在执行规划时偏离了主体功能区的要求。这种利益冲突导致政策在实施中的一致性和协调性不足，影响了整体规划目标的实现。

2）刚性管控不强

主体功能区规划中设置的指标未明确是否具有指导性还是约束性，使得管控目标显得模糊且不够具体。没有建立从上至下的完善空间和指标管控体系，刚性管控的力度不足。地方政府在执行过程中，难以获得上位规划的明确依据，导致政策实施缺乏有效的强制性约束。例如，地方政府在面对涉及开发和保护之间的取舍时，由于缺少具体的管控指标和明确的执行框架，可能会选择性执行规划，甚至出现偏离规划目标的现象。

3）协调机制不健全

主体功能区规划涉及多部门、多领域的协同管理，政策执行需要跨部门协调，但现行体制下的部门职责分工和沟通机制尚未完全理顺，导致政策实施中部门间的合作不足。一些地方在落实规划时，未能有效形成跨部门的协调合作机制，使得不同功能区政策在实际执行中出现脱节和矛盾，影响了整体规划的综合成效。

4）规划动态调整机制欠缺

在实际操作中，区域的发展动态和环境条件会不断变化，需要对主体功能区规划进行适时调整和优化。然而，现有的规划制度缺少灵活的动态调整机制，使规划的适应性和应变能力不足。地方政府在遇到经济形势变化或自然灾害等不可预见情况时，缺乏合理调整规划的制度化渠道和指导，容易导致执行的僵化或变通执行。

针对上述问题，应加强政策执行的精准性和协调性，明确规划中各项指标的性质和实施要求，建立从中央到地方的指标传导和空间管控体系。同时，需要构建高效的跨部门协作机制，确保规划在实施过程中的协调性和一致性。最后，完善规划的动态调整机制，使主体功能区规划更具灵活性和适应性，能够及时应对区域发展和环境变化，保障规划的长期有效性。

2.2.2　城乡规划下的管制制度解析

1. 管制主体

在国家机构改革之前，城乡规划管理工作主要由县级以上地方人民政府的城乡规划主管部门负责，这些部门承担本行政区域内的城乡规划管理职责。城市和县人民政府的城乡规划主管部门具体负责城乡规划的行政许可工作，其他相关部门则进行协同配合，确保各项法律法规的落实与住房和城乡建设部公布的规划许可实施规范的执行。为防止违规行为，“双随机、一公开”的监管机制被广泛应用，通过随机抽查和公开结果，纠正违法违规的许可行为，确保建设项目的实施与规划、审批、许可内容的一致性。这种管制主体的设置在一定程度上保证了城乡规划的实施与行政许可的严谨性，但也暴露出部门间职能分工不清、协调性不足等问题。

2. 管制对象

城乡规划的根本任务是促进城乡经济社会的全面、协调、可持续发展，以科学使用土地为基础，以改善人居环境为目标。因此，其管制对象涵盖了城乡居民点的空间布局和规划。回顾城乡规划的发展历程，可以看出，城乡规划的管制对象主要集中在城镇、村庄等生产生活区域，注重建设用地的合理分布和各类建设活动的规范化。城乡规划主要针对规划区内的建设行为，无论是单位还是个人，都必须在规划许可范围内开展建设用地开发和相关建设活动。然而，与国土空间用途管制中强调的“山水林田湖草沙”等自然要素不同，城乡规划较少涉及对这些自然要素的保护和利用方式，甚至在多数情况下，这类要素被视为背景或附属条件，而未被纳入系统的保护规划。城乡规划更关注的是居住区的整体规划和社区布局，与土地利用总体规划的思维和方法有较大差异。

在实施过程中，城乡规划中的管制对象多以城市和村庄区域为主，强调对住宅、商业、工业等土地用途的分类和布局，较少纳入对生态系统和自然要素的系统保护措施。结果是，城乡规划更偏向于满足城镇化发展需求，倾向于以人为中心的开发建设，对自然生态的关注度较低。这种规划思维在保障城市和农村地区发展的同时，也带来了某种程度上的资源使用和生态环境问题。因此，在城乡规划制度解析中，如何将自然要素和生态保护更有机地融合进城乡规划，成为未来改进的重要方向。城乡规划管制制度的这些特点，决定了其管控措施多集中在建设行为的审批和许可上，强调开发的合规性和规划执行的可操作性，但需要在未来进一步拓展对生态和自然资源的保护管理，使规划体系更为全面和可持续。

3. 管制规则

城乡规划在建设适宜性方面，采用了“三区四线”作为管制分区，制定相应的空间管制措施，以确保土地和生态资源的合理利用与保护。

禁止建设区主要包括基本农田保护区、城镇水源保护区和生态脆弱区三类区域。这些区域的管控规则如下。

（1）基本农田保护区严格依据《基本农田保护条例》实施管制，涉及基本农田的建设项目必须经过审批程序，并实施耕地占用补偿制度，实现占补平衡。

（2）城镇水源保护区需严格按照水源保护规划进行管控，逐步迁出现有的生产企业和居民住宅，并控制农田中化肥和农药的使用量。

（3）生态脆弱区禁止各类建设活动，并须在建设过程中采取保护措施，实施生态恢复，城镇周边要特别注重生物治理措施作为生态保护的重要内容。

限制建设区包括生态功能保护区、森林公园、自然保护区和历史文化遗产保护区四类区域。

（1）生态功能保护区依据《重要生态功能保护区暂行管理办法》和《生态功能区规划》进行管控，强调资源环境管理和产业结构调整，推进生态恢复和重建。

（2）森林公园按照《森林法》和《森林公园管理条例》进行管控，禁止毁林开垦、采石采砂等破坏行为，确保森林生态系统的完整性。

（3）自然保护区依据《自然保护区条例》进行管理，严禁在核心保护区进行伐木、放牧及其他活动，保护区缓冲区内禁止旅游和生产经营活动，严禁不符合保护目标的项目建设。

（4）历史文化遗产保护区根据《中华人民共和国文物法》等法规进行管理，必须制定保护规划，并确保保护措施符合文物遗产保护的要求，优先保护濒临破坏的历史遗产，并对尚未列入保护的历史地段及时鉴定申请相应的保护级别。

适宜建设区包括城市规划建设区、城乡结合部和农村居民点。

（1）城市规划建设区依据《中华人民共和国城市规划法》进行管控，严格执行“一书两证”制度，确保建设活动符合规划许可。

（2）城乡结合部需要遵循《中华人民共和国环境保护法》《基本农田保护条例》和《建设项目环境保护管理条例》等法规，加强污染治理，建立环境补偿机制，严格限制“一户一宅”建设形式，促进集中统一建设。

（3）农村居民点依据《中华人民共和国土地管理法》和《村庄和集镇规划建设管理条例》进行管理，控制乱占耕地建房行为，推动宅基地复耕，并执行“一证一书”制度，以促进土地的集约化利用。

“四线”管控措施包括城市蓝线、绿线、紫线和黄线的管理。

（1）城市蓝线根据《城市蓝线管理办法》实施管控，任何新建、改建或扩建建筑物都必须依法申请规划许可，临时占用后需恢复原状。

（2）城市绿线严格依据《城市绿线管理办法》制定和实施，确保绿线内的用地不作他用，违建建筑物和设施需限期迁出。

（3）城市紫线规定了禁止任何破坏历史文化街区和建筑风貌的行为，保护规划内的建筑物、绿地和河湖水系不受损害。

（4）城市黄线严格管控城市基础设施建设，禁止未经批准的改装、迁移或拆除行为，保护基础设施的正常运行和安全。

通过以上管控措施，城乡规划逐步形成了以“三区四线”为核心的分区管控体系，有效保障了城市和乡村土地的合理开发和生态保护。

4. 主要问题和不足

城乡规划的管制旨在通过科学部署城乡社会经济发展、土地利用、空间布局和建设活动，实现城乡经济社会的协调、可持续发展，并改善人居环境。然而，在实际操作过程中，城乡规划的管制面临一些亟需解决的问题。

1）部门间协调不足

城乡规划的制定和实施需要政府多个职能部门的合作和协调，但在实际操作中，部门间的沟通不畅、协作不力，导致规划的执行效果受到影响。不同部门可能在利益诉求和工作重点上存在差异，未能形成有效的协调机制，阻碍了规划方案的顺利实施。

2）地区性差异与动态发展考虑不充分

规划中往往忽视了地区间的差异，建设部门制定的人均建设用地标准在部分地区缺乏因地制宜的细化措施。例如，高原或沙漠周边城市的生态环境脆弱，但城乡规划的标准未充分考虑这些因素，导致规划指标可能过高，不符合当地实际。此外，对于快速发展的城市和区域，城乡规划未能充分应对其动态变化和发展需求。

3）法律体制与法规不够完善

现行的城乡规划制度主要依据《中华人民共和国城乡规划法》等，但在法律框架中仍然存在一些空白和不足，特别是在具体执行和细化规定方面。法规的执行力度不足，可能受到行政干预、利益冲突等因素的影响，从而削弱了城乡规划的约束力和执行力。

4）监督机制不到位

城乡规划的监督机制和管理制度不够完善，导致一些地方和部门对监督工作的重要性认识不足，缺乏必要的监督意识和责任感。执法力度不强，违规行为未能得到及时有效的纠正和处罚。这种监督缺失不仅影响了城乡规划的实施效果，还助长了违法违规行为的发生，对城乡发展造成不利影响。

在应对这些问题时，需要加强部门间的沟通与协作，建立统一、协调的规划执行机制。针对地区差异，制定更具针对性的规划标准和政策，以适应不同区域的具体需求和动态变化。进一步完善城乡规划法律法规，填补制度空白，确保法律的权威性和执行力。最后，应健全监督机制，强化城乡规划管理的监督和执法力度，确保规划实施的严肃性和有效性，推动城乡建设的可持续发展。

2.2.3　土地利用总体规划下的管制制度解析

1. 管制主体

国家机构改革前的土地利用总体规划，是由国土资源部牵头编制并实施，以保护耕地为核心，以实现土地利用方式由粗放型向集约型转变。具体来说，土地利用总体规划管制主体包括以下几个层面。

国家层面：中共中央、国务院通过出台《中华人民共和国土地管理法》《中华人民共和国土地管理法实施条例》《土地复垦条例》《中华人民共和国基本农田保护条例》等相关法律、法规、文件来严格管理土地，保护耕地，并通过编制全国土地利用总体规划，充实土地用途管制制度，使得用途管制有章可依、有规可循。通过建立健全土地督察制度，督察地方政府履行耕地保护目标。

地方层面：各省、自治区和直辖区是土地用途管制的落实者，根据国家层面制定的行政法规结合各地实际情况制定具体的实施方案和措施，将国家意识逐级传达至市州级及县级人民政府和相关行政管理部门，通过编制省级、市级、县级及乡镇级土地利用总体规划落实全国土地利用总体规划，并按事权行使土地用途管制相关职责，落实土地用途管制。

社会和公众：社会和公众是土地用途管制的运行过程中的参与者和监督者,通过召开听证会和社会公示等渠道调动社会和公众的积极性，充分参与对政府有关土地利用规划等行为的监督，可增强土地用途管制的透明度和执行效率，《中华人民共和国土地管理法》明确规定，使用土地的单位和个人必须严格按照土地利用总体规划确定的用途使用土地。

2. 管制对象

在国家机构改革前，土地利用总体规划是实行用途管制的重要依据，由土地利用总体规划确定的土地用途是实行土地用途管制的基础。在编制土地利用总体规划时，原国土资源主管部门会同环境保护、住房城乡建设等部门，划定永久基本农田保护红线、生态保护红线和城市开发边界后，确定城乡建设用地规模边界、城乡建设用地扩展边界和禁止建设用地边界，并形成允许建设区、有条件建设区、限制建设区和禁止建设区。制定约束性指标，强化全域土地（耕地、林地、草地等自然资源）的监管，加强自然资源的保护利用。

3. 管制规则

市县乡级土地利用总体规划通过划定城乡建设用地规模边界、扩展边界和禁止建设边界，形成允许建设区、有条件建设区、限制建设区、禁止建设区四类空间管制区落实城乡建设用地空间管制制度。建设用地管制边界和管制区域，必须严格执行，未经依法批准，不得擅自突破。

允许建设区：区内土地主导用途为城、镇、村或工矿建设发展空间，具体土地利用安排应与依法批准的相关规划相协调；区内新增城乡建设用地受规划指标和年度计划指标约束，应统筹增量与存量用地，促进土地节约集约利用；规划实施过程中，在允许建设区面积不改变的前提下，其空间布局形态可依程序进行调整，但不得突破建设用地扩展边界；允许建设区边界（规模边界）的调整，须报规划审批机关同级国土资源管理部审查批准。

有条件建设区：区内土地符合规定的，可依程序办理建设用地审批手续，同时相应核减允许建设区用地规模；规划期内建设用地扩展边界原则上不得调整。如需调整按规划修改处理，严格论证，报规划审批机关批准。

限制建设区：区内土地主导用途为农业生产空间，是开展土地整理复垦开发和基本农田建设的主要区域；区内禁止城、镇、村建设，严格控制线型基础设施和独立建设项目用地。

禁止建设区：区内土地的主导用途为生态与环境保护空间，严格禁止与主导功能不相符的各项建设；除法律法规另有规定外，规划期内禁止建设用地边界不得调整。

市、县在不改变允许建设区规模、不突破城乡建设用地扩展边界和有条件建设区的前提下，可以制定城乡建设用地规模边界调整方案，经土地利用总体规划审批机关同级的国土资源主管部门同意后，调整允许建设区和有条件建设区的空间布局。城乡建设用地扩展边界不得调整。确需调整的，依照法律规定报规划原审批机关批准。

4. 主要问题和不足

土地利用总体规划中的土地用途管制在我国城乡建设中扮演着重要角色，对耕地保护、防止建设用地无序扩张起到了至关重要的作用。但随着社会经济的结构化变革，出现了亟需解决的难题。

繁杂的审批程序延缓项目落地。快速城镇化带来城镇人口的增长与建设用地需求增加，极大程度上考验着土地用途管制的可操作性与合理性。但用地审批程序繁杂且审批权集中在中央和省级政府中，用地审批周期长，严重阻碍了建设项目的落地，一定程度上制约了地方经济发展，在实践中土地未批先用现象时常出现。

侧重耕地管控，割裂了自然资源之间的有机联系。土地利用总体规划中的用途管制更侧重耕地的保护和利用，忽视其他用地的管制，割裂了自然资源之间的有机联系，不利于生态系统的有效保护，且各部门职权交叉重复以及行使盲区等情况，导致政府各职能部门争论不断（程雪阳，2019）。

2.3　国家机构改革后用途管制实践困境

2.3.1　改革后用途管制制度解析

2018 年 3 月，国务院通过组建自然资源部，明确了该部门统一行使国土空间用途管制的职责，并整合了空间规划的编制、实施和监督等权力，形成了统一的国土空间用途管制职能框架（樊杰等，2021）。这一举措为建立全域、全要素、多层级的空间规划实施体系奠定了基础，同时推动了国土空间治理能力与治理体系的现代化。中共中央为支持这一改革，相继出台了一系列法律法规和政策文件，进一步明确了以国土空间规划为指导，从整体上进行分区分类实施相应的管制措施，并鼓励地方根据不同地区的实际情况，制定符合当地特点的用途管制制度。这些文件强调国土空间规划不仅要注重空间治理，还应致力于优化空间结构、指导国土空间用途管制与生态修复。通过明确相关机构的依据和权责，国土空间用途管制制度的建设思路得到了进一步明晰。

面对过去自然资源和国土空间分割管理下“九龙治水”难以形成有效管制合力的局面，中共中央和国务院出台了一系列改革措施和政策文件，旨在解决国土空间开发、利用与保护中存在的无序现象，增强政府机构对国土空间的整体管理能力，推动更加高效、协同的空间规划与发展。这标志着空间规划管理进入了一个由国家主管机构统一领导的新阶段，管制措施得到了进一步细化和加强。

与过去单纯追求数量控制的管制方式不同，如今的国土空间用途管制内容已扩展到质量和空间等多维度的管控，管制范围也从单一的耕地、林地、草地等要素扩大到涵盖所有自然资源和区域的全域、全要素的国土空间。然而，随着管制权力的不断调整和管制政策的持续更新，中央的顶层设计和地方实践的探索仍需要进一步衔接和协调，以确保政策的有效落实和事权的合理分配。

2.3.2　实 践 困 境

1. 空间管控体系“形合神散”

国家机构改革后，虽然自然资源统一管理的框架已经确立，形成了自然资源整合管理的新局面，但在实际操作中，仍然存在“外表一致而内在分离”的现象。立体空间治理策略仍然停留在独立要素的单一调控层面，不同部门在管理重点上的断裂明显，缺乏系统性的整体规划与有效协作。一方面，自然资源部门的管理重心依然集中在耕地、建设用地和矿产资源的用途管制，尽管涉及其他资源，但其职能多停留在调查监测和确权登记等基础性工作上。国土空间用途管制在实践中仍显示出多部门分割管理的特征，管制空间重叠，权责界限交织复杂，各部门在管理时无法形成统一合力。另一方面，不同自然要素在各部门的独立管制下，忽视空间维度上自然要素的协调发展，导致生态系统中各要素间的天然紧密联系被割裂，削弱了管理策略的整体效能。这样一来，不仅导致了自然资源管理的低效，还可能引发资源浪费和生态环境的破坏，增加管理的复杂性和环境问题的解决难度。

此外，不同要素的管制标准和法律依据的不统一进一步加剧了这一问题（董华斌等，2022）。各类管制文件在同一资源的管理规则上存在差异，且所依据的法律法规也存在不一致。例如，《中华人民共和国草原法》中对于"草原"与"草地"的界定较为模糊，《中华人民共和国森林法》《森林法实施条例》及《建设占用林地审批审核管理办法》对林地级别和类型的设定有所不同（王威等，2023）。同时，《湿地保护条例》《河道管理条例》等法规中关于"湿地"用途的规定，缺乏统一的上位法律实体标准。这种管制依据和标准的多样化，导致了不同部门之间难以形成一致的空间管制合力，影响了用途管制的整体效果和执行效率。这种局面表明，尽管国家机构改革在结构上已实现了整合和统一，但在管制操作中依旧存在需解决的协调问题。推进各要素间管制标准的统一与各部门协调合作，将是实现真正高效的国土空间用途管制的关键。

2. 国土空间用途管制手段缺乏灵活性

目前我国用途管制工作方法和管制手段仍旧沿用传统模式，缺乏有效的差异化管控。现有的管控方式过于依赖固定的规划指标、区划边界以及既定法律法规，未能适应区域间差异及发展阶段的多样性，因而在灵活应对实际需求上显得不足。比如，耕地"进出平衡"实施细则仍需进一步明确，非建设用地之间转换规则不完善，亟需探索从农用地向未利用地转换的具体规则和可行路径。在基本草原的管理上，部分地区仅依赖"民不报、官不究"的单一策略，缺乏有效的全方位监控手段，难以应对复杂的现实状况。

现有管控手段的特点是以刚性为主，通过严格的规划指标和区划边界，试图通过外部约束来实现土地用途的固定和控制。然而，这种刚性的管制模式在面对市场经济条件下城市发展的不确定性时，显露出适应性不足的问题，导致"项目倒逼规划调整"现象屡见不鲜。尽管一些地方政府在管控中引入了有条件建设区等弹性空间设置，但这些措施常受到严格的规则约束，难以真正发挥调节作用。此外，弹性空间的规范设置和管理机制仍缺乏系统性和科学指导，使得实际执行中面临操作困难和低效问题。

要推动我国用途管制体系走向高效科学的发展路径，亟需引入动态调整和精细化管理的思维。通过区域差异化策略、增强制度的弹性与适应性、完善用途管制实施细则，并结合现代技术如数字化手段，来加强用途管制的可操作性和应变能力，才能有效应对复杂的国土利用需求和挑战。

3. 国土空间规划与用途管制衔接存难题

国土空间规划注重事前的战略引导，并提出事后监管的框架和要求；而用途管制则更偏重于事中和事后的具体管理与监督。这种事前规划与事中、事后管控的组合，使得两者在理论和实践上相辅相成，难以分割。用途管制通过国土空间规划中的事前谋划来提供实施的管控规则，而规划的落地与执行则需要用途管制的支持。然而，在实践过程中，这一体系仍面临不少难题。

首先，规划与管制尽管相互依赖，但在执行中常出现"划管分离"的问题。规划中为了实现科学分区和底线管控，划定各类控制线（如生态保护红线、永久基本农田保护红线等）时，需要详细的管控规则支持；但在实际管理中，这些管控规则往往只有在控制线布局落实后才能逐步实施，导致规则与实践间的衔接存在滞后性和矛盾。这种问题造成了规划阶段的规则缺乏实操性，实施阶段则面临规则调整不及时的局限。

其次，国土空间规划的全域全要素特性在当前的用途管制中未得到全面体现。现行的管制措施往往仍沿用单要素管理模式，注重对特定类型土地或资源的独立管控，而忽略了不同要素间的互动关系。缺乏对多要素综合作用的交叉管制措施，使得在实际管理中无法充分应对多样化和复杂的国土空间需求，影响整体的治理效能。

此外，尽管国土空间规划已吸纳了主体功能区规划的概念和要求，但用途管制在落实这些规划时，仍缺乏针对规划范围内主导功能的具体管控措施。主体功能区的科学设置需要匹配相应的用途管制政策和措施，才能真正发挥规划的引导作用。当前在这一方面的政策配套和实施机制仍有待完善和细化。

因此，加强国土空间规划与用途管制之间的衔接制度研究势在必行。通过系统的政策梳理和法规完善，确保管控规则在规划布局中明确化和实施中可操作化，是提升国土空间治理能力现代化的关键。需要推动国土空间用途管制向全域全要素协调管控的方向发展，将主体功能区的配套政策和管控措施融入其中，形成规划与管控协同推进的完整闭环，提升国土空间开发与保护的综合效能。

4. 国土空间用途管制传导效率低

在新时期，国土空间规划编制的总体框架已初步确立，涵盖多种类型的规划，各类规划的用途管制需求也随之各异。然而，这种多元规划体系在编制时序上的不一致性，纵向和横向规划间的传导机制面临诸多挑战，导致实际工作中传导不够顺畅。传统专项规划和详细规划的管理方式本身存在一定弊端，且在规划改革后，各类规划之间的相互依赖性、组织协调性和标准化要求逐步提升，这一趋势反而暴露了传导机制中的不足。由于国土空间涉及不同类别的规划，其用地管控需求不尽相同，编制和实施的时间安排也各异。这使得纵向（如从国家到地方的政策和规划传导）和横向（如部门间协调和衔接）规划在执行和反馈过程中面临阻力，导致整体传导效率亟需提升。

不同规划类型和管理部门间缺乏有效的协调机制也是主要问题之一。各部门基于各自的保护和管理职责，对用地需求、分类标准和统计口径存在差异，这在实践中常导致规划重叠、用地性质冲突以及政策执行时的空间不一致等问题。这些问题不仅制约了不同规划的协调一致性，还暴露了横向传导机制的不足。国土空间规划在管制内容上呈现多样化特征，其中区分刚性与弹性管控内容至关重要。刚性内容提供了基础保障，而弹性内容的设置和运用在应对动态变化中发挥关键作用。然而，实际操作中，弹性管控内容的识别难度较大，缺乏具体的法律法规进行明确界定，导致在用途管制的传导过程中效率低下。这种局面使得一些本应具有调节功能的规划措施未能有效发挥作用，造成资源配置和政策执行的延迟和低效。

为应对这些挑战，需要在以下几个方面进行改进：

（1）优化纵向和横向传导机制：加强国土空间规划在不同层级和部门间的沟通和协调，建立健全的信息共享平台和制度保障，促进各类规划的统一性和协调性。

（2）完善用地分类标准和统计口径：在全国范围内逐步统一用地分类标准和统计方法，减少各部门因标准不同而产生的矛盾和冲突，提升规划执行的连贯性。

（3）明确弹性管控规则：制定和发布具体的政策和法律条文，明确不同情境下的弹性管控措施及其适用条件，以提高实际执行的可操作性和响应速度。

（4）加强综合监督和反馈机制：通过设立综合监管和反馈机制，确保各类规划和用途管制措施在实际执行过程中能够及时得到调整和优化，以应对复杂的国土空间变化和发展需求。

这些措施将显著提升国土空间规划体系的传导和实施效率，从而有效促进国土空间资源的合理利用。

5. 国土空间用途管制亟需数字化转型

在经济高质量发展转型的调整期，如何实现产业经济的稳定发展与资源要素的可持续供给之间的平衡，是当前国土空间用途管制面临的重要课题。现阶段，国土空间用途管制在信息化建设方面取得了显著成效，其背后的管控逻辑和外在需求也在随之变化。然而，始终贯穿其中的是底线管控思维，即严格控制总量、优化存量利用、提升用地质量。与此同时，随着国土资源利用和管理环境的变化，管控手段的动态调整也尤为重要，需着力于优化资源的协调配置，激活增量资源、流转存量资源、防控资源变量的风险。

实践中，国土空间用途管制工作面临着诸多具体挑战，如咨询和申报所需数据多、材料重复提交、督办协调和监测监管模式粗放、需求变化快速、响应要求高等问题。为实现全域、全要素、全流程和全生命周期的全面用途管制，必须通过推动用途管制的数字化转型，实现数据赋能和技术创新，构建面向企业公众、业务人员、管理人员和技术团队的一体化应用体系。

首先，应用体系应包括综合咨询服务平台，提供企业和公众的用地咨询、信息查询和智能反馈，减少重复性申报材料，提高沟通效率。其次，协同审批机制应进一步数字化，实现各级政府部门之间的信息互联互通，简化审批流程，缩短审批周期，提升行政效能。针对监测监管，技术创新应致力于建立实时动态监测系统，运用大数据和人工智能进行智能预警和风险评估，确保监管的精细化和高效性。

在需求快速变化和响应要求高的背景下，强化用途管制的弹性和灵活性至关重要。

数字化手段可以助力国土空间管理部门快速响应政策和市场变化，通过多维度的数据分析和预测，优化决策支持，提高应对能力。技术赋能和数字化转型不仅有助于提升国土空间管控的精准度，还能够优化营商环境，简化企业在用地审批和规划调整中的流程，提高整体管理和运营的效能，推动国土空间的高效利用和高水平保护，为经济高质量发展的实现提供强有力的空间保障。

参 考 文 献

程雪阳. 2019. 新《土地管理法》土地用途管制制度改革的得与失[J]. 中国法律评论, (5): 65-75.

董华斌, 刘蒙罢, 赵晨迪, 等. 2022. 全域生态文明建设背景下我国国土空间用途管制研究[J]. 国土资源导刊, 19(1): 6-10, 67.

樊杰, 周侃. 2021. 以“三区三线”深化落实主体功能区战略的理论思考与路径探索[J]. 中国土地科学, 35(9): 1-9.

胡鞍钢, 唐啸, 鄢一龙. 2017. 中国发展规划体系：发展现状与改革创新[J]. 新疆师范大学学报（哲学社会科学版）, 38(3):7-14.

林坚, 武婷, 张叶笑, 等. 2019. 统一国土空间用途管制制度的思考[J]. 自然资源学报, 34(10): 2200-2208.

刘霞辉. 2021. 中国式城市化[J]. 湖南大学学报（社会科学版）, 35(5): 34-49.

唐巧珍, 袁星. 2020. 改革背景下自然资源业务重构探索与实践——以厦门市自然资源和规划局为例[J]. 规划师, 36(4): 72-77.

汪毅, 何淼. 2020. 新时期国土空间用途管制制度体系构建的几点建议[J]. 城市发展研究, 27(2): 25-29, 90.

王威, 胡业翠, 张衍毓. 2023. 国土空间用途转用许可：实务现实与规制创新[J]. 自然资源学报, 38(6): 1403-1414.

王雨晨, 刘合林, 刘法堂, 等. 2021. 用地审批“放权”背景下规划许可制度改革路径探讨[J]. 规划师, 37(15): 13-18.

杨梅, 李福映, 罗彦. 2022. 结果导向下国土空间专项规划编制与实施探讨[J]. 城市规划学刊, (S1): 214-218.

易家林, 郭杰, 欧名豪, 等. 2023. 国土空间用途管制：制度变迁、目标导向与体系构建[J]. 自然资源学报, 38(6): 1415-1429.

第 3 章　国土空间用途管制国际对比及经验借鉴

本章针对我国当前国土空间用途管制改革的客观需求，选取美国、英国、德国、日本和新加坡等国家作为研究对象，在梳理各个国家国土空间规划体系的基础上，从管制主体、管制对象、管制规则的角度，对各国的国土空间用途管制内容进行分析和借鉴。总结发达国家用途管制经验及主要特点，考虑中国国情，形成适用于中国的国土空间用途管制启示：构建协同统一的国土空间规划体系，创新差异化国土空间用途管制规则，统筹全要素全类型用途管制刚弹结合，构建以规划为依托的用途管制传导体系，强化市场化手段和市场配置作用，健全国土空间用途管制实施保障体系。

通过梳理发达国家的国土空间用途管制做法，总结出适用于中国的国土空间用途管制经验，为本书后续国土空间用途管制规则、手段、方式等创新内容的提出提供参考。

3.1　欧美发达国家国土空间用途管制经验

3.1.1　美　　国

1. 美国空间规划体系

不同于中国、日本，美国的空间规划不以行政单元为标准进行划分，而更倾向于区域规划和地段规划。从行政区域的层级角度来看，规划的分类体系较为模糊，缺乏逐级控制的原则。

美国城乡土地使用规划体系由区域土地政策规划、城乡土地使用设计规划、地段规划和开发管理规划组成（瞿忠琼等，2018）。可以理解为从总体层面（区域土地政策规划）到中间层面（城乡土地使用设计规划）再到特定区域层面（地段规划和开发管理规划）的组合，各行政层级皆可编制以上规划（图 3-1）。

区域土地政策规划主要负责总体空间布局，基于土地适宜性、未来城乡发展需求和开放空间对土地的需求，规划开展分区。其重点内容是对保护地区、乡村地区和城市地区这三类土地使用政策区进行划定，如为应对未来城市增长，确定哪些地方将从乡村转变为城市、确定哪些地区可进行二次开发；以及为防止在城市增长的同时环境遭到破坏，确定生态环境敏感、脆弱区域以及不能进行开发的区域，如湿地、海岸线、濒危动物栖息地等。

城乡土地使用设计规划旨在对区域土地政策规定的各类城市建设区进行详细的土地使用布局和安排。该规划层面主要解决不同用地类型、混合程度和密度的问题。因此，

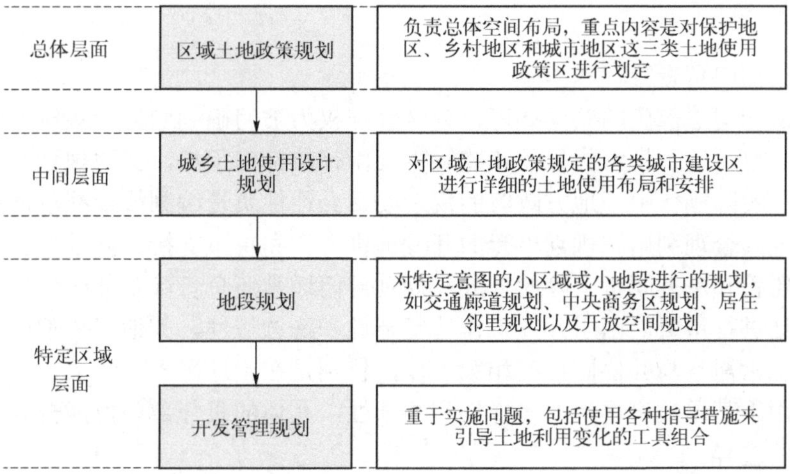

图 3-1　美国空间规划体系

其更关注城镇层面上居住、商业、办公、工业、开放空间、学校、公园和交通等空间组织。该规划核心图件为详尽的城市功能空间组织图，范围可以涵盖郡、城市或镇。一般情况下，城乡土地使用设计规划比区域土地政策规划更为具体和详细，并且涉及交通系统和城镇基础设施。然而，在特殊情况下，也可将区域土地政策和土地使用设计整合为复合型规划。

地段规划是针对特定意图的小区域或小地段进行的规划，如交通廊道规划、中央商务区规划、居住邻里规划以及开放空间规划。居住邻里规划与我国的居住区规划有一定的相似之处，但不同之处在于美国的邻里居住类型通常是别墅，其邻里之间不存在封闭结构，连接居住邻里的道路有时也承担外部交通空间的功能。

开发管理规划着重于实施问题，包括使用各种指导措施来引导土地利用变化的工具组合。通过采用一系列不同的工具，该规划能够指导开发的地点、类型、速度和设计质量。例如制定详细的开发法规，对开发项目的选址、类型、规模、密度、开发时间计划、土地混合程度以及详细规划设计等进行审批。此外，还对基础设施进行改善，根据居住区的密度延伸给水和排水管道，并进行交通廊道、设施、公园和休闲设施的决策。此外，开发管理规划还涵盖一些激励措施，以引导城镇化进程，确保公共基础设施的延伸与私人开发的步伐相一致。

2. 美国空间规划用途管制

美国国土空间用途管制体系主要以分区或地段为管理单元，这一体系通常被称作土地利用分区管制，简称分区管制（王向东等，2014）。在此体系下，国土空间被细化为一系列系统化的片区，每个片区根据其用地类型和功能特点进行划分。基于这些片区划分，政府制定并实施了一系列土地利用管制政策，旨在确保区域内政策的一致性，同时考虑不同区域间的差异性和特殊性。

1）管制主体

（1）行政部门负责管理和实施

经过立法和司法部门的共同认可，分区管制权力被明确划归为行政权力的范畴，通常被称作警察权。这一权力的行使和监管主要由行政部门承担，其中规划委员会扮演着核心角色。在实际操作中，地方政府的规划委员会往往负责编制或批准总体规划及专项规划，为土地的合理利用和规划单元的开发提供咨询和决策支持。同时，它们还肩负着土地细分的监管和审批职责。除此之外，规划部门通常还负责起草分区管制条例草案，并对场地设计进行审查。由于开发工作的复杂性和跨领域性，其他相关部门如工程、消防、卫生等也常需参与并协同批准相关工作，特别是在土地平整、防火、废物处理等领域。然而，由于基层政府自治的多样性和复杂性，具体的责任部门可能会因地区而异，呈现出较大的差异。

（2）权利重心下落基层政府

从层级角度来看，美国的分区管制权力主要汇聚于基层政府之手。尽管基层政府在组织结构上隶属于州政府，但在1926年标准州分区授权法案的推动下，绝大多数州已将地区分区管制的权责下放至基层政府，涵盖市镇、县等各级单位。这一变革使得基层政府在分区管制方面拥有了更大的自主权和决策空间。在实践中，自治的市镇制定和实施城市分区管制，非自治的县则制定并实施县分区管制。此外，县还针对乡村地区和城市增长地区制定了不同的规则。

（3）联邦和州政府间接发挥重要作用

美国联邦和州政府对其直接拥有的土地进行直接管理，但对于私人土地，则通过一系列间接手段，如法律条款、专项规定、资金援助、行动计划以及专项规划等，来影响基层政府在分区管制方面的实践。

具体来说，联邦立法机构颁布的水土资源保护法、优质耕地牧地及林地保护法、农地土壤污染防治法等一系列法规，以及耕地保护政策等，都对地方分区管制的内容产生了深刻的影响。除此之外，联邦政府还设立了宗地治理和历史地区保护等资助基金，有效激发了基层政府在相关活动方面的积极性。部分州制定了针对海岸带、湿地、洪泛平原等特殊资源的专项规定，对其开发利用提出了特别要求。此外，许多州制定了可负担住房的专项规划，鼓励基层政府通过包容性分区制度提供可负担的住房。

（4）开放的空间开发权转让和市场激励机制

根据授权法令，“开发许可”的定义涵盖了土地分配的各项权利，并允许这些权利通过开发权转让进行流通。开发权转让规定在各地以英亩、平方英尺或建筑物高度等不同单位进行界定，并在信贷领域确立相应的权利，这些权利均可进行交易。在实施开发权转让计划时，地方官员面临着如何定义和评估发展权的挑战。然而，确保准确量化拟转让的发展权价值至关重要，以便在目标发展区域建立一个可行且有效的市场。目前已有超过半数的州将开发权转让视为地方分区规划的重要补充，而在其他州，地方自治单位则有权制定开发权转让计划，作为其土地使用和密度监管能力的拓展。

激励机制本质上是通过运用经济调控手段，对市场经济中各利益主体的行为进行调整，其施行范围可涵盖地方、区域、州乃至联邦层面，如《美国农权法》等联邦法律以及“农业区”等地方层面的政策。土地所有权涉及诸多权利，包括地表权、空中权以及开发权等。基于土地所有权可分割的观念，部分新政策涉及部分权利的转移，如开发权转让或开发权购买政策等。

（5）广泛的公众参与

在美国，由于选举制度和自治制度的特点，基层民众无论基层政府形式如何，都拥有对基层政府的充分控制权和参与权。在制定和实施分区管制条例时，基层政府需遵循明确的程序要求，以确保在涉及居民利益的重大决策中，及时向相关当事人发出合理的通知，并安排听证会的机会，确保居民的权益得到充分保障。这样的制度设计旨在增强基层政府的透明度和责任感，促进民众与政府之间的良性互动。以纽约市的分区管制为例，其土地利用的统一审查程序对公众在社区委员会等层级参与土地利用审查的要求进行了明确规定，包括举行听证会等具体形式。因此分区管制在某种程度上已成为公众参与的重要平台之一。

2）管制客体

（1）使用性质

分区管制旨在通过界定使用性质区域、设定基本用途以及明确相容用途等手段，来排除区域内不兼容的土地使用方式（李强等，2018）。这些使用性质区域广泛涵盖了城市居住区、工业区、商业区、混合用途区、增长地区，以及农业区、乡村居住区、乡村工业区和乡村商业区等。在基本用途方面，通常包含居住用地、商业用地、工业用地、农业用地、林业用地以及休闲娱乐用地等多种类型。通过这样的管制措施，可以确保土地使用的有序性和协调性。

（2）建筑容量

土地的开发建设受到一系列指标的规范，包括容积率、高度限制、建筑覆盖率、后退距离、曝光面、地块面积、地块形状、住宅单元数量以及停车场面积等。这些指标共同确保了土地开发的合理性和规范性，促进了土地资源的有效利用和城市的可持续发展。

（3）环境景观

在土地利用过程中，制定了一系列标准以规范其流程，并注重在使用土地时美化环境景观。对于工业用地，美国关注烟尘、有毒排放物、噪声、气味、眩光、振动、放射性等环境因素；而在居住用地方面，主要聚焦于植物密度、草坪、艺术街景、喷泉和水池等美化要素；对于商业用地，则重点关注橱窗设计、照明设施和广告牌等视觉元素。通过这些措施，旨在实现土地资源的合理利用和环境的美化。

3）管制规则

（1）规范的修改程序

在美国，分区管制条例的修改，不论是重新划区还是文本修正，都必须遵循一系列规范的程序规定。除了常规的修改类型，一些基层政府，如纽约市，还针对特殊情况提供了特殊的修改途径。例如，当地块形状不规则且无法满足分区管制要求时，可以适用变动规定。对于特殊的开发利用活动，如大型地块开发，特别许可制度提供了相应的修改分区管制内容的机制。此外，在特定情况下，当满足特定条件时，分区管制实施机构如规划委员会，有权在征询受影响居民团体，如社区委员会的意见后，对特定分区管制要求进行修改。

总体而言，美国的基层政府在每次修改分区管制条例时都会进行详细记录，并建立修改索引，这些记录还会在网络上公示，以便公众进行监督和查阅。这样的做法确保了分区管制条例的透明度和公正性，也增强了公众对基层政府工作的信任。

（2）丰富而灵活的管制措施

在美国，分区管制常常采用丰富而灵活的管制措施，包括但不限于例外规定、条件使用、地块合并、发展权转移、绩效标准、开发协议、限制性声明和影响费。这些措施的引入，旨在确保分区管制的确定性，并在此基础上提供一定程度的灵活性。

发展权转移是一种机制，它允许将尚未充分利用的发展权从某一地块转移至另一地块。绩效标准则是设定了对噪声、烟尘、臭气、污染物等方面需满足的最低要求或最高容限，这些标准可根据其严格程度分为精细标准和宽松标准。而限制性声明，作为一种工具，用于实施特定土地利用条件或要求的地役权限制，确保土地使用的合规性。此外，冲击费则是针对开发项目所引发的额外基础设施建设需求而收取的费用，旨在平衡开发活动对基础设施带来的额外负担。

（3）多样的分区形式

在美国，在基本分区（通常是土地使用性质分区）的基础上，衍生出了叠加分区、浮动分区、情境分区、奖励分区、特别分区等多种区域划分形式，极大地增强了分区管制的科学性和可操作性。

第一，叠加分区是指对基础分区进行取代、修正或补充的一种方法。常见的叠加分区类别包括交通、环境敏感地区和特殊发展地区等。例如可以在住宅区中叠加商业区，以允许商店在临街地块上设置。第二，浮动分区是一种在规划文本中描述，在满足特定条件时通过重新划区确定的区域。这种分区的划定是基于特定条件的。第三，情境分区主要通过对建筑容量等进行情境性管制，以确保新建筑与现有社区环境特征相协调。情境分区常用于住宅区和商业区。第四，奖励分区是通过提高额外容积率等奖励措施，以换取公共广场、视觉艺术空间、新鲜食品商店和可负担住房等服务设施的提供。第五，特别分区是为了实现特定的规划设计目标而设立的，通常位于具有独特性的区域，如机场周边、教堂或学校、历史街区等。

（4）畅通的冲突化解机制

分区管制作为一种行使公权力的手段，旨在干预涉及私权的土地利用行为。在这一过程中，利益冲突在所难免，但美国已经建立了健全的解决机制来应对这些冲突。这些机制可以大致划分为两种类型：一类是当土地使用者违反规定时，监管机构会采取相应的处理措施，如罚款或禁令；另一类则是当监管机构的行为被认为不当时，土地使用者有权通过上诉来维护自己的权益。

在上诉过程中，受理上诉的机构包括分区管制上诉或调整委员会、立法机关以及法院。这些上诉委员会通常由立法机关指派，成员多数为志愿律师。在某些社区，听证督察委员会也承担了类似上诉或调整委员会的职能。当上诉案件需要进一步审理时，立法机关可能会介入作为二次上诉的受理机构，而法院则通常是上诉者的最终救济途径。

3.1.2　英　　国

1. 英国空间规划体系

2004 年，英国政府颁发了《英国规划与强制性购买法》，对先前以土地利用为核心的物质形态属性的城乡规划进行了重大改革，构建了包含国家、区域和地方三个层级的空间规划体系。

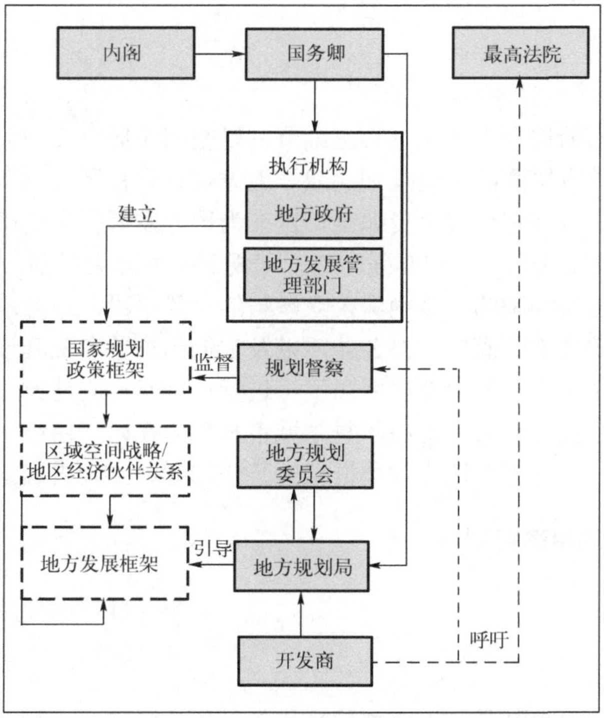

图 3-2　英国空间规划体系

1）国家层面

在英国，社团和地方政府部门是负责国家空间规划的政府主管部门。该部门的主要职责涵盖以下方面：通过国会进行空间规划体系的立法工作；指导地方政府部门的政策方针和相关制度，并监督地方层面的空间规划实施；制定国家层面的土地利用政策。社团和地方政府部门的首脑兼任国务大臣的职位，负责整体管理空间规划体系，并在某些具有全国意义的地方空间规划审批中直接介入，监督地方空间规划筹备和实施情况。国家层级主要在以下方面对空间规划进行指导：制定国家级的相关政策，包括居住需求、基础设施、能源和食品安全等领域。2012 年，英国颁布了《国家规划政策指导框架》，将所有国家空间规划相关政策、部门公告和指导性文件创新地整合成为65页文件，将国家经济、社会和环境发展方面的议题融入一个框架中，以指导区域和地方的空间规划和治理工作。国家层级政府还负责重大基础设施项目的规划、审批和相关政策制定。

2）区域层面

2004年颁布的《规划与强制性购买法》在英格兰的九个行政区设立了区域空间规划机构，并提出“区域空间战略”概念，其关注重点涵盖了可持续发展理论的四个领域。英国区域层面的空间规划主要包括区域空间规划指导和区域空间策略，这两个方面的内容相似，都对可持续发展、住房短缺、交通等问题进行了深入分析研究。然而，区域层级空间规划在实施方面取得的成效并不理想，在2010年除伦敦地区外，基本上取消了区域空间策略。

3）地方层面

英国在地方层面的规划工作注重实施细节，以空间布局、设施分配和项目实施为核心关注点。目前，地方层面的空间规划涵盖了地方规划和社区规划两大板块。这些地方空间规划由专业的地方规划部门负责编制，旨在为地方发展提供明确指导。在地方规划中，包含了强制性发展规划文件和非强制性行动规划文件两大类别。社区规划是由教堂、社区论坛、社团等组织编制的，是确保公众参与的重要手段。地方政府可以通过社区规划分析是否建设新的住宅、商店、办公楼，以及它们的位置和配套设施，并对是否保留现有的公共空间以及是否降低现有房屋高度等进行规划研究。地方发展框架在法律上提升了空间规划的迅速反应能力，提高了每个城市和地区在同一层级上的竞争力。当需要调整空间规划政策时，只需对地方发展框架的某些部分或实施内容进行修改即可。

2. 英国空间规划用途管制

1）管制主体

（1）地方规划部门

英国国土空间用途管制是一项跨部门协作的任务，涵盖了规划、农业、国家遗产保护、自然保护以及贸易和工业等多个行政部门的工作范畴。在这些部门中，规划部门发挥着至关重要的作用，不仅主导着国土空间用途管制的核心任务，还承担着国土空间规划制定与审批的专职职责。英国的规划部门经历了多次行政体系的变革，从早期的地方主管一级行政体系，逐步发展为“国家—区域—地方”三级行政体系，并最终演变为当前的“国家—地方”二级行政体系（王佳佳等，2021）。

在当前的英国行政体系中，“国家—地方”二级结构占据主导地位，每个层级都拥有明确的职责和权限。在国家层面，住房、社区与地方政府部门负责制定国家级规划战略与政策，并协调国家规划政策与地方发展规划的衔接与协同。这些部门在国家层面扮演着规划制定、政策制定与协调的关键角色，确保国家规划与地方发展规划能够顺畅衔接，共同推动国土空间的合理利用与发展。在地方层面，地方规划部门担当着地方政府的代表角色，拥有较为广泛的地方发展指导权。其主要职责是将国家层面的规划政策转化为具体可行的地方规划政策。英国地方政府分为县议会、区或市议会以及教区或镇议会等多个层级，负责制定和执行本地的发展规划，其中涵盖《地方规划》和《社区规划》等重要内容。此外，地方规划部门还负责审批规划开发申请，并针对未经授权的开发活动采取必要的强制性干预措施。此外，借助英国国土空间管控信息化的在线规划网站，社区居民可以便捷地查询现行有效的《地方规划》和《社区规划》，并获取与规划建设开发相关的申请等信息，实现规划信息的透明化和共享化（表 3-1）。

表 3-1　英国国土空间用途管制行政体系

国家行政层面	住房、社区与地方政府部	规划事务大臣 规划督察处	
地方行政层面	地方规划部门	县议会 区或市议会 教区或镇议会	单层级地方政府（如伦敦）

（2）开放市场

2008 年国际金融危机爆发，过度集权的土地利用管理抑制了市场积极性。英国中央政府为推动经济复兴，于 2011 年颁布了《地方主义法案》，弱化了中央政府的空间规划管控职能，强化了地方政府的规划和开发职权。与此同时，英国以简政放权、加强合作为原则对空间规划体系进行改革，逐渐构建起了国家层面制定规划政策文件、地方层面制定地方发展规划与社区发展规划的“国家—地方”两级规划管理体系，力求通过规划以落实并满足地方化与市场化发展的需求。

以英国住房政策为例，住房规划的制定依赖于对当地房地产市场状况及保障性住房需求的深入评估。在此基础上，地区应明确其未来五年的土地供应计划。但根据《地方规划》，考虑到规划期间可能出现的土地市场选择和竞价变动，土地供应指标通常会设定一个介于 5%至 20%之间的浮动调整区间，以确保规划的灵活性和适应性。在制定这样的规划时，英国政府不仅需要关注当前的市场需求，也需要充分预测未来的发展趋势。

（3）公众参与

作为土地私有制的国家，英国的土地权利结构包括平民权利和地主权利。为确保共有土地权利的有效实施，英国设立了由平民和土地所有者共同参与的公共委员会进行管理，并且在法律中明确规定，在规划编制过程中必须设置三个月的公众参与期，以此来考虑大多数市民的利益，也可以协助开发投资人了解规划的有关事宜及投资环境。

进入 21 世纪以来，英国积极推动信息化在土地利用管理方面的应用，启动数字政府平台计划，并制定跨部门治理规则，同时提供技术平台和数字公共服务链。为了应对住宅建设活动多样性和变化性所带来的挑战，规划管理部门通过互联网平台建立了信息公示和申请管理系统。该系统向公众提供了管理要求和申报审批手续等关键信息，有效提高了政府工作效率，降低了管控成本，并增强了民众的参与感。在此基础上，英国建设了国土空间管控信息化系统，并开发了在线规划申请网站。这一网站不仅方便居民进行信息查询和规划申请，还鼓励居民参与《社区规划》的制定，进一步完善了国土空间管控相关的信息化系统。这一举措不仅提高了政府办公效率，还增强了社区居民的参与感。

2）管制客体

（1）生态环境与景观保护

在生态保护方面，根据《物种和栖息地保护条例》以及《野生动物与乡村法》的明确规定，在规划特定地点时，必须实施野生动物评估程序，以识别和确认受到保护或享有优先保护地位的野生动物种类。

在环境保护方面，根据《2016 年环境许可证（英格兰和威尔士）条例》的明确要求，对于某些特定活动，例如核电站、污水处理厂等可能对空气、水源或土壤造成潜在污染的活动，申请者必须事先取得环境许可证。申请者需根据具体活动类型，向环境署或相应的地方当局递交申请。监管机构在审查申请时，通常需要不超过 13 周的时间。同时，根据规定，监管机构还会根据申请情况以及持续监管许可证的需求，收取相应的费用。

在景观保护方面，英国规划部门颁布的树木保护令是一项至关重要的指令，旨在确保特定树木或林地得到充分保护。根据《城镇和乡村计划法》以及《城镇和乡村计划（树木保护）（英格兰）条例》的明确规定，任何未经地方规划主管部门正式书面许可的砍伐或破坏树木的行为，均视为非法行为。此保护令的发布主体可以是地方规划部门，也可以是议会，其适用对象十分广泛，可以包括单棵树木、某一区域内的树木乃至整片林地，且不受树木大小或种类的限制。此外，地方规划部门还依据《城镇和乡村规划（树木保护）（英格兰）条例》所赋予的权限，有权对树木保护令进行必要的调整或撤销，以确保其适应性和有效性。

（2）土地用途变更

农业土地用途变更：农业土地用途的变更受到法律的严格保护，任何未经许可擅自改变农业土地用途的行为都将面临法律追究。按照英国《环境影响评估（农业）条例》的规定，土地变更申请必须得到“自然英格兰”机构的批准。该机构会基于农地变更可能对环境产生的重大影响来做出是否许可的决策。为了获取这一管理机构的批准，申请者需聘请行业专家对农地用途变更的可行性进行论证。同时，根据土地用途变更的面积，并参照环境影响评估阈值（表 3-2）的界定，确定是否需要提交《环境影响评估报告》。如果变更面积在一年内或五年内的总和超过了对应土地类型的筛查阈值，申请者可以自主选择是否进行环境影响评估；然而，一旦超过强制性阈值，则必须提交《环境影响评估报告》。

表 3-2　进行《环境影响评估》的阈值（一年内总面积/5 年内面积总和）

类型		筛查阈值	强制性阈值
更改农村土地所有权	边界长度	500 m 以上	4 km 以上
	更改的土地面积	5 hm^2 以上	50 hm^2 以上
	农场内更改土地面积	2 hm^2 以上	5 hm^2 以上
集约化农业的未耕作或半耕作地区		5 hm^2 以上	50 hm^2 以上
农用地的排水工程		15 hm^2 以上	50 hm^2 以上

共用土地用途变更：共有土地指的是由一人或多人共同持有的地块，他们有权使用这块土地并从中获取资源。这些共有土地的所有者信息，会被详细记录在英国的土地注册数据库中，以确保权益的明晰和透明。在共有土地上开展工程建设活动，申请者必须遵循《共同土地同意政策》的规定，并获得相应的规划许可。根据具体项目情况，可能需要向环境、食品和农村部事务大臣以及规划督察处征求同意，并在必要时进行环境影响评估。

在正式申请工程建设之前，申请者需与土地所有者、下议院理事会或相关协会、所有活跃的平民以及其他拥有合法利益的相关方进行沟通与联系。这些相关方可能包括土地上的租户、地役权持有人、所在区域的教区、区、市或县议会、自然英格兰委员会、英格兰历史遗产委员会。若土地位于国家公园内或杰出自然风景区内，还需与国家公园管理局、杰出自然风景区保护局或联合咨询委员会进行沟通。此外，与开放空间协会的合作也是不可或缺的。

3）管制规则

（1）规划政策

在国家层面，英国政府推出了一份为期15年的《战略规划》，旨在促进国家和地方的可持续发展，解决地方住房短缺问题，优化基础设施建设，保护生态环境，并提升城市设计品质，从而有效实施国土空间的管制工作。此外，英国还制定了《国家规划政策框架》，该框架详细阐述了英国政府的规划政策及相关应用准则，为地方规划提供了明确的指导。

在地方层面，地方政府（包括地方规划处、郡议会和单级议会等）通过制定《地方规划》和《社区规划》来具体执行对所在地区土地利用的管控工作。作为地方政府的代表机构，地方规划部门负责编制《地方规划》，并负责对规划开发申请进行审核。同时，地方规划部门还拥有采取必要的强制管理措施来应对未经授权的开发活动的权力，确保土地利用的合规性和可持续性。

通过这些规划工具和政策措施，英国政府得以全面而系统地实施国土空间管制工作，推动地方经济的健康发展，提升居民的生活质量，并保护自然环境和文化遗产。在编制《社区规划》时，地方单级议会需要与当地居民、开发商、土地所有者以及其他利益相关方进行充分的协商和协调。经过审批的《社区规划》将被纳入地方规划体系，作为地方层面规划决策的重要参考依据。

（2）规划许可与规划申诉

规划许可是英国实施国土空间用途管制的核心手段。在英国，地方规划部门承担着颁发开发许可证的重要职责。任何个人或组织均有资格向当地规划部门提交申请，以争取获得这一许可。一旦项目获得开发许可证，将不允许进行重大变更。在英国，地方规划部门承担着核发规划许可的主要职责，这不仅适用于大多数新建建筑物的规划申请，还涵盖了既有建筑物的重大改造以及建筑物或土地用途的显著变更。而对于那些具有国家重要性的基础设施建设项目，如电力系统建设、大型交通运输计划等，英国政府则制定了一套独立的规划立法和政策框架，以确保这些项目在规划许可过程中得到妥善处理和高效推进。这一做法旨在平衡地方发展需求与国家整体利益，推动国土空间的合理利用与可持续发展。

规划申诉作为英国国土空间用途管制的一种辅助机制，允许申请人在地方规划部门拒绝其规划开发申请后，向住房、社区与地方政府部门的规划事务大臣提出申诉，以请求重新审查。在申诉过程中，规划事务大臣会采用质询、听证和书面报告等多种形式收集相关证据，对被拒绝的规划开发申请展开重新审查和最终裁决。

3.1.3 德　国

1. 德国空间规划体系

德国实行“联邦—州—地方”三级分权、高度自治的联邦制，是世界范围内最早一批开展国土空间规划的国家之一。德国的空间规划体系由高到低可以划分为五个层级：欧洲层面、联邦规划、州域规划、区域规划、地方规划，在不同的尺度对土地利用进行空间规划安排（表 3-3）。联邦空间规划旨在对德国全域进行战略性、指导性、统括性的架构规划，通过制定全国性的空间发展战略，实现部门间专业规划及州际空间规划的协调。州空间规划分为州规划和区域规划，既协调州内各地的发展衔接和任务分工，又设定州内各区域的发展方向和任务，对区域规划具有至关重要的引导和制约作用。区域规划作为州空间规划的延伸，主要制定各区域空间协调发展的目标，协调各城镇的发展方向和任务。地方规划，也称为城镇规划，包括土地利用总体规划和控制性详细规划，其主要职责是将联邦、州、区域规划所制定的规划目标具体化（图 3-3）。

德国空间规划体系法律框架健全（图 3-4）。以两部联邦国土空间规划基本法为基本遵循，德国的国土空间规划法规体系位阶等级可以划分为五个层次。在最高位阶，联邦议会依据《宪法》授权，将《建设法典》与《空间规划法》确立为空间规划领域的基本法，作为全国国土空间开发建设保护利用活动的基本法律依据，以及其他层次法律法规的基本遵循。次一层次的法规包括联邦层面的一般法律及基本法配套法规，对基本法中的相关领域、内容作出具体规定。

表 3-3　德国空间规划体系构成

法律地位	规划体系构成		规划目标
法定规划	空间总体规划	联邦层面的空间规划 州层面的空间规划 地方层面的空间规划	协调不断出现的空间要求、实现空间发展规划、制定空间发展策略
	专业部门规划		主要从技术角度，为一个专业领域制定
非法定规划	非正式规划		以问题为导向，根据需要而进行的规划或规划性处理措施

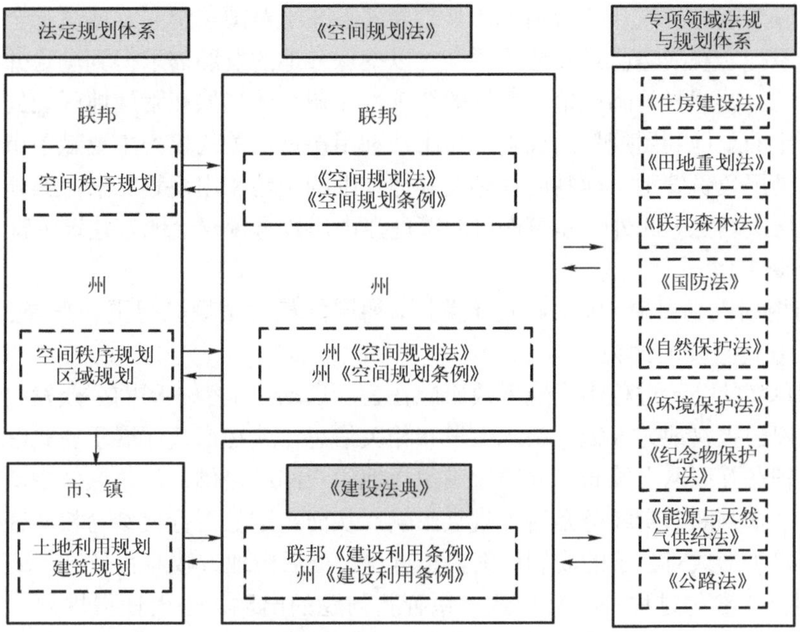

图 3-3　德国空间规划体系

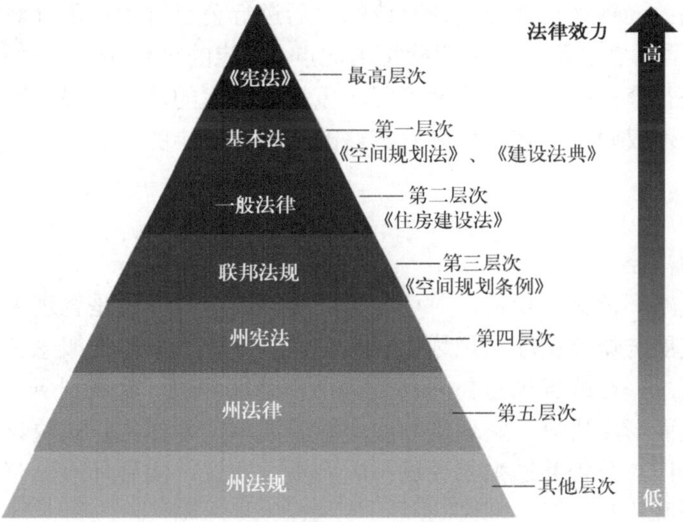

图 3-4　德国空间规划法律体系

2. 德国空间规划用途管制

1）管制主体

（1）行政主体

依据《联邦空间规划法》，德国将控制目标融入层级繁多的空间规划体系，从而实现“自上而下”与“自下而上”的计划管理。

其中，联邦规划由联邦政府制定，其首要任务在于对国家空间发展进行全面监测，进而制定出一系列宏观战略愿景和通用原则，以确保各地的发展需求得到满足并实现平衡发展。州政府的主要职责是确保地方规划的合理性。州行政当局和附属地区当局具备批准由地方当局制定的土地利用规划的权限。与土地利用决策相关的权力主要赋予市镇当局。在各州，市镇当局负责编制土地利用规划及其他详细的土地利用规划文书，具体的土地分区分类在市镇层级制定。此外，建筑许可的管理亦由州政府授权给地方建筑主管部门负责。

（2）公众主体

在空间规划权利保障方面，相较于美国，德国的相关法规显得更为严谨且细致入微，其具体规定方式主要为约束性。

在规划草案的公示过程中，地方政府应在公示启动前至少一周向公众发出通知。通知可通过在政府公报、地方报纸、杂志上发布相关信息，或在市政厅展示窗张贴公告等方式进行，同时需在互联网上发布，并通过国家土地门户网站提供访问。通知中所涵盖的信息量应足以使公众判断自身权益是否受规划影响，从而决定是否行使参与权。任何公民均有权以书面或口头形式对公示的规划草案提出意见，最后由地方政府官员进行处理和反馈。

正式的公众参与过程往往会导致一系列新问题的出现，进而使得规划草案有必要进行相应的补充或修改，修订后的规划草案需要再次进行公示并征求公众意见。实际操作中，这一流程可能反复进行，导致此过程不断循环。为确保行政效率，《建设法典》为此提供了简化模式：当规划草案经过补充或修改后进行公示时，只需针对补充或修改部分征求公众意见，同时在公示通知中明确指出此点，相应的公示和征询时间也可适当缩短。若规划草案需进行修改或补充，但并不影响原规划草案的基本格局，则参与规划草案修改后的公众讨论可仅限于直接受规划草案修改或补充影响的相关主体。

2）管制客体

（1）环境指标监管

遵循欧盟战略环评指令规定，对环境指标实施监管与评估是管理关键环节之一。首先，明确城市发展与城市秩序的规划要求，进而制定建筑规划的概念并组织竞标。通过小组交流搜集信息，行政当局与公共利益执行者进行沟通，就规划所产生的环境影响进行交换意见，从而形成决议、整理规划鉴定检验清单，并作出正式决议。随后，开展意见鉴定与立法决议，公告并通知相关城市政府重大决议，实施环境监督。

（2）空间分区监管

在德国，城市地区与乡村地区并未被区分对待，而是统一纳入城市土地利用规划进行管理。《建筑用途条例》明确了市政当局在制定发展规划时可采用的土地利用分区类型及土地利用基本原则，包括小型聚集区、纯粹的宅区、一般住宅区、特殊住宅区、乡村地区、混合区、城市地区、核心领域、商业区、工业区、特殊区域等 11 种。这些土地用途类型需具备明确的边界。

除城市土地利用规划外，依据《联邦自然保护法》，各州可将自然和景观划定为自然保护区、国家公园、生物圈保护区、景观保护区、自然公园和自然遗迹等部分受保护的景观。同时，《联邦森林法》将森林定义为覆盖森林植物群的任何区域，受法律保护且无需指定，可分为保护林和休闲林。

（3）土地用途变更

为了确保土地利用规划和地区详细规划的有效实施，《联邦建筑法典》授权市政当局禁止土地性质的变更，并赋予其预购权；建筑开发项目可通过建筑许可审批流程得以实施。州政府的主要职责是保障地方规划的合理性，州行政当局和附属地区当局有权批准由地方当局制定的土地利用规划。

地区详细规划制定并实施后，为维护其有效性，禁止拆除建筑物及实施开发项目草案等可能导致土地性质改变的行为。在禁止变更未作出决定或未生效前，若根据地区详细规划，开发项目草案非变更不可或有显著困难时，须暂停批准建筑许可，最长暂停时间为12个月。同时，为确保地区详细规划的有效实施，不允许分割与已执行的地区详细规划相冲突的土地。为确保公共和住宅用地的供应，防止土地投机行为，政府具备一般预购权和特别优先购买权。

3）管制规则

（1）许可管理

德国在用途分区管制规则的基础上实施建筑许可制度，建筑许可管理制度旨在对建筑项目进行合规管控，其依据《联邦建筑法典》界定许可范围，针对具体项目的实施。各州建筑法规在核心要义与结构上保持一致，除非《标准建筑条例》有特殊规定，否则新建、改建、物理结构调整、建筑设备安装以及用途变更等行为均需获得建筑许可。许可授权由各州下属的建筑管理部门负责颁发。

在申请建筑许可的过程中，申请人需向相关部门提交规划申请、建筑项目评估及处理所需的资料，包括但不限于场地平面图以及建筑平面图、立面图、剖面图等文件和图纸，其比例依据各州建筑法规的相关规定。在审核过程中，建筑管理部门不仅参考发展规划，还需咨询与申请项目相关的其他部门。若申请内容不与授权程序所涉及的法律法规产生冲突，建筑管理部门须依法授予建筑许可，而无权自由裁量。

（2）空间准入审批

在德国，国土空间准入许可的授予在很大程度上取决于地块是否位于合法招标的规划区内。为了确保土地的合理利用，《联邦宪法》规定，在城市开展各类开发建设之前，必须对建设和非建设活动实施差别化管理。

具体而言，城市增长边界内的建设用地依据《建设法典》实行“积极”准入政策，城市增长边界外的非建设用地则依据《空间规划法》实施“消极”准入政策，以控制空间的有序开发。与此同时，德国正面临人口持续增长的压力，再城市化和郊区化现象也在该国逐渐显现。例如，作为重要的工商业、金融、交通中心的法兰克福、慕尼黑等地，在住房极度紧缺以及棕地存量已耗尽的背景下，已经开始结合地方土地利用规划与区域规划，探索近郊绿地的再开发模式，以保障新（次）城市化的发展。

（3）实施监督

为确保能够及时发现并应对不可预见的不利影响，市政部门需采用环境报告中所规定的监测措施，对土地使用计划实施过程中产生的重大环境影响进行监测。若发现违反土地利用规划的行为，应予以罚款或责令拆除。

依托互联网通信、地理信息系统以及监测系统的协同作用，实现国土空间规划与用途信息的共享实施和监测，成为确保用途管制制度执行的有效手段。德国采用“国土空间开发数字化监管”与“利益相关者共同参与治理”的双重协调模式，同时还建立了 IOR 监测系统、州政府和地方紧密联系的空间信息系统、环境联盟组织平台，编制统一的强制性数字化标准，建立以数字化为导向的国土空间管制监督体系，确保国土空间的精细化管理，成功确保了规划编制、审批及用途监管目标和任务的实现，同时充分彰显了“以人为本”的规划发展导向。

3.2　亚洲国家国土空间用途管制经验

3.2.1　日　　本

1. 日本空间规划体系

日本现行空间规划体系呈现出网络型特征，纵向层级为国家、都道府县、市町村，横向由国土形成规划、国土利用规划和各类单向地区规划组成（图 3-5）。其中，国土形成规划主要在战略角度上谋划、展望，而不是具体的规划内容；国土利用规划是具有实质内容的规划，需要各级政府制定和执行。

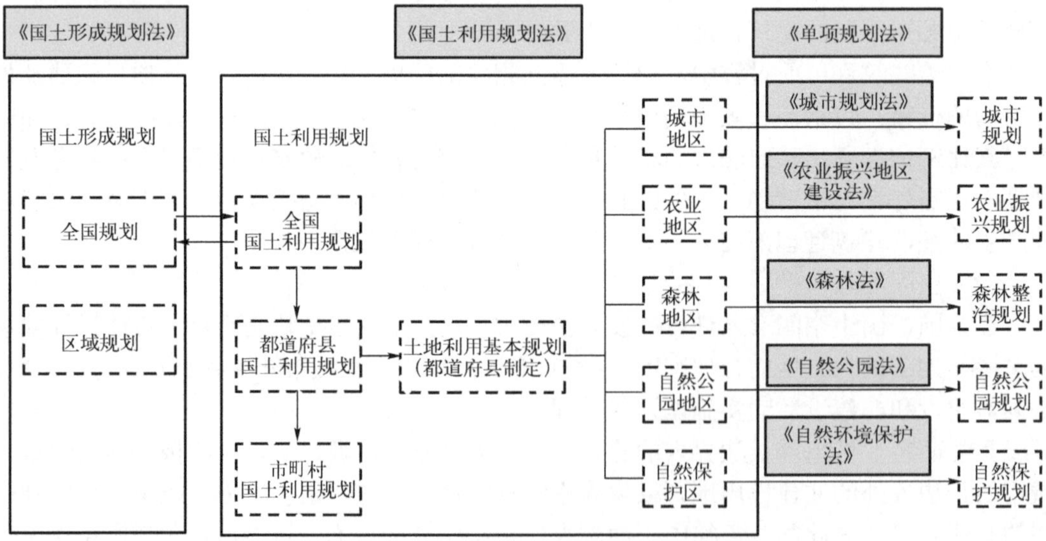

图 3-5　日本空间规划体系

国家层面编制国土形成规划和国土利用规划，国土形成规划在理念上指导全国国土利用规划制定。

在都道府县层面，国土利用规划被精心编制，涵盖了城市、农业、森林、自然公园以及自然保护区等多个方面的土地利用基本规划和各类单项地区规划。为了确保这些规划的合法性和有效性，相应的国土利用规划法和单项规划法为其提供了坚实的支撑。特别值得一提的是，各类单项地区规划在编制过程中，必须与土地利用基本规划保持高度的协调性和一致性。

此外，都道府县的国土利用规划不仅是一个独立的体系，还需要与全国性的国土立国规划进行紧密的衔接。通过这种衔接，可以明确土地的用途和规模，进而为市町村国土利用规划的制定提供有力的指导。市町村层面编制国土利用规划和各类单项地区规划（如城市规划、农业振兴规划、森林整治规划等）。在该层级，国土利用规划是市町村各类单项地区规划之间横向协同的最顶层，各单项地区规划等均需与其保持战略的一致性。

2. 日本空间规划用途管制

日本在上述空间规划体系基础上，通过土地区划、土地利用规划、法律法规和政策等举措，对国土空间实行资源分类管理，自上而下实行“总量指标控制+分区分级管制+审批与转用许可+补偿及惩处+监督考核”的用途管制模式，分地域对开发建设活动进行不同程度的管制（董子卉等，2020；朱红等，2020；田毓振，2021）。

1）管制主体

日本的管制主体主要为行政层级。行政层级主要包括国家、都道府、市町村三个层级。国家层级负责国土空间规划、国土空间用途管制的相关法律，在宏观层面进行国土资源管理；都道府层级在落实国家层级规划及管制要求的基础上，针对城市、农业、森林、自然公园以及自然保护区等不同区域开展重点管制。市町村层级是规划及管制工作的具体承担者，统筹不同地域、地块的空间布局并协调不同主管部门之间的用途管制工作。

2）管制客体

日本用途管制对象与土地利用规划中划分的五个功能分区相对应，并对其实现不同区域的差异化分区分级管制，包括城市地区、农业地区、森林地区、自然公园区和自然保护区。不同功能分区下又有细化分区，具体见表 3-4。

上一级规划依据使用强度、农田质量、产权状况以及生态环境质量等因素，制定了相应的指标控制标准，这些标准随后逐级细化至都道府县和市町村。在此过程中，结合“分区管制+审批与转用许可”等管制措施，自上而下地对日本国土空间的用途进行了精准而差异化的分区管制。

3）管制规则

（1）总量指标控制+分区分级管制+审批与转用许可

根据日本的《国土形成规划法》，国家、都道府以及市町村三个层级的国土利用规划均实施总量指标控制，这些指标为土地利用基本规划和单项地区规划提供了重要依据。

A. 城市地区

在城市地区，用途管制的核心目标是确保城市土地的合理利用，从而有效遏制城市无序扩张的现象，并为城市的未来发展预留足够的空间。为实现这一目标，主要依赖于区划和开发许可制度这两种管理工具，对城市地区的空间用途进行精准而有效的管制。

表 3-4　日本用途管制功能分区

功能分区	一级分区	定义
城市地区	城市化促进地区	城市化促进地区主要涵盖已经实现城市化的区域，以及预计在未来 10 年内将实现城市化的地区
	城市化调整地区	城市化调整地区则是需要适度抑制城市化发展的地区
农业地区	农业振兴地域内农地	农业振兴地域内农地指市町村编制的农业振兴地域整治计划所划定的农业用地内的耕地
	甲类农地	甲类农地主要指经过精心改良的农地，往往位于城市化调整的关键区域
	一类农地	一类农地主要指生产力较高的农地、进行土地改良的农地和集团农地
	二类农地	二类农田主要指生产力相对较低的农地，但有条件可以转变为促进城市化的地区
	三类农地	三类农田主要指快速城市化阶段形成的小块、零散的农业用地
森林地区		
自然公园区	国立公园	国立公园直接受日本环境部门的监管
	国定公园	国定公园和都道府县立自然公园日常管理工作分别由各自地方政府承担
	都道府县立自然公园	
自然保护区	原生自然环境保护区	原生自然环境保护区是几乎未受人类活动影响的自然区域
	自然环境保护区	自然环境保护区涵盖了诸多自然要素，如优质的天然森林、广袤的水域、壮观的海岸线、珍稀野生动物的栖息地以及独特的地貌地区等
	都道府县自然环境保护区	都道府县自然环境保护区的划定标准与自然环境保护区保持基本一致

在规划过程中，通过“划线”的方式，精确地界定了城市规划地区的范围。根据城市的发展目标与实际需求，进一步将规划区域细分为城市化促进地区和城市化调整地区。城市化促进地区主要涵盖了已经实现城市化的区域，以及预计在未来 10 年内将实现城市化的地区。城市化调整地区则是需要适度抑制城市化发展的地区。这些地区的规划更加注重生态环境的保护和可持续发展，以避免过度城市化带来的问题。在城市规划实施过程中，采用了用途地域系统作为管理工具。城市化促进地区被进一步细分为 12 类用途分区。那些未被明确划分用途地域的地区，通常被称为“白地”，这些地区在城市规划中保留了较大的灵活性和发展空间（图 3-6）。

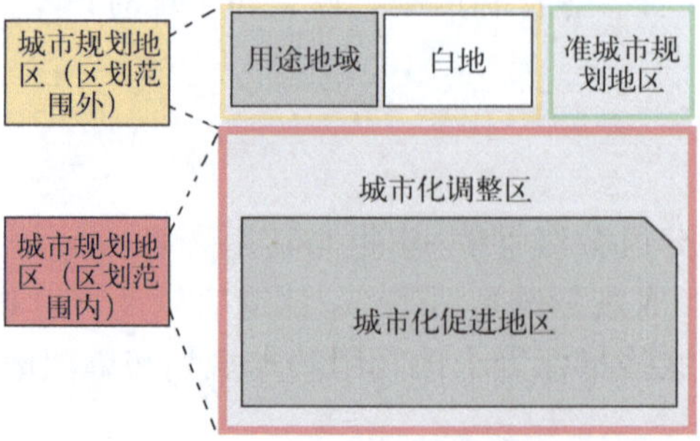

图 3-6　日本城市地区分区示意图

为确保城市规划地区以外地区的开发建设活动能够有序进行，日本于 2000 年推行了准城市规划地区制度。在此制度框架下，特定用途地域和特殊用途地域得到了妥善的划分，并明确规定了在准城市规划地区内实施的所有开发建设活动均须事先获得相应的开发许可。同时，日本通过《城市规划法》和《建筑基准法》对各类用地类型的开发建设活动进行了严格管控，包括在规模、目标、容积率、建筑密度以及建筑形态等多个层面设定了明确限制。除此之外，日本依据用途地域的细致划分，创立了开发许可制度，以保障所有开发活动严格遵循空间用途的管制规范。该制度的核心在于确立多样化的空间准入标准（具体参见表 3-5）。在开发建设活动启动之前，该制度会进行前置审查，任何未能满足空间用途管制要求的开发建设活动都将被驳回，从而有效地维护城市的开发秩序与环境品质，确保了城市建设活动的合规性和可持续性，促进了城市的健康发展。

表 3-5　日本开发许可制度空间准入条件

分类	空间准入条件
需要开发许可的建设活动	城市化调整区域内的所有开发活动； 城市规划地区内，占地面积超过 1 000 m^2 的开发活动； 非城市规划地区内，占地面积超过 3 000 m^2 的开发活动； 准城市规划地区内，占地面积超过 3 000 m^2 的开发活动； 除城市规划地区和准城市规划地区以外区域，占地面积超过 1 hm^2（10 000 m^2）的开发活动
不需要开发许可的建设活动	因紧急灾害措施而开展的必要开发活动，如农林水产设施城市规划项目、城市重建项目、土地调整项目等

此外，日本还提出了“立体城市”这一发展模式。该模式旨在不扩大城市用地边界、不分散城市核心功能和人口的前提下，通过立体化整合，实现居住、就业、娱乐和文化等多元功能在城市中心区的集聚，从而优化城市空间布局，提升城市运行效率。日本将地下空间视为缓解城市土地资源紧张问题的关键途径，并将其开发利用纳入城市规划的整体考量之中。

B. 农业地区

日本划定农业振兴地域、通过购买或转让土地开发权等方式，进一步保护珍贵的农地资源。依据《城市规划法》第 6 条，日本出台《农业振兴地域整备法》。在该法的指导下，都道府县在充分考量自然、经济和社会等多方因素基础上，科学划定了农业振兴地域范围，并制定相应发展政策。这些政策对农用地的权利流动和用途转变施加了严格限制，旨在保护农业用地稳定性和持续性。位于农业振兴地域的市町村在推进农业振兴政策时，需积极征求农业委员会、农业合作社、土地改良区及其他农业相关组织的意见，确保政策的制定与实施能够真正符合农业发展的实际需求。在此基础上，市町村还需制定《农业振兴地域整备规划》，以进一步细化政策实施的具体措施，推动农业振兴工作的深入开展。

C. 森林地区

日本对森林地区用途进行了严格管制，并依托《森林法》和《森林 · 林业基本法》

构建了一套完备的森林计划制度体系。这一制度体系层次分明，共计五个层级，每个层级的森林计划都拥有清晰的管理权限，并与上一层次的森林计划保持高度的协调性和一致性。

中央政府明确了森林管理的主要方向和长远目标。农林水产大臣在此基础上进一步制定《全国森林计划》，该计划聚焦于国家森林资源的管理与保护，并为制定地方森林计划提供了指导原则。

都道府针对国有林和私有林，分别实施两个并行的地区森林计划。市町村则依据本地实际情况，组织制定《森林整备计划》，通过具体的管理措施和保护规范的制定，实现了对市町村森林的自主管理。

在森林计划制度的框架下，国家与地方各级行政部门、森林所有者以及经营者等各方利益主体均积极参与森林计划的管理决策过程。这种多方参与的方式确保了各层级森林管控的高效性和一致性，为森林资源的可持续利用和管理提供了有力保障。

D. 自然公园区

日本构建了包含国立公园、国定公园以及都道府县立自然公园在内的三级自然公园体系。国立公园直接受日本环境部门的监管，而国定公园和都道府县立自然公园的日常管理工作分别由各自地方政府承担。除了官方的自然公园管理部门，民间的个人和社会团体亦可通过官方的志愿者体系或社会协作组织参与到自然资源的管理工作中。

为确保自然公园的生态安全和合理利用，日本依据《自然公园法》及其施行规则等相关法律法规，为每个自然公园制定了全面细致的规划。规划内容包括自然公园的布局设计、公园事业的推进、生态环境的保护、资源的合理利用以及管理组织的构建等各个方面，其构建了一个相对完善的自然公园规划体系。该体系不仅为自然公园的保护和管理工作提供了明确指导，也为日本自然公园事业的可持续发展奠定了坚实基础。

E. 自然保护区

日本颁布一系列法律法规，如《环境基本法》《自然环境保护法》及《自然再生推进法》等。在这些法律框架下，自然保护区被精细划分为原生自然环境保护区、自然环境保护区和都道府县自然环境保护区三个层级，形成了一个既明确分工又协同合作的用途管制体系。

原生自然环境保护区是指几乎未受人类活动影响的自然区域，这些区域原则上严格限制任何形式的开发建设活动，以维护其原生状态的完整性。自然环境保护区则涵盖了诸多自然要素，如优质的天然森林、广袤的水域、壮观的海岸线、珍稀野生动物的栖息地以及独特的地貌地区等。针对不同区域，日本实施了差异化的开发利用活动限制措施，旨在确保自然资源的可持续利用和生态环境的保护。这一体系不仅展现了日本在自然环境管理方面的精细化和专业化，也为全球的自然资源保护和利用提供了有益的借鉴。与此同时，都道府县自然环境保护区的划定标准与自然环境保护区保持基本一致，确保了整个保护体系的一致性和协调性。

（2）补偿及惩处机制

A. 补偿机制

日本《土地征用法》详细规定：征用或使用土地时，若对土地所有人以及关系人造成损失，土地征用人或使用人必须对损失方进行赔偿。赔偿的形式有货币赔偿和置换赔偿两种类型，前者为主，后者为辅。

货币赔偿涵盖了多个方面，如土地、残地、工程费用、迁移费用，以及附着物补偿和因使用后难以复原的赔偿等。在《城市规划法》中，对于损失赔偿有着明确的规定：当因城市规划变更造成损失时，应由规划预定实施者负责向受损方提供补偿，且这一补偿申请必须在受损方知晓受损事实之日起的一年内提出。此外，《土地区划整理法施行令》中也明确指出，因土地使用、建筑物迁移等所产生的损失，以及因暂时换地而引发的损失，将由国库负责承担相应的损失费用。

《土地征用法》规定土地所有人或相关人可以向土地征用委员会提出，用土地或土地相关的所有权以外的权利，替代全部或部分被征用的土地以及该土地除所有权以外的权利赔偿。如被征用土地原用途为耕地的，被征用方可向征用委员会提出，要求征用方将置换土地修造成耕地，同时补偿搬迁补偿、宅基地修造补偿等。

B. 惩处机制

日本对土地违法行为颁布了详细法律规定。根据《国土利用计划法》处罚规定，对于违反第十四条第一款规定，未经批准签订土地买卖合同的个人将面临三年以下徒刑和最高达二百万日元的罚款。《农地法》处罚规定明确了针对不同类型违法情况的行政处罚或处分。《土地区划整理法》规定，如果个人施行者、合作社负责人、全体代表或职员，因与其职务有关而接受或要求贿赂，将被处以五年以下徒刑；对于同时涉及其他非法行为的个人，则将被处以七年以下徒刑。《湖泊水质污染防治法》详细规定了不同类型违法行为的罚金，范围从10万日元以上到30万日元以下不等。

（3）监督考核机制

日本在国土空间用途转变的监督管理方面，实施了全面且严格的全链条式管理策略。无论是土地区划的变更还是土地用途的转换，都必须严格遵循法律程序，依法进行报批。特别是对于土地交易审批，日本采用了分级审批制度，确保了审批流程的透明与高效，同时也体现了对不同层级政府职责的明确划分。对于违法用地行为，日本采取了严厉的行政处罚和行政处分措施，旨在维护国土空间的合理规划与利用。

除了审批和处罚机制，日本还依据国土空间规划的内容，对各级政府进行了全面的用途管制责任考核。这种考核方式不仅强化了政府对国土空间规划的执行力，也确保了各级政府在国土空间用途管制方面的责任和权益得到明确和保障。

3.2.2 新　加　坡

1. 新加坡空间规划体系

新加坡空间规划体系纵向上分两个层次，分别是战略性的概念规划和实施性的总体规划，两者规划范围皆为全域陆地国土空间，包括岛屿和规划填海造田范围，不含其他海域；横向上包括专项规划（图3-7）（戚冬瑾等，2023）。

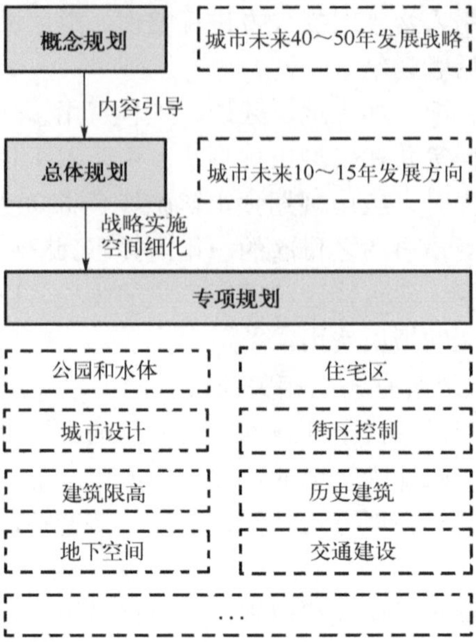

图 3-7　新加坡规划体系示意图

1）纵向：概念规划和总体规划

概念规划，作为城市未来 40 至 50 年发展的长远蓝图，采取每十年一次的定期修订机制，确保其与时俱进。其核心宗旨在于确立城市的发展策略，并清晰勾勒出相应的应对措施与空间布局。在这一过程中，空间结构的构建深受土地利用规划成果的支撑，它紧密遵循概念规划的指导，同时依据人口署《人口发展白皮书》中的人口规模预测，精准计算用地规模。在制定空间结构时，尤为注重保障高品质的人居环境，并充分满足新增人口的居住需求。此外，还依据土地的主导功能以及线性交通要素，对规划区域进行科学划分。

总体规划是新加坡空间规划体系中的唯一法定规划，在指导城市未来 10 年至 15 年的发展方面发挥着重要作用。它是对概念规划的战略实施和空间细化，每隔五年进行一次修编。总体规划与我国的控制性详细规划在某种程度上相似，但在范围划定、成果构成和编制方式方面具有明显的特色。从规划范围角度看，总体规划并不局限于仅包括城市建设用地，而是覆盖了整个国土空间；而在规划成果方面，总体规划的形式相对于控制性详细规划更加简化，主要包括土地区划图和书面陈述。

在区划划分方面，总体规划不仅预留了发展备用地，还创新地设立了复合区划类型。具体来说，规划将区划细分为 32 种类型，依据要素组合的不同，可归纳为单一区划和复合区划两大类别。其中，复合区划采用一主一辅的双区划结构，涵盖居住/底商、商业/住宅、居住/机构、商业/机构、商务园/白地、一类工业/白地、二类工业/白地等七类。对于主区划和辅区划的比例，规划中明确规定主区划占比不低于 60%，以保障城市整体结构的稳定；辅助区划则以各类生活服务设施为主，占比最高可达 40%，旨在营造高品质的生活和工作环境（详见表 3-6）。

表 3-6　新加坡土地利用分区与总体规划区划表

土地利用规划分区	总体规划区划分类	
	单一区划	复合区划
——	白地	
居住用地	居住	居住/底商
工业和商业用地	商业	商业/住宅
	旅馆	
	商务园	商务园/白地
	一类工业用地	一类工业/白地
	二类工业用地	二类工业/白地
社区、机构和休闲设施用地	医疗康养设施用地	居住/机构
	教育设施用地	商业/机构
	宗教设施用地	
	市民与社区机构用地	
	运动休闲设施用地	
公园和自然保护区用地	开放空间	
	公园用地	
	海滩	
	农业用地	
水库用地	水域	
陆上交通设施用地	道路用地	
	交通设施用地	
	快速交通站点用地	
市政设施用地	公用设施	
	殡葬用地	
港口和机场用地	港口及机场用地	
其他用地	备用地	
国防用地	特殊用地	

2）横向：专项规划/详细规划

为了响应概念规划中提出的构建宜居环境和提升城市空间品质的目标，都市重建局在总体规划的指导下，精心编制了一系列专项规划（也称为详细规划）。这些规划旨在针对各个区域和要素提供具体而详尽的开发建设指导。尽管这些专项规划不具有法律强制力，但在土地出让条件的设置和规划许可的核发等管理环节中，它们与总体规划一同成为政府决策的重要依据。

专项规划的内容涵盖了多个方面，包括公园与水体规划、有地住宅区规划（涵盖独栋、双拼、联排别墅等多种类型）、城市设计、街区控制规划、建筑高度控制、活动功能引导带规划、历史建筑保护规划、情感保留区规划、地下空间规划以及活力交通建设引导规划等。在呈现方式上，专项规划采用了平面图则、详细设计导则以及三维空间模拟等多种表现手段。

以城市设计为例，特别通过详细设计图则，对 13 个重点规划次区的立体步行道、建筑形态、建筑退让红线、沿街建筑控制以及步行系统的活力功能布局等方面进行了深入细致的规划指导。这些专项规划不仅丰富了城市规划的层次和内容，也为城市的可持续发展提供了有力的支持。

2. 新加坡空间规划用途管制

1）管制主体

新加坡以公有制为主的土地所有制和行政体制，决定了新加坡的空间用途管制主要由政府统一开展。国家统筹层面，由国家律政部下辖的土地管理局统一开展空间用途管制。地方具体实施层面，土地管理局对空间类型赋予三大主要功能：城市综合发展、居住、产业，并分别授予三个法定机构代为行使土地管理权。市区重建局负责城市综合发展有关的管制及规划许可发放；国家发展部下辖的建屋发展局承担居住方面的建设与管制；贸易及工业部下辖的裕廊集团负责产业的开发建设（李强等，2023）。

2）管制客体

1958 年，新加坡建立了覆盖全岛的土地利用管制体系，形成了结构完整的区划技术体系。新加坡总体规划采用限制城市扩张、疏散中心地区人口以及推动市区重建等三大策略，据此将新加坡划分为乡村地区、城镇地区和中心地区 3 个一级区域和 26 个二级区域，并在中心地区内进一步划分了若干三级区域。随着时代不断发展，分区、用途和开发容量成为新加坡空间用途管制核心对象（戴林琳等，2021）。

3）管制规则

（1）分区用途管制规则

总体规划结合《1959 规划条例》和《用途分类条例》构成“分区-分类”用途管制体系，该体系建立在各分区具有差异化的发展目标上。

首先，用途分类是将具有相同或相似性质的用途归入同一用途类别，对于同类用途之间的转换，并不需要专门的许可；然而，不同用途类别之间的用途转换，则需经过书面许可程序。如商店和餐馆是不同的两种用途，两者间的转换无论是否改变建筑面积，仅需书面许可。而餐馆内部的具体用途，如甜品店、咖啡店、海鲜餐厅等则可以自由转换。

其次，在用途分类分组的基础上，根据各个分区的规划目标与策略，书面声明明确规定了各个分区允许的用途范围。例如，城市地区、乡村地区、中心地区都涵盖“住宅区”，但城市地区、乡村地区、中心地区的规划发展定位相异，故允许的用途类和用途组也因此而异。城市地区住宅区仅允许低层的独立或半独立式住宅建设，以便将中心城区人口疏散至此；乡村地区允许独立和半独立式住宅、多排住宅和集体宿舍的建设，以限制城市扩张和服务城市外围的工业园区；中心地区运行公寓等高强度开发的建设，以推动市中心发展。

2003 年，依据不同类型产业对环境的影响程度，生产类和生产配套服务类被整合为“产业一类”“产业二类”“产业园”，并据此新增“产业一类—白地”“产业二类—白地”“产业园—白地”三种用途分区。分区与用途关系主要包括“主导”“非主导”“禁止”三种。主导用途与分区规划目标相符，应大力支持和推进；在保证主导用途舒适性和特征不受影响的情况下，鼓励非主导用途与主导用途混合；根据功能大小，非主导用途可进一步细分为辅助用途和非辅助用途；其余的用途被列为禁止用途。

在符合分区容积率、特殊和详细控制规划以及开发控制导则的基础上，无论是主导用途还是非主导用途，相关开发建设活动都可获得书面许可。对于非主导用途，主管部门不须对个案额外附加要求，可直接参考开发控制导则进行通则式管理。

表 3-7　2019 年总体规划各类分区主导/非主导用途摘录

分区	用途组和用途类		
住宅区	有地住宅区	主导用途	独立住宅、半独立住宅、多排住宅、产权细分有地住宅
	非有地住宅区	主导用途	一般公寓、高级公寓、服务式公寓、员工宿舍、学生宿舍、商店、自助洗衣店
商业与住宅混合区	主导用途		所有用途类
	非主导用途		所有用途类
	主导用途不得少于总建筑面积 60%，并且非主导用途不得位于主导用途的上方		
商业区	主导用途		所有用途类
	主导用途不得少于总建筑面积 60%		
白地	主导用途		所有用途类
			一般公寓、高级公寓、服务式公寓、酒店
产业园—白地	主导用途		核心媒体、电子商务、数据处理、研发、产品设计与开发、中央配送中心、实验室、工业培训、先进制造
	非主导用途	辅助用途	办公、医务室、会议室、陈列室、托儿所、工业食堂
		非辅助用途	商店、餐厅、办公、协会办公、陈列室、商业学校、健身中心/健身房、运动休闲建筑、一般公寓、高级公寓、服务式公寓、酒店、除礼拜场所和工人宿舍以外的所有用途类
医疗保健区	主导用途		综合诊所、疗养院、医院、私人医疗诊所、宠物商店、医务室
	非主导用途（辅助用途）		家属旅馆、商店、餐厅、办公
	主导用途不得少于总建筑面积 60%		
教育机构区	主导用途		教育和机构用途、学生宿舍
	非主导用途（辅助用途）		餐厅、商店、办公、私人医疗诊所
农业区	主导用途		农业
	非主导用途（辅助用途）		商店、餐厅、陈列室、办公、轻工业建筑、工人宿舍

（2）开发控制要求

总体规划确立了地块开发的法定规划要求，如要超越规划要求，则必须遵守严格的修订程序。然而，与美国区划制度不同，总体规划并没有直接授予地块开发的权利。相反，主管当局在制定最终许可的规划条件时具有一定的自由裁量权。主管当局的自由裁量权源自总体规划的书面声明，包括用途管制规则中的有条件许可情形、开发强度管制的奖励政策，以及尚未规定容积率的地块等。在相关指引和实际情况的指导下，主管当局可以做出决策。

上述制度设计进一步健全了总体规划与开发控制之间的协调机制，能高效维护总体规划“一张图”的管控底线，使其能更好地适应市场变化和实际开发需求的不可预测性。

（3）制订土地出让计划

为了有序地推进开发建设项目，政府每半年制定一次土地出让计划，确保概念规划和总体规划的逐步实施。在执行土地出让计划时，土地管理代理机构如都市重建局需结合当前市场趋势与周边开发状况，精心挑选适合开发的土地。在规划准备阶段，采取“一事一议”方式，在总体规划和专项规划的框架下，细致制订土地出让条件。具体流程如下：首先，依据总体规划的区划、开发强度及建筑面积等关键指标，进行全面而细致的经济分析；其次，参考专项规划的具体要求，模拟规划方案对空间环境及其周边区域可能产生的影响；同时，积极与公用事业局等相关部门沟通协作，共同确定基础设施的最佳配置方案；最终，整合形成一套完整且系统的土地出让条件，并将其作为专项条款明确写入土地出让合同之中。

这些土地出让条件不仅详细规定了土地面积、区划、建筑总面积及允许或禁止的建筑使用功能等核心规划要素，还涵盖了地段背景、设计导则、开发流程及成果要求等多个方面的具体内容，确保了土地开发的全面性和规范性。

（4）丰富的项目招标方式

新加坡在土地出让方面，涵盖了招标、拍卖、有偿划拨以及临时出租等多种灵活形式。目前，土地管理代理机构主要倾向于通过公开招标的方式来进行国有土地的出让工作。然而，对于具有特殊历史价值的建筑用地或是竞标者众多的小型住宅用地，代理机构会采用拍卖的方式，以确保公平和效益最大化。对于那些对城市发展和空间品质具有显著影响的重点地段，土地管理代理机构则会选择双信封或固定地价这两种更为精细的招标方式。双信封招标包括概念评估和价格评估两方面。概念评估由管理机构的概念评估委员会负责，主要从设计理念和方案治理、公共空间品质、重大项目的业绩三项展开评分。固定地价招标模式的地价会在投标前公开确定，从而把评估的焦点集中在规划设计方案上，旨在确保政府能够筛选出最为出色的概念方案与商业计划。

3.3　发达国家国土空间用途管制经验的启示

3.3.1　发达国家国土空间用途管制主要特点

1. 构建统一空间规划体系，总规引导与详规管控

构建协调统一的国土空间规划体系，是实现高效用途管制不可或缺的前提（贾克敬等，2020）。这一规划体系为国土空间的治理和管制工作提供了坚实的依据。其协调性与统一性主要体现在以下方面：纵向层面，规划与各级政府的职责权限紧密对应；横向层面，规划与各部门的职责权限相契合。在层级上，上级规划更注重战略性和指导性，而下级规划则更强调约束性和可操作性；同时，专项规划需与总体规划保持紧密衔接与配合。

新加坡，作为一个典型的城市国家，在国土空间规划方面始终坚守宏观长远规划与微观精细管理相融合的理念。其规划体系展现出清晰的层次性，涵盖了概念规划、总体规划和详细规划等多个层面。其中，概念规划着眼于长远的战略视角，为土地利用提供方向性指引；总体规划则是以法律形式确立的土地利用蓝图，将概念规划的理念具象化；而详细规划更是将全国土地划分为 900 多个精细的区块，针对每个区块的土地使用、公共服务设施布局、交通网络设计、产业布局以及容积率等细节进行了详尽且周到的规定。这样的规划体系确保了新加坡在国土空间管理上的精准与高效。

2. 实施空间功能分区管制，核心在于边界划定与管控

随着工业化和城镇化的不断深化，城市人口数量迅猛增长，导致城市边界持续外扩。为遏制这种扩张趋势、捍卫农地和自然生态空间，各国结合自身国情与特定评估标准，纷纷出台边界管控政策。这些政策不仅对边界内的土地实施严格的用途和行为管控，设立准入门槛和监管机制，同时限制边界外土地的开发活动，有效遏制了城市无序扩张和边界过度延伸的现象（荣冬梅等，2021）。

为提升公共服务效能并保护开放空间、农业用地和环境敏感地带，美国运用城市增长边界作为管理工具，引导城市有序发展。该策略鼓励在边界范围内通过集约利用土地资源、促进产业集中发展、推动新建设用地与现有用地的连片开发以及优化公共服务设施用地布局等方式，提升土地利用效益。相较于边界内的精细管理，美国在边界外则实施了与阶段性发展相匹配的农林保护政策，以实现区域整体的协调发展。

英国则采用绿带政策，旨在防止城市无序蔓延和与邻近城市的融合。该政策在城市边缘或相邻城市间划定绿带区域，涵盖风景区、林地、牧场、农田和村落等多元空间，并通过法律手段予以保护。在伦敦及其周边广大区域，政府通过购买城市边缘的农业用地，确保农村和城市环境免受城市扩张的侵蚀，从而有效限制城市用地的过度扩张。

3. 推行城市空间用途管制，以分区与管制为核心

分区管制是依据区域间的系统性差异，将土地划分为一系列有机单元，进而制定并推行统一的片内管制政策，以及反映片间差异的土地利用准则。该模式旨在应对城市快速发展中产生的土地利用负面外部性和公共用地紧张等问题。其核心在于区域划分与管理两大环节：一方面，通过明确的区域划分，界定各区域的主要用途和发展导向；另一方面，借助相应的管理措施和规范，引导和调控人类的开发利用活动。

美国作为实施城市国土空间用途管制的典范国家之一，广泛采用分区（区划）制度。在城市中，基本用途区域通常划分为居住区、商业区和工业区，并为每个分区设定详尽的用途管制规定。其中，区划条例作为关键的管制手段，详细规定了土地和建筑物的合法使用方式、各类用途的开发强度与限制，以及地块内建筑物的建设规范。管制指标主要集中在用途、密度和容积率等方面，涵盖土地用途规定、建筑高度限制、建筑密度、容积率、空地率等要素。随着管制理念的不断发展，还融入了与城市景观相关的美学指标，如植被密度等，以实现更为全面和精细的管制。

4. 制定开发许可制度，明确土地使用限制

国土空间用途管制的核心在于对土地发展权的限制，这在不同国家的土地所有权制度背景下，采取了各异的实施手段和方式，其中英国、美国和日本尤为典型。

英国作为世界上最早通过规划立法限制土地开发的国家，其土地管理特色鲜明，包括规划管理、开发许可、土地用途管制及公共收益拥有发展权等。尽管英国土地名义上属于国王，实则由私人持有。1947 年的《城乡规划法》首次明确提出了土地所有权与土地开发权的分离，奠定了土地开发许可制度的基础。依据此法，任何开发建设均需向地方规划机构申请许可，机构将基于政策考量及影响程度决定是否准许开发，并可能附加限制条件或拒绝申请。在英国，土地开发管制通过授予开发者发展权实现，开发者在购地时即获发展权，但须向政府缴纳全额开发税，即开发收益全归国家。对于农地用途变更，开发者需咨询农业部长，确保农地不受过度侵害，环境大臣有权收回地方规划机构的核准权，以维护农地与环境合理利用。

美国的土地发展权归土地所有者所有，其制度由土地发展权转让和征购构成。政府依规划将土地划为受限制开发区和可开发区，并大致分为十级。发展权转让以政府为主导，通过市场完成，有偿转让，新获发展权可与原有权叠加。征购制度涉及政府或私人组织通过发行公债或联合拨款，以现金补偿农民购买高质量农田开发权，补偿通常相当于土地市场价的一半或三分之二。农民保留土地使用权，利用补偿资金改进土壤等农业发展措施。

日本则依据《城市规划法》，按功能区和用途区划分土地，并确定开发许可等措施。在农用地转用方面，日本实行严格的开发许可制度，特别是优质农田，禁止随意转用。农用地转用目的的土地买卖，需获都道府县知事或农林水产大臣许可。农地分为一、二、三类，根据等级设不同使用限制，低等级土地可转用。此外，根据农地与城市规划关系，分为市街化地区和市街化调整地区。市街化地区内农地转用买卖无需许可，仅需申报并缴纳与住宅用地同额税款；但在市街化调整地范围内转用，必须获许可，非农民不得获取非转用用途农地。

5. 挖掘弹性机制，确保用途管制刚柔有度

坚决且刚性的空间管制策略与分区管理规范，在促进经济社会进步中起到了积极作用，但有时其僵化性难以适应产业融合发展的需求。为了激发经济发展的活力，众多国家开始在特定区域或领域内探索更为灵活的国土空间用途管制举措。在这方面，英国和新加坡尤为突出。

英国通过规划立法来保障规划方案的切实执行和用途的有效管制。在《用途分类规则》中，对土地和建筑物的基本用途进行了明确界定，并规定了用途转换必须获取规划许可。然而，随着产业结构的调整和科技的进步，用途分类也可进行适时调整。在同一类别内部的用途变更不被视为开发行为，从而无需申请规划许可。此外，《一般开发规则》

明确了小型开发活动无需申请规划许可，而《特别开发规则》则针对特殊开发地区，如新城、国家公园和城市复兴地区，进行了详细规定；这些区域由特定机构管理，享有一定程度的自治和灵活性。在英国及其他欧洲国家，地方政府还通过划定绿带进一步确保规划的弹性，尽管绿带的边界可以进行微调，但其总面积必须保持不变，以确保自然环境和发展的和谐共存。

新加坡通过实施总体规划来严格管理土地用途。这一规划蓝图在细致划分国土空间的基础上，对每一地块的发展利用方向和建设控制指标等进行了全面而细致的管控。此外，为推动产业转型升级，新加坡还推出了“白色地带”和“商务地带”计划，旨在鼓励灵活发展。在“白色地带”计划中，政府特别将部分地块划定为允许多种用途项目混合发展的区域，为开发商提供了灵活调整混合比例的机会，并在项目周期内免除了因更改用途而产生的额外费用。这一举措为新加坡的产业发展注入了新的活力，进一步提升了其国土空间规划的灵活性和适应性。而“商务地带”计划则是对原本用于工业、电信和市政设施用途的园区地区进行重新规划，创造新的商务地带，允许商务用地在该地区内定居，无需重新申请变更用途，同时允许在同一建筑物内存在多种不同的用途，从而提高了土地的灵活性和变更用途的处理方式。此外，新加坡于 1995 年提出并实施了“市区重建”的新理念，其中包括“白色用地”政策，通过在土地利用规划中设立弹性管制区，为未来提供更多的建设和发展空间，其实施策略主要包括土地预留、混合利用和用途转换，针对不同类型的“白色用地”实施相应策略，确保土地用途管制的弹性。

6. 完善法律体系，确保用途管制有效实施

国土空间用途管制法律体系是一个严谨且协调的有机整体，由国家现行的相关法律法规共同构成。在那些国土空间用途管制制度已发展成熟的国家中，这一法律体系是国土空间规划编制和用途管制不可或缺的基石。从纵向看，它为不同规划层级提供了坚实的法律支撑；从横向看，主干法律、专项法律以及配套法律相互衔接，共同构成了一个完整的法制体系。这一法律体系在保障国土空间的有序开发和合理利用方面发挥着至关重要的作用。依法对国土空间用途实施管制，既能够减少自由裁量权的负面影响，又有助于公正协调各部门之间的利益关系，提升管制过程的透明度，从而确保空间规划目标的顺利达成以及管制效果的长期稳定。以日本为例，其国土空间管制体系不仅包括空间规划编制与审批的基础法律框架，还针对城市、农业、森林及自然保护地等特定功能区域制定了专项法规。这些法律法规相互协调、互为补充，共同强化了国土空间用途管制制度的功能发挥。通过这一体系，日本在国土空间管理上实现了高效与稳定，为其他国家提供了有益的借鉴。

3.3.2　发达国家国土空间用途管制对我国的启示

1. 构建协同统一的国土空间规划体系

2019 年颁布的《关于建立国土空间规划体系并监督实施的若干意见》确立了一个宏

伟的目标，即构建一个覆盖全国、权责明晰、科学高效的国土空间规划体系。该文件不仅深入阐释了五级三类空间规划体系的框架，而且为国土空间用途管制制度的建立奠定了坚实的基石，为相关工作的顺利推进提供了清晰的指引。这一文件的出台，标志着我国国土空间规划工作迈入了新的阶段，为未来的可持续发展奠定了坚实基础。借助美国、英国、德国、日本、新加坡等国家的规划和管控经验，考虑到我国国土的广袤性以及行政层级的复杂性，在编制国土空间规划时，应充分重视各级规划内容的特点。具体而言，国家级规划应凸显其战略性和指导性；省级规划既要确保高层规划要求的贯彻，又要为下级规划提供方向，扮演承上启下的协调与传导角色；市县及乡镇级规划因涉及管制措施的细化与微观管理，故应着重其实施性与约束性。此外，详细规划与专项规划作为总体规划的基础，是对其内容的进一步具体化与深化，各级规划间需紧密配合、相互衔接，以确保协同作用的发挥。同时，需要重视建立不同级别和类型规划之间的传导和反馈机制，以确保规划实施的效果和质量得到切实增强。

2. 创新差异化国土空间用途管制规则

国土空间用途管制职责由自然资源主管部门负责统一行使，旨在改变过去政府部门分散管控的情况，必须建立在“多规合一”的国土空间规划基础上，并以整体性的“一张蓝图”为指导，借助国土空间基础信息平台作为支撑来履行用途管制的职责。《若干意见》要求对各类国土空间分区实施全面的用途管制。由于国土空间的多样性，基本分类包括生态空间、农业空间、城镇空间、海洋空间等不同类型。在此基础上，还需根据功能和类别的不同，进一步细分各个管制分区，以满足不同分区和不同类型空间的管制需求。

对城镇开发边界内的建设，采用“详细规划+规划许可”管制模式。对城镇开发边界外的建设，并且详细规划明确指定的建设用地内的项目，同样采用“详细规划+规划许可”管制模式。而对于详细规划未明确规划建设的区域，则采用“约束指标+分区准入”的管制模式。对国家公园、重要水源地、文物等特殊保护区域，实施特殊保护制度。

根据“山水林田湖草沙”生命共同体理念的要求，国土空间用途管制制度的核心在于维护生态系统的完整性，它需全面考虑各类要素的功能与保护需求，确保管制范围、要素和类型的全面覆盖，进而实现国土空间保护与合理利用的统筹协调，推动可持续发展。同时，应推动耕地保有量、森林覆盖率、自然岸线保有率及环境质量等指标的协同提升，避免在空间管制上过度偏向某一类区域而忽视其他空间的保护，从而防止局部优势导致整体失衡的问题。最后，依据区域内国土空间内不同要素类型的自然资源属性、保护目标及开发利用特性，应制定个性化的国土空间用途管制规则。

3. 统筹全要素全类型用途管制刚弹结合

为了实现对“山水林田湖草沙”生命共同体的综合管制，国土空间用途管制需摒弃以往对耕地、林地、草地等单一要素进行划定与保护的孤立视角，转而实施全要素全类型的统筹治理与保护策略。在实际管理中，需运用系统思维，对国土空间这一复杂多维系统进行综合考量，并采取多元化措施。除了强调管制政策的刚性约束，还应充分考虑不同要素或空间特性的差异，建立灵活的调整机制。鉴于我国产业融合与发展中的不确定性，提升规划与国土空间用途管制的弹性至关重要，以避免过于僵化的统一管理（刘涛等，2022）。

具体表现在：第一，在用途管制过程中，约束性和强制性是其固有的特性，因此需要加强其刚性约束。一旦城镇开发边界、永久基本农田保护红线和生态保护红线被明确界定，必须严格遵守相应的管制规定和准入许可要求，不得逾越任何设定的限制。第二，针对不同空间尺度，需要制定差异化的管制政策。例如，在考虑城市的发展阶段和未来可能的土地需求时，可以借鉴新加坡等国的经验，采取因地制宜的方式，预留一定比例的未开发土地或者基于具体地块制定相应的用途转换规则，以为未来的弹性发展留出空间。第三，针对乡级土地用途管制分区，可设定特定的综合用地区域，允许一定范围内的土地混合使用以及适度的用途变更，以维持其弹性。第四，在满足上级规划总体要求的前提下，可以针对特殊使用分区制定专门的管制规则，以满足特殊需求，使其与一般土地使用分区的管制规定有所区分（朱蕾，2019）。

4. 构建以规划为依托的用途管制传导体系

随着“多规合一”国土空间规划体系的建立，用途管制也从单一土地要素向全域国土空间拓展为“多管合一”的国土空间用途管制。国土空间规划与国土空间用途管制相辅相成，两者合力构建国土空间开发保护制度，着力解决“三区三线”合理平衡问题。

完善规划传导规则，可确保用途管制有规可依。在开展国土空间用途管制工作中，需要明确“管什么、谁来管、怎么管”的问题。在纵向传导层面，实施“政策目标—管控指标—管制布局—名录管理”的传导路径，以实现对规划目标、指标、空间布局、名录清单的管控在国家、省（区、市）、市、县、乡上得到逐一落实。在横向层面，实施总体规划管制与详细规划管制传导、总体规划管制与专项规划管制传导，以实现对全国国土空间所有主体发出的活动，在各级政府部门和行政相对人上得到充分落实（汪劲柏，2023）。

5. 强化市场化手段和市场配置作用

土地利用的核心目标在于优化土地资源配置、提升利用效率，因此，强化土地资源市场化手段显得尤为重要。为了达成这一目标，一些国家如英国、日本和新加坡采取了发展权征税或支付开发费的方式，而美国则实施了土地发展权转让和征购制度。国土空间用途管制，作为一种对发展权的授予与限制，其关键在于实现区域与利益的平衡。我国在此方面需特别关注对受管制且利益受损区域的补偿措施，如在经济或开发强度等方面给予支持。我国已探索实施的占补平衡、横向纵向生态补偿以及生态价值转化路径等方法，均取得了显著成效。同时，也可借鉴国外的生态流“发送区”和“接收区”概念，进行物质流、信息流、能量流等方面的转移补偿。

在国土空间用途管制过程中，应明确市场与政府的角色分工。首先，应提升公众参与度，确保各方利益得到充分表达与平衡。其次，规划不应仅局限于指标约束和农用地保护，而应综合考虑经济发展与生态安全保护的双重目标。第三，规划应主要解决市场无法有效应对的问题，特别是在确定战略目标、发展定位以及配置基础公共服务设施等方面发挥统筹作用，以防范过度市场化可能带来的土地利用负外部性问题。然而，政府也应当减少对资源直接配置的干预，并尽可能采取负面清单管制土地利用行为活动。第四，对于农村地区的发展，规划应当合理预留足够比例的建设用地和空间，并且应给予农村更大的自治权。

6. 健全国土空间用途管制实施保障体系

在法律法规方面，我国现存相关法律法规主要从各类要素角度出发，自成体系，如《中华人民共和国土地管理法》《中华人民共和国城乡规划法》《中华人民共和国森林法》《中华人民共和国湿地保护法》等，尚未在国土空间用途管制方面形成系统的法规条文规定。各部门实施传导、管制手段的依据、利益出发点不同，存在传导、管制界限不清，审批周期过程长等问题。为保证规划要求长期有效性，亟须建立一个与国土空间规划运行体系相对应的国土空间用途管制法律法规体系，以保证规划目标顺利传导、落地。

法律法规和法定程序是有效管制的重要保障，尤其是刚性管制内容，大多通过法律来进行规定。国土空间用途管制法律体系包括纵向和横向两个维度。纵向体系是不同层级国土空间规划的法律依据，横向体系是专项规划、配套规划和其余相关规划相互衔接配合的依据。借助日本等国家法律体系建设和管控经验，我国国土空间用途管制应该从纵向、横向两个维度出发，思考如何构建完善的法律体系，以支撑国土空间的保护、开发、利用与治理等活动。

在数字技术方面，我国国土空间用途管制仍处于初级阶段，用途管制监管效率较低。创建数字化智能化空间平台，实施用途管制数字化监管，对实现国土空间用途管制的“数治、智治与共治”具有重要作用。我国应紧紧围绕国土空间用途管制数字化转型，以建立用地网络审批“开局”，以规划许可全程监管“破题”，以全国国土空间用途管制监管系统运行“冲刺”，建成较为完善的“国土空间用途管制系统”，全力推进全国土空间用途管制水平再上新台阶，为全国、全方位、全生命周期高质量发展提供有力支撑。

参 考 文 献

戴林琳，吕晋美，冉娜 • 哈孜汉. 2021. 新加坡国土空间用途管制及其启示[J]. 中国国土资源经济, 34(3): 25-31.

董子卉，翟国方. 2020. 日本国土空间用途管制经验与启示[J]. 中国土地科学, 34(5): 1-10.

郭锦玥. 2022. 香港城市规划与开发管理中的用途管制研究[D]. 华南理工大学.

贾克敬，陈宇琛，祁帆. 2020. 新时期建立健全国土空间用途管制制度的建议[J]. 规划师, 36(11): 21-26.

乐芸. 2011. 香港法定图则的经验辨析与启示——转型发展下的控制性详细规划国际经验研究[C]//中国城市规划学会,南京市政府. 转型与重构——2011 中国城市规划年会论文集. 上海市城市规划设计研究院, 14.

李强，张伟. 2023. 国土空间用途管制：以新加坡为例[C]//人民城市，规划赋能——2022 中国城市规划年会论文集（13 规划实施与管理）. 北京工业大学, 290-300.

李强，赵琳. 2018. 美国土地细分管制对我国地块控规实施的启示[C]//共享与品质——2018 中国城市规划年会论文集（12 城乡治理与政策研究）. 中国建筑工业出版社, 583-594.

刘涛，姚江春，朱江，等. 2022. 央地共治下的自然资源用途管制优化研究[J]. 规划师, 38(11): 78-83.

戚冬瑾, 李俊良, 周剑云. 2023. 新加坡 Master Plan 的渊源、演进与启示[J]. 国际城市规划, 1-19.
瞿忠琼, 夏敏. 2018. 美国空间规划体系的借鉴与启示[J]. 土地科学动态, 1-4.
荣冬梅, 朱红, 王佳佳, 等. 2021. 发达国家国土空间用途管制探析[J]. 中国国土资源经济, 34(1): 42-46, 54.
田毓振. 2021. 日本国土空间用途管制及启示[J]. 中国土地, (2): 56-58.
汪劲柏. 2023. 国土空间规划层级传导模式的多国经验分类研究与启示[J]. 北京规划建设, (1): 130-136.
王佳佳, 荣冬梅. 2021. 英国国土空间用途管制经验与启示[J]. 中国国土资源经济, 34(3): 32-38, 57.
王向东, 刘卫东. 2014. 中美土地利用分区管制的比较分析及其启示[J]. 城市规划学刊, (5): 97-103.
夏欢, 杨耀森. 2018. 香港生态空间用途管制经验及启示[J]. 中国国土资源经济, 31(7): 62-65.
朱红, 李涛. 2020. 日本国土空间用途管制经验及对我国的启示[J]. 中国国土资源经济, 33(12): 51-58.
朱蕾. 2019. 发达国家国土空间用途管制比较及对我国的借鉴[J]. 上海国土资源, 40(4): 46-50.

第 4 章　国土空间用途管制体系架构研究

发展始终是中国共产党治国理政的首要任务，而高质量发展则是全面建设社会主义现代化国家的首要任务。作为承载高质量发展的空间载体，国土空间与高质量发展相辅相成，发挥着不可或缺的重要支撑作用。

本书的前三章已系统阐释了国土空间用途管制的概念与理论基础，并在梳理其演变历程时，深入分析了现有实践中的困境。尽管国土空间用途管制已克服部分制度性顽疾，但其在系统架构、体系建设和实施手段上，仍存在难以适应现实发展需求的问题。因此，本章立足于时代需求，明确国土空间用途管制的核心要求，并在此基础上，构建国土空间用途管制体系架构。本章从主体、对象、规则、实施监督和保障措施等方面，深入探讨制度实施的重点，为推动国土空间治理体系和治理能力现代化提供坚实支撑。

4.1　国土空间用途管制的时代需求

国土空间用途管制的时代需求是多方面的，涉及高质量发展、生态文明建设、主体功能区战略等多个层面。高质量发展是我国制度优势和政策优势不断释放的必然产物。深入理解高质量发展的内涵，对于在多维度、多层次上推动实现发展目标具有重要意义。同时，高质量发展与生态文明建设相辅相成，“人与自然和谐共生”作为中华文明绵延不绝、持续发展的核心动力，是高质量发展的应有之义。因此，实现高质量发展，必须将生态文明建设置于重要位置，两者同步推进、互为支撑。实施主体功能区战略是践行新发展理念、实现中国式现代化的重要举措，也是促进生产力合理布局和推动区域高质量发展的关键路径。主体功能区战略通过合理划分国土空间功能区，优化资源配置，平衡区域发展，从而为高质量发展提供了重要的制度保障。

基于此，本节旨在探讨如何深入理解和把握高质量发展的核心内涵，紧密联系生态文明建设与主体功能区战略的协同作用，推动实现全面建设社会主义现代化国家的首要任务。通过这些探讨，进一步明确如何在高质量发展的框架下，实现人与自然的和谐共生，并为推动中国式现代化提供理论与实践支撑。

4.1.1　高质量发展的背景与内涵

改革开放以来，我国通过依赖自然资源谋求发展和以廉价劳动力换取市场，取得了经济的高速增长，创造了社会主义国家快速崛起的历史奇迹。然而，这一阶段的高速发展也伴随着诸多挑战，如城市无序扩张、耕地面积减少、空间格局混乱和人口红利逐渐消失等问题，这些问题已对经济的可持续发展构成了严重威胁。面对经济社会发展的新阶段和主要矛盾的转变，党的十九大报告首次提出“高质量发展”这一概念，并科学判断我国经济已由高速增长阶段转向高质量发展阶段。从此，“高质量发展”成为政府工作报告中的高频词汇，标志着国家发展的重心和方向的重大转变。

党的二十大报告进一步强调，“高质量发展是全面建设社会主义现代化国家的首要任务”，明确了推动高质量发展是未来宏观政策制定的根本要求，并对“加快构建新发展格局，着力推动高质量发展”作出战略部署。习近平总书记对此指出：“高质量发展，就是能够很好满足人民日益增长的美好生活需要的发展，是体现新发展理念的发展，是创新成为第一动力、协调成为内生特点、绿色成为普遍形态、开放成为必由之路、共享成为根本目的的发展。”这一论述不仅阐明了高质量发展的核心内涵，还为推动我国经济转型升级提供了清晰的指引方向，即要通过创新驱动、绿色发展和协调发展来实现经济社会的全面进步，最终满足人民对美好生活的向往。

高质量发展不仅限于经济建设，而是涵盖政治、文化、社会及生态文明在内的五大领域的协调发展（张军扩等，2019）。其核心在于从“有没有”的追求转向“好不好”的探索。要实现高质量发展，需要提高产品和服务的质量和标准，并推动各领域的全面协调发展。如果以牺牲某一领域为代价来追求其他方面的高质量发展，这种发展将难以为继，难以实现真正的可持续性。

高质量发展同时强调统筹发展与安全的重要性。发展是安全的基础，而安全则是发展的保障。必须将发展与安全有机结合，有效防范和化解对我国现代化进程构成威胁的重大风险，主动塑造有利于我国的外部安全环境。通过构建新的安全格局，保障新的发展格局，实现发展和安全的深度融合，使高质量发展和高水平安全实现良性互动。

人类文明发展史告诉我们，生态繁荣则文明兴盛，生态衰退则文明衰落。尽管工业化进程带来了空前的物质财富，但也造成了难以修复的生态破坏。过度开发、忽视可持续发展的“竭泽而渔”式发展已走到尽头。未来的发展必须顺应自然、保护生态，倡导绿色发展（习近平，2019）。在生态环境领域，如果仅为追求短期经济增长而忽视生态保护，最终将难以满足人民对美好生活的期盼。同时，过度限制经济增长以强化环境保护，也会影响社会进步。因此，平衡经济发展与环境保护之间的关系，才能实现可持续发展。同样地，单纯追求经济增长而忽视社会建设会导致收入差距加大、社会阶层固化，最终制约经济的可持续性。而过度缩小收入差距、推行平均主义，则可能导致共同贫困，而非共同富裕。

从国家整体发展的视角来看，高质量发展的内涵应包括：高效的资源配置、经济的稳定运行、产品与服务质量的持续提升、技术水平的不断进步、弥补影响人民生活质量的短板、实现各方面现代化的均衡发展、合理利用国土空间、公平分享发展成果，以及推动绿色和可持续发展（张军扩等，2019）。这些方面共同构成了高质量发展的丰富内涵和目标。

4.1.2　生态文明建设与高质量发展的协调推进

1. 生态文明建设是高质量发展内涵的应有之义

生态文明建设是中华民族实现可持续发展的千年大计。党的十八大明确提出，要大力推进生态文明建设，并将其纳入中国特色社会主义事业的总体布局，为中华民族的永续发展和建设“美丽中国”指明了方向（杨壮壮等，2020）。生态文明建设的核心目标是推进和实施“美丽中国”建设，强调尊重、保护和顺应自然生态环境，逐步实现人与自然的和谐共生（黄贤金，2018；匡文慧，2019）。

党的十九大进一步明确了生态文明体制改革的方向，指明了新时代推进生态文明建设的路径（杨保军等，2019）。十九大报告指出，人与自然是生命共同体，必须尊重、顺应并保护自然，推动绿色发展，解决突出环境问题，加大生态系统保护力度，改革生态环境监管体制，以推动现代化建设的新格局，促进人与自然的和谐发展。党的二十大则描绘了全面建设社会主义现代化国家的宏伟蓝图，提出要“推动绿色发展，促进人与自然和谐共生”的重大部署。

生态文明建设所体现的尊重、保护和顺应自然生态环境的理念，以及对人与自然和谐共生的追求，是我国经济由高速增长转向高质量发展的思想指引，也是高质量发展不可或缺的内涵。因此，我国经济社会发展已进入加快绿色化、低碳化的高质量发展阶段，而生态文明建设也正处于压力叠加、负重前行的关键期。只有坚持以习近平生态文明思想为指导，从人与自然和谐共生的高度谋划发展，像保护眼睛一样保护自然和生态环境，坚定不移地走生产发展、生活富裕、生态良好的文明发展道路（人民日报评论员，2023），才能实现中华民族的永续发展，并推动我国在经济建设、政治建设、文化建设、社会建设和生态文明建设五个方面实现协调与高质量发展。

2. 以生态文明理念为引领，转变国土空间开发固有逻辑

实现高质量发展和生态文明建设的顺利推进，需要一系列配套的政策和制度作为保障，其中完善国土空间用途管制体系尤为重要。自党的十八届三中全会提出“国家治理体系和治理能力现代化”的目标以来，国土空间用途管制逐渐受到重视。2015 年 9 月，中共中央、国务院发布《生态文明体制改革总体方案》，明确提出要健全国土空间用途管制制度。随着 2018 年自然资源部的成立，以及“国土空间用途管制司”的设立，统一行使国土空间用途管制职责的行政管理体系得到了进一步完善，为生态文明建设提供了有力的制度支撑。

探索全域、全要素的国土空间用途管制体系，不仅有效支撑了生态文明建设，也完善了国土空间的开发保护制度，促进了高质量发展，逐步成为我国空间治理体系的核心枢纽。国土空间作为各种自然资源要素开发的载体，以明确的空间管制界限和全域全要素的生命共同体视角，成为生态文明建设的基础性制度安排，为实现国土空间治理体系和治理能力现代化提供了强有力的保障（董祚继，2018；王毅，2015）。

为了纠正市场失灵，降低负外部性对环境的影响，以及妥善协调保护与发展的矛盾，必须遵循生态文明建设的理念，采用科学合理的方法，对国土空间进行可持续的开发利用。这不仅需要加强制度建设和法律法规的完善，还要求在政策执行过程中更加注重生态环境的保护，确保经济发展与环境质量相得益彰，推动国土空间的高效管理和综合治理。

国土空间用途管制作为政府干预土地开发利用的重要手段，源于对土地资源合理利用的迫切需求，旨在弥补市场机制在土地资源配置中的不足。它已经在全球范围内成为

众多国家和地区维护空间开发秩序和效率的关键制度。然而，随着用途管制的发展，也暴露出了一些普遍存在的问题，导致其效果低效甚至失效。一方面，空间管控体系的不协调与执行力度的不足，以及土地转用审批过程中存在的耕地质量“占优补劣”等现象，制约了用途管制的有效性。另一方面，高昂的制度实施成本也大大限制了其执行效果，土地供给的限制导致成本上升，进而为地方政府寻租提供了机会，最终对社会福利造成了净损失。

因此，必须以生态文明建设为指导，重新审视国土空间用途管制的本质及其在现代社会中的角色与责任。传统工业化进程中过度追求经济效益，强调人类在资源利用中的主导地位，这种观念根植于工业文明的框架下，将土地等自然资源视为资产和商品，忽略了其作为生态系统组成部分的重要性，并缺乏对环境负面影响的有效管控（武占云等，2022）。这种片面的资源利用观导致了对国土空间可持续利用的严重负面影响。相较之下，生态文明强调人与自然的和谐共生，倡导生态优先，保护与发展并重，将这一理念作为空间开发的核心指导原则（杨开忠，2021）。这不仅仅是一种道德层面的要求，更是对社会发展模式的深刻反思与转变。

在生态文明理念的引领下，国土空间用途管制应以人与自然和谐共生为目标，以生态文明为指引，摒弃单纯的经济价值目标，构建多维度的国土空间利用价值体系。该体系不仅注重利用效率和经济效益，更强调生态环境的反馈机制和长期保护策略，实现利用与保护的有机结合，推动国土空间的可持续发展与和谐共生。只有如此，才能真正实现高质量发展，推动经济、社会和生态的全面进步，最终实现中华民族的永续发展。

4.1.3　主体功能区战略与高质量发展的深度整合

1. 主体功能区战略为高质量发展指明行动路径

国土资源是人类生存与发展的根本保障，而国土空间在不同尺度上具备多重功能，其中主体功能的作用尤为重要（图 4-1）。科学规划与建设主体功能区，是实现国土的科学开发、合理利用与严格保护的关键前提。近年来，中心城市和城市群等经济发展优势区域的承载能力持续增强；同时，全国各类自然保护地已接近一万个，覆盖了约 18%的陆域国土面积，有效保护了 90%的陆地生态系统类型和 74%的国家重点保护野生动植物物种。

主体功能区战略自国家“十一五”规划开始逐渐受到重视，并在我国区域经济发展中的重要性日益提升。党的十八大以来，我国积极推动主体功能区战略，建立科学高效、权责明晰的国土空间规划体系，统筹考虑人口分布、经济布局、国土利用和生态环境保护等多重因素，全面规划国土空间的开发与保护，推动国土空间实现更高质量、更可持续的管理。党的二十大报告进一步深化了主体功能区战略的实施，明确提出“健全主体功能区制度，优化国土空间发展格局”，为推动高质量发展、打造高品质生活、构建国家安全发展的空间基础指明了具体的行动路径。

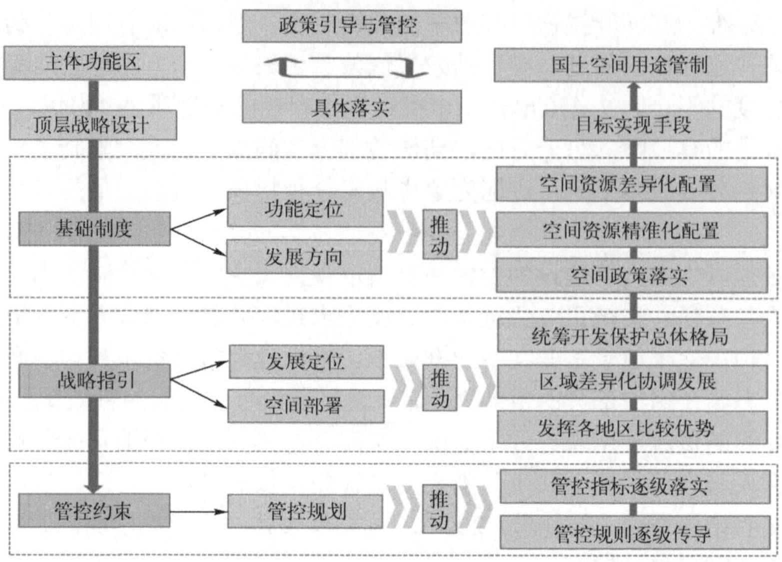

图 4-1 新时期主体功能区战略与国土空间用途管制内在联系

主体功能区的划定，旨在推动高质量、差异化和协同化的发展。深化主体功能区战略的关键在于建立健全长效机制，以促进不同功能区的协同发展。对于城市化地区，需要加强对城中村和棚户区等低效用地的再开发和环境整治，通过精细化治理提升整体治理水平。农产品主产区则需改善农村居民生活环境，建设高标准农田，严格控制城镇扩展，确保粮食安全与生态环境的可持续发展。生态功能区则应以生态环境保护为重心，提供生态产品，全面推行生态保护补偿，确保补偿力度与经济社会发展水平相匹配。

下一步，主体功能区战略的深化应进一步细化功能区划分，根据不同的区域定位制定政策，精准施策于重点开发区、生态脆弱区及资源丰富区等不同类型区域，继续发挥主体功能区在国土空间开发与保护中的基础制度作用，推动国土空间治理体系的现代化建设。

2. 以主体功能区战略为指引，从总体图景展望到管制目标的落实落地

推动主体功能区战略融入国土空间用途管制，首先需要明确“期望实现的目标是什么”“国土空间用途管制需要衔接的是什么”，以及“如何通过策略达成预期目标”等重要问题。主体功能区战略融入国土空间用途管制的过程，就是将主体功能区的区域发展权配置要求贯穿于各级国土空间用途管制中的过程，以形成符合主体功能区战略导向的高质量空间发展模式。要实现这一目标，需充分利用各种空间要素配置工具和手段（王清扬等，2022）。

全国层面的主体功能区战略构建了全域国土空间开发与保护的总体蓝图；省级主体功能区战略则通过落实全国的战略要求，结合实际情况，对区县级行政单元进行目标分解和功能定位，形成具体的区县主体功能目标。区县级行政单元作为国土空间用途管制的“主战场”，是主体功能定位的关键落地点，也是将综合性战略定位转化为资源要素引导和约束的重要阵地。

主体功能区战略中的政策体系、战略格局和体制机制，对当前尚处于探索阶段的国土空间用途管制具有重要的指导意义。其功能定位、管控要求以及区域政策等内容，可以在国土空间用途管制中通过分区管制、指标管控、用地布局和控制线的管制方法得以体现。通过明确各地区的功能定位与发展方向，统筹开发保护的总体格局，能够有效发挥各地区的比较优势，促进区域差异化的协调发展。同时，逐级引导各地区的发展定位与“三区三线”的空间部署，并依据主体功能定位制定管控规则，推动国家空间政策的落地实施，实现空间资源的精准配置。

最终，通过逐级落实与传导管控指标和管控规则，主体功能区战略为国土空间用途管制提供了基础的制度依据、战略指引以及管控约束。实现这一目标，不仅能够为国土空间用途管制建立起更加科学、系统的管理体系，也将有助于形成以高质量发展为导向的国土空间利用模式，推动空间治理体系和治理能力的现代化（吴桐等，2022）。

4.2　国土空间用途管制核心任务

国土空间作为实现高质量发展的重要空间载体，与高质量发展相辅相成，是推动其实现的重要支撑。因此，现阶段高质量发展对国土空间格局、自然资源管理、国土空间治理体系及治理能力提出了新的要求（陈美球，2020），需要以全新的视角看待高质量发展，并妥善处理国土空间开发与保护的关系。随着国土空间规划体系的逐步建立，国土空间用途管制作为推动治理体系与治理能力现代化建设的关键手段，其能否有效促进高质量发展，以及具体如何影响高质量发展，成为回应“国土空间治理体系与治理能力现代化”“中国式现代化战略需求”的核心议题。面对国土空间治理的挑战，必须转变高速增长阶段的开发利用和保护行为逻辑，将统一的国土空间用途管制视为高质量发展需求下破解治理难题的关键。

在推动高质量发展的背景下，国土空间用途管制应灵活应对开发与保护的不确定性，目标应包括高标准保护、高效能开发、高韧性支撑和高水平治理。需明确国土空间用途管制的主体、对象、规则、实施监督与保障等核心任务，协调开发与保护的关系，实现社会和经济效益的最大化，最终形成全域全要素、全流程全生命周期的国土空间用途管制体系，以支撑高质量发展（图 4-2）。

为应对开发与保护的不确定性，应以高标准保护为基础，实行最严格的耕地保护制度和生态环境制度，通过多种管制规则规范开发与保护的时空顺序，实现从单一功能分割的保护向全要素开发与保护的转变，推动管制对象向全域全要素、分区分类分级精准化发展；以高效能开发为核心，通过管制规则引导用地向节约集约化发展，并借助政策引导与市场化配置，多主体协同推动要素流动，进而形成功能明确、优势互补的空间格局，实现从单一空间维度向多维空间融合与效益提升的转变，加强用途管制实施监督，确保空间开发的合理性与高效性；以高韧性支撑为重点，通过全流程实施监督与完善的保障措施，构建具有安全性与韧性的“空间底盘”，这一“空间底盘”是高质量发展的基础和前提；以高水平治理为保障，强调管制主体的协同治理与权责清晰，从源头的耕地保护、生态建设与城乡发展入手，提升国土空间的承载能力与整体效能，依靠完善的实施监督与保障措施，构建高效要素流动与充满活力的市场调控机制的支撑体系（林坚，2020）。

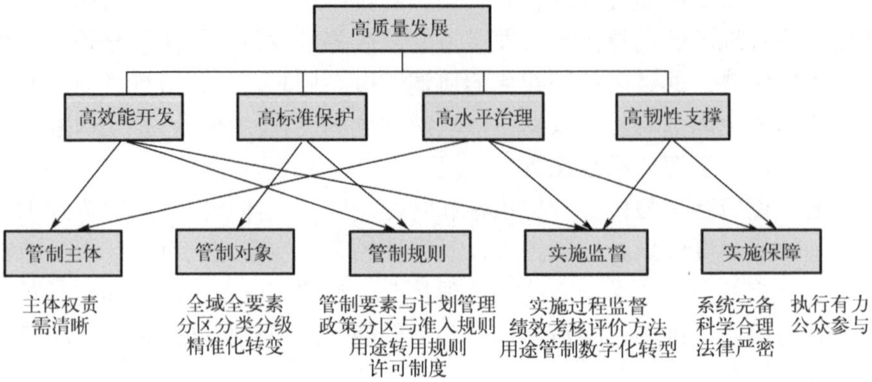

图 4-2　高质量发展对国土空间用途管制提出的要求

4.2.1　国土空间用途管制主体权责需清晰

和谐的央地关系是各级政府能够充分发挥作用的基础。基于我国幅员辽阔、管理层级众多的基本国情，从中央到地方逐级实施用途管制的过程中，难免会遇到不同地区存在的差异性问题。中央政府需要如何在坚守全局性和底线性的基础上进行管控，又如何放权以增强地方政府在实施管制时的灵活性，是关键所在。同时，地方政府在落实中央要求的同时，如何结合本地区的具体情况，探索不同的实施方式，最终在经济发展和国土安全保护之间寻找到平衡点，这些问题都是在高质量发展背景下国土空间用途管制改革的重要着力点。

过去，我国在耕地、森林、草原、水域等自然生态空间的保护和管理方面，职责分散在国土、林业、农业、水利等多个部门，形成了“就山治山，就水治水”的做法，这种管理方式忽视了生态系统的整体性和多元耦合性（林坚，2019）。2017 年，国土空间用途管制思路发生了显著变化，受到生态环境保护理念的深刻影响，逐步从对各类资源要素分散的约束管理向对自然生态空间整体的约束管理转变。这种转变以优化生态系统整体功能为原则，意味着国土空间用途管制的主体从原来多个部门的分散管理逐渐转向由自然资源部门统一履行管制职责。2018 年，随着党和国家机构改革，新的自然资源部组建起来，整合了原国土资源部、国家发改委、住建部、水利部、农业部、国家林业局、国家海洋局、国家测绘地理信息局等八大部门在土地、矿产、湖泊、河流、湿地、森林、草原、海洋等自然资源确权登记和管理方面的职责。此背景下，如何有效协调自然资源部门与相关职能部门之间的关系，将成为推进国土空间用途管制高效、协同实施的另一关键点。

此外，目前在自然资源资产配置过程中，行政手段依然占据主导地位，市场机制和社会主体的作用尚未得到充分发挥。要实现自然资源资产配置的最优状态，必须减少行政干预的使用，更多地运用市场经济手段，并积极引入社会组织和公众参与，通过多主体协同推进自然资源资产配置的开放化和多元化，使其从单一主体管理转向多元主体参与。

因此，在这一改革背景下，面向高质量发展的国土空间用途管制需要进一步正确认识和处理中央与地方的关系，明确中央政府如何进行全局性的管控和底线坚守，同时给予地方政府适当的自主实施空间；处理好自然资源部门与其他职能部门之间的关系，确保职责分工和协调配合的顺畅性；同时，还需要处理好政府与市场主体、社会主体之间的关系，明确各主体的边界和职责。通过在保护和发展的关系中找到最佳平衡点，既要维护好公共利益，确保集体和国家的长远利益，又要确保体制机制的现代化和治理能力的不断提升，从而实现国土空间用途管制对高质量发展的有力支撑。

4.2.2　管制对象的全域全要素和分区分类分级精准化转变

1. 从单一要素分散管制向全域全要素统一管制转变

长期以来，由于土地分类标准不一致和政策的频繁变动，部分土地的自然属性和社会属性难以明确，这对用途管制的基础稳定性产生了影响（黄征学等，2020）。例如，同一块土地在不同部门的统计中，可能被归类为未利用地或宜林地；一些地块尽管已经实施了退耕还林政策，但仍被列为耕地。此外，还存在同一块地获得多种法律证书的现象，这不仅反映了土地用途属性的空间冲突，还揭示了不同社会属性间的利益冲突，暴露出部门沟通不畅和权力交叉的问题。

全域全要素系统治理的统筹推进，是为高质量发展提供空间保障和引导的重要举措。自然资源部的成立，标志着我国单一要素分类管理制度的终结，也象征着全域全要素管理制度的初步建立。在高质量发展的背景下，基于“山水林田湖草沙”生命共同体的协同管理理念，我国的国土空间用途管制制度已经从过去针对单一自然资源要素的管理，迈向对所有自然资源及其空间的全面统一管控。这一转变意味着管制的对象不再局限于城镇建设用地的开发控制或永久基本农田的保护，而是扩展到对所有自然资源及其空间的全面管理（董华斌等，2022）。

具体而言，这种全域全要素的管制制度，不仅包括永久基本农田保护红线的划定和耕地保护，还涵盖生态保护红线的划定，涉及森林、湿地、水域、草原等各种自然生态空间的保护，以及合理高效利用资源的城镇开发边界的划定，和城镇发展区域内开发建设控制的引导（汪毅等，2020）。这种变革旨在通过整合各类自然资源要素，建立一个全面协调的国土空间治理体系，提高国土空间的利用效率，同时实现生态环境保护与经济社会发展的有机统一，从而为高质量发展提供有力支持和引导。

从单一要素分散管制向全域全要素统一管制的转变，标志着我国国土空间用途管制制度迈向了新的高度。通过这一转变，将更有效地整合和协调不同自然资源要素，实现对国土空间的综合治理，不仅能提高土地和其他自然资源的利用效率，还能实现生态环境保护与经济发展目标的有机统一，为高质量发展提供可靠的制度保障。

2. 实行分区分类分级精准化管制

通过审视国土空间用途管制的现状，可以发现，目前的用途管制，尤其在自然生态空间领域，主要依赖于总量控制和定额管理等规模指标的手段。然而，这种单一的手段已难以满足高质量发展的需求。高质量发展要求空间治理的精细化程度不断提高，迫切需要构建分区、分类、分级的精细化管制体系（汪毅等，2020）。

具体而言，要以规划分区和主导功能区为抓手，实施分区管制，根据不同区域的生态环境特征和经济发展需求，将国土空间划分为多个功能区。每个功能区应明确特定的用途管制要求和管理目标，以确保区域内资源和环境得到有效保护与合理利用。以“开发保护建设活动”的行为分类为基础，实现差别化管制，以国土空间用途分类为基准，形成全类型覆盖的用途管制。此外，根据资源的重要性和用地的敏感性实行分级管理，对于生态功能重要或环境敏感的区域，需采取更加严格的管制措施。

同时，应引入“规模—边界—结构—强度—效率”等多维度、综合化的管制工具，以实现国土空间用途的全方位、立体化管制。这种多维度的精细化管制手段，涵盖了从宏观布局到微观实施的全过程管理，不仅要求对国土空间进行科学的划分和管理，还需对不同开发和保护行为进行系统性的分类和分级，确保各种开发活动在合理、有序的管控之下进行。

构建分区、分类、分级的精细化管制体系，不仅有助于提升国土空间治理的精细化水平，还能更好地满足我国高质量发展对国土空间开发、保护和利用的多样化需求。这样的管制体系能够保障资源的合理配置和生态环境的长期可持续发展，促进生态文明建设，最终为我国高质量发展提供坚实的制度保障。这一体系的建立和实施将为实现国土空间的高效治理和可持续发展打下坚实基础，推动我国从传统粗放的管理模式向现代化、综合化、精细化的国土空间治理方式迈进。

4.2.3　国土空间用途管制规则的综合协调性

1. 实现管制要素与计划管理全覆盖

作为用途管制的重要依据，管制指标必须实现多要素和陆海协调统一，从而实现从单一、分割管理向全要素、统一管理模式的转变。这种全要素管理涵盖了对耕地、林地、草地、水域、岸线，以及海域、海岛等自然资源的全面监管（易家林等，2023）。目前，多部门之间的土地分类标准存在难以衔接的问题，自然资源部门内部也存在多种分类体系，如土地利用现状分类、第三次全国国土调查工作分类、国土空间规划用途分类，以及国土空间调查、规划、用途管制的用地和用海分类等。这种分类标准的多样性和不统一性，严重影响了土地资源的有效管理和利用。因此，亟需“统一”用途分类体系的国家标准，对农用地、建设用地、生态用地的内涵予以明确（祝睿，2019），以推动自然资源部门与其他相关部门逐步实现分类体系的衔接和数据更新。

土地利用年度计划作为土地政策参与宏观调控的重要手段之一（姜海等，2014），在土地管理中地位日益突出，已成为用途管制中较为成熟的计划管理模式。通过强化计划台账制度、跟踪监管制度和评估考核制度，该计划实现了土地管理与调整、耕地保护、控制建设用地总量等目标。然而，当前的年度计划体系主要关注耕地（农用地）的管理，忽视了对其他自然资源要素的管控。为兼顾指标体系的层级传导性与层级差异性、区域差异性以及属性差异，充分发挥全要素总量控制和计划指标的引导与调控作用，建议将土地利用年度计划扩展为自然资源利用年度计划。这一扩展将实现自然资源利用年度计划体系在陆海统筹、城乡统筹及要素统筹方面的全面协调。

首先，应强化国土空间规划与自然资源利用年度计划之间的衔接，明确国土空间规划指标体系对自然资源利用年度计划的约束力和引导作用。国土空间规划应通过科学合理的指标体系，指导自然资源年度计划的编制与实施。其次，需优化建设用地指标分配机制，采取人地挂钩、增减挂钩、增存挂钩、增违挂钩等多种机制，以减少无偿指令性分配指标带来的负面影响，提升指标分配的灵活性和科学性。最后，要加强自然资源利用年度计划的监督与考核机制，以确保计划的有效执行，防止资源浪费和不合理利用，保障自然资源的长期可持续管理（易家林等，2023）。通过这些措施，将能够实现从土地到自然资源的全要素、全域管控，为国土空间用途管制的精细化、系统化提供有力支撑，从而为我国实现高质量发展和生态文明建设提供坚实的保障。

2. 以管制分区实现差异化空间准入

国土空间管制分区体系是空间准入体系的基础。基于目标导向的管制分区更契合区域发展需求，能够为决策提供更高效、更准确的支撑，并有效引导相关规划的制定。通过明确不同空间分区在保护与开发中的多元价值目标，综合运用目标指标管理和空间准入管理等制度，平衡管控制度设计中的刚性与弹性。目标导向下的管制分区与空间准入管理，是体现因地制宜、灵活应对不同区域需求的管制制度设计重点（高群等，2021）。

在具体实施中，应在生态、农业、城镇、能源与矿产等不同空间的基础上，结合各地实际情况，制定多层级的用途管制分区，并以差异化准入制度为依据，开展分区管控。对于生态保护区和农田保护区，需要强化底线约束，构建空间准入“正面清单”，严格控制开发行为，确保生态和农业资源的可持续保护。在生态控制区和乡村发展区的管控中，根据实际情况，针对生态控制区内的部分村庄、商品林地等用地，以及乡村发展区内的林草地等，设置更为详细的管控制度，以平衡生态保护与民生需求。同时，引导零散的永久基本农田集中布局于农田保护区内，提升农田的连片性和面积占比，从而提高土地利用效率和农业保护效果。

在城镇发展区、矿产能源发展区及海洋发展区，需采用“详细规划+规划许可”的管控措施，依据详细规划进行精细化管理。详细规划的编制和执行，应严格遵循国土空间用途管制的原则，确保空间开发行为符合整体规划目标，实现精细化管理和可持续发展。

3. 完善空间用途转用与许可制度

国土空间的转用涉及宏观和微观两个层面，宏观层面主要表现为空间的整体转用，微观层面则主要体现在资源要素的具体转用（杨壮壮等，2020）。用途转用管理更倾向于面向实施管理，重点在于细化用途转用许可的依据。在基于空间分区和差异化空间准入要求的前提下，明确每一类空间内不同要素之间的转换规则是必要的。转换的前提条件是必须符合规划分区管控的目标要求、主体功能、指标管控要求和底线管控要求，且需要确保有利于国土空间用地布局优化、生态保护、耕地保护及集约高效发展。用途转用规则还应逐渐扩大到生态用地、海域及自然保留地的管理中。

在用途转用管理中，对符合规划且需要占用农用地的建设项目，需依据国家和省级下达的新增建设用地和农用地占用指标，进行农用地转用审批，并通过实施“占补平衡”来确保耕地保有量不减少。生态空间的用途转用审批应实行严格的管控措施，由国务院负责审批自然保护地、核心保护区内的国家重大战略项目建设，主要在不损害生态功能的前提下，优先进行公共设施建设。对于必须且无法避让、符合县级及以上国土空间规划的线性基础设施项目，以及重要的生态修复项目，需取得生态用地和农用地转用许可。省级人民政府负责自然保护地一般控制区（如森林公园、湿地公园、风景名胜区、公益林）及饮用水源地、重要湖泊湿地等的征收和占地转用审批，但具体的建设用地和建设工程规划许可仍由当地市、县规划部门实施。对于一般生态空间及结构性开敞空间，在满足功能导向和规模控制的前提下，涉及的耕地、园地、草地、水面等用途转用需经市、县规划主管部门批准。对于已获准进入生态空间的建设项目，必须先进行单独的项目选址或详细规划编制，并在审批后，以其为使用许可的规划依据。

国土空间用途管制本质上是一种依靠国家强制力实施的行政过程（岳文泽等，2019）。国土空间用途管制许可制度是对国土空间开发利用行为进行行政许可的重要执行措施之一（毕云龙等，2021）。在以往的用途管制制度中，各类许可主要通过行政手段进行，侧重于单一要素的占用审批和用地许可。基于现阶段自然资源占用审批和许可制度，结合“多审合一、多证合一”改革，旨在简化审批流程、促进社会经济发展。各省（区、市）可根据土地利用年度计划，将永久基本农田以外的“农转用”审批权下放至市（州）级人民政府，并全方位优化用地审批的标准、事项及服务。

在具体实施中，各省（区、市）应探索和推进审批制度的改革，逐步建立容错受理机制，确保在实现简化审批流程的同时，维持审批过程的合法性和合理性，推动规划管理与建设用地审批的深度融合。此举将使审批过程更为顺畅，提升行政效率，为社会经济发展提供更加有效的支持。在审批改革中，确保审批环节透明、公正，维护自然资源的可持续利用，提升管理的系统性和全面性。这不仅有助于实现用途管制制度的有效实施，还能确保资源的合理配置与使用，为国土空间治理提供强有力的保障，最终助力高质量发展的实现。

4.2.4　国土空间用途管制实施保障体系的系统完备

国土空间用途管制需要建立一个系统完备、科学合理、法律严密、执行有力，同时兼顾公众参与和生态环境保护的政策体系，以保障和指导国土空间用途管制的顺利实施，并推动经济社会的高质量发展。

第一，加强用途管制法制建设。实现合法有效的管制，首先需解决“有法可依”的问题。应通过法律手段明确用途管制的规则，确保规则在松紧程度上协调一致，同时确立公众在国土空间治理中的主体地位。增强执法和监管力度，以确保用途管制依法依规进行，形成稳定且具有强制性的法律基础。

第二，加大用途管制改革力度。明确用地审批和规划许可是国土空间用途管制的重要环节，应深化两者的融合改革。优化用地计划管理模式，制定科学、精细化的土地利用计划管理措施。细化城镇开发边界外的用地政策，健全城镇开发边界的管控机制。面对自然保护地管护的巨大压力，应健全生态空间用途管制制度。同时，要摒弃“以陆定海”或“以海定陆”的传统思维模式，从政策和技术层面推动陆海规划的深度融合，实现陆海统筹的“一张图”管理，以达到全面协调和统一管控的效果。

第三，理顺政府部门职责分工与协同合作关系。明确各职能部门的权责边界，逐步实现国土空间用途管制中的决策权、执行权和监督权的分离，防止权力过度集中，避免利益冲突和权力滥用。建立部门间良好的协作机制，通过定期的沟通和协商，促进信息传递和数据共享，提高工作效率和决策质量。

第四，引导技术标准制定从工程思维向治理思维转变。确保国土空间治理的每个环节都有明确的指导和规范，实现各环节之间的无缝衔接和高效协作。加快新领域和新空间的技术标准研发步伐，确保标准体系能够动态适应现实需求。这种治理思维下的技术标准化，能更好地指导用途管制实践，使管制政策在操作层面更具可执行性和适应性。

第五，建立差异化指标考核与奖励体系。在高质量发展的要求下，土地资源的保护和可持续利用应确保生态安全、粮食安全及国土安全不受损害。因此，需要构建一个科学合理的差异化指标考核体系，确保绩效考核与空间主体功能相协调。与此同时，制定激励相容的绩效考核配套体系，以激发各级党政领导班子和领导干部的积极性，增强其对生态保护和资源利用的责任意识。

4.2.5　行政和技术手段确保用途管制实施监督过程的全覆盖

1. 实施过程监督

以“多审合一”“多证合一”“多测合一”为导向，从国土空间分区条件准入监督、国土空间使用许可/规划许可监督、国土空间审批许可监督等环节出发，开展实施全过程监督。国土空间准入是建设项目用地管控的第一道闸门，在建设项目审批、核准、备案阶段，应依法对建设项目涉及的用地、用海事项进行严格审查，核发用地预审与选址建议书。对于涉及地类改变的项目，需进行用途转用审批的过程监督，该审批可分为以耕地为主的农用地转用审批和林草等其他用地的转用审批。

国土空间使用许可和规划许可，是国土空间规划和用途管制实施监督的关键环节，涵盖自然空间、农用地和建设用地等国土空间用途管制。在这一过程中，应特别重视许可过程的监督，确保涉及的各类自然资源使用许可证、建设用地规划许可证、建设工程规划许可证、乡村建设规划许可证的核发严格把关。每个环节的许可都应符合既定规划和用途管制目标，保障国土空间的合理使用和可持续发展。

最后，在项目建设的规划许可后续监督和验收阶段，自然资源和规划部门需对项目是否符合规划条件和规划许可内容进行严格检查，确保实际建设与规划要求的一致性。此外，需核验土地有偿使用合同（如划拨决定书等）的履行情况，确认项目用地手续完备，确保合规性。全过程的监督检查不仅是对项目执行的保障，也是推动国土空间治理和用途管制制度落实的重要手段。这种全方位监督措施有助于提高国土空间资源的利用效率，防范违规行为，促进经济社会的可持续发展和生态保护目标的实现。

2. 绩效考核评价

目前，国土空间用途管制的激励与惩处措施分散于不同的规章制度中，实施对象和标准未能统一。为提升管制的系统性和一致性，应整合各类自然资源，构建统一的奖惩机制，综合运用行政手段、法律手段、技术手段和经济手段，形成一套完善的激励和惩处机制。具体而言，应细化和落实针对国土空间用途管制行为的激励和惩处细则，明确其具体内容和方式，以确保政策的可操作性和实际效果。

监督考核机制是确保国土空间用途管制有效落实的重要手段（谭丽萍等，2020）。为此，应加强对各级政府主要负责人的监督和考核，将用途管制纳入自然资源督察的关键内容，并落实主体目标责任制，使政府官员在国土空间治理中承担明确的责任和义务。这种考核机制不仅能够促使政府履行职责，还能提高其在国土空间用途管制中的执行力和问责性。

此外，应依托现代信息化技术和平台，建立覆盖全域的常态化监管系统，实现国土空间用途管制的数字化、智能化监督。通过信息化平台，可以实现实时监控、数据共享和动态管理，从而提高监管效率和响应速度，减少违规行为的发生。信息化平台的应用应覆盖用途管制的全过程，包括审批、实施、监控和考核等环节，确保各个阶段都能得到有效的监督与落实。这种全方位、系统化的激励和惩处机制，与严格的监督考核体系相结合，将有助于提升国土空间用途管制的执行力和规范性，为实现高效的国土空间管理提供坚实保障，并推动国土空间资源的合理利用与可持续发展。

3. 用途管制数字化转型

信息化建设一直是国土资源管理的重要组成部分。信息化技术的广泛应用，为国土空间规划编制的全周期提供了支持，奠定了数据共享、规划分析等业务的坚实基础。然而，国土空间用途管制的信息化建设仍处于起步阶段，当前在“多审合一”“多证合一”等业务改革推进过程中，仍存在审批流程融合不彻底、业务离散导致监管难度大、管制数据时效性和利用不足等问题。为解决这些问题，应围绕统一行使所有国土空间用途管制职责，充分利用国土空间基础数据，规范和规则化管控依据、主体行为和指标。通过这些措施，可以构建以规划管控方式为核心的自检模型和智能化检测平台，实现对规划许可办理事项的智能化和自动化检查，提升业务的标准化和规范化程度。同时，需规范信息核验的标准，以确保数据在管制过程中的高效应用和准确传输。通过推动数字化转型，将促进国土空间用途管制在业务流程中的优化。数字化转型有助于实现更为精准和高效的管制，从而推动国土空间用途管制在实际应用中迈向更深层次的发展。依托智能化技术，相关部门可提高数据处理和监管效率，使管制措施能够及时响应变化和需求，增强国土空间管理的适应性和可操作性。最终，这将实现审批和监管环节的高效整合，打破信息孤岛，提升各类业务的协同性和透明度，确保国土空间用途管制的科学性、系统性和持续改进。

4.3 国土空间用途管制体系架构构建

前文已对国土空间用途管制的演化历程和实施困境进行了深入剖析。为了推动国家治理体系和治理能力的现代化，应对国土空间开发不合理所引发的负外部性，国家和各级政府职能部门在用途管制的发展过程中不断探索优化和提升路径。其目标是减少经济性规制，保留并加强社会性规制，推动治理实践的深化和创新。然而，由于规划技术的局限性和管制体系架构的不健全，现有的空间管控体系存在“形合神散”的现象，即表面上有统一的结构，但在具体执行和协调上存在分散和不一致的情况。这样的局限性导致当前的治理体系在应对新形势和满足高质量发展的诉求方面显得力不从心，无法充分发挥其应有的作用。

这些问题呼唤新的制度供给的出现，以弥补现有体系的不足和缺陷。需要制定更加系统化、协调一致的制度框架，推动管制体系从理念、技术到操作层面的全面升级。这样，才能有效应对国土空间开发利用中的复杂挑战，减少负外部性的影响，实现国土空间的可持续发展和高效利用。同时，新制度的供给应着重解决当前管制体系中的碎片化问题，确保规划技术能够更好地与管制实践相结合，形成真正有效、可持续的空间治理模式。这将有助于推动国土空间用途管制从传统的、有限的治理模式向现代化、综合性和高效的治理框架转变，满足国家高质量发展的长远需求。

4.3.1 体系架构构建总体思路

国土空间用途管制是推进我国国土空间治理体系和治理能力现代化建设的重要环节。“管制”一词虽然具有刚性的特征，似乎更倾向于以行政命令为主，与国家“治理”所强调的弹性和韧性具有不同的价值导向，属于不同的行动政策范畴。但实际上，国土空间用途管制应在政府主导下，融入行政主体、市场主体和社会主体三元主体共同参与的国家治理转型实践（易家林等，2024）。当前，高质量发展对国土空间格局、自然资源管理、国土空间治理体系及治理能力提出了新的要求。作为一种国土空间治理转型的重要实践，国土空间用途管制的体系架构应在治理理念基础上，创新主体设置、对象确定、规则设计、方式方法和实施监督，丰富管制的内涵，以响应高质量发展的现实需求（图 4-3）。

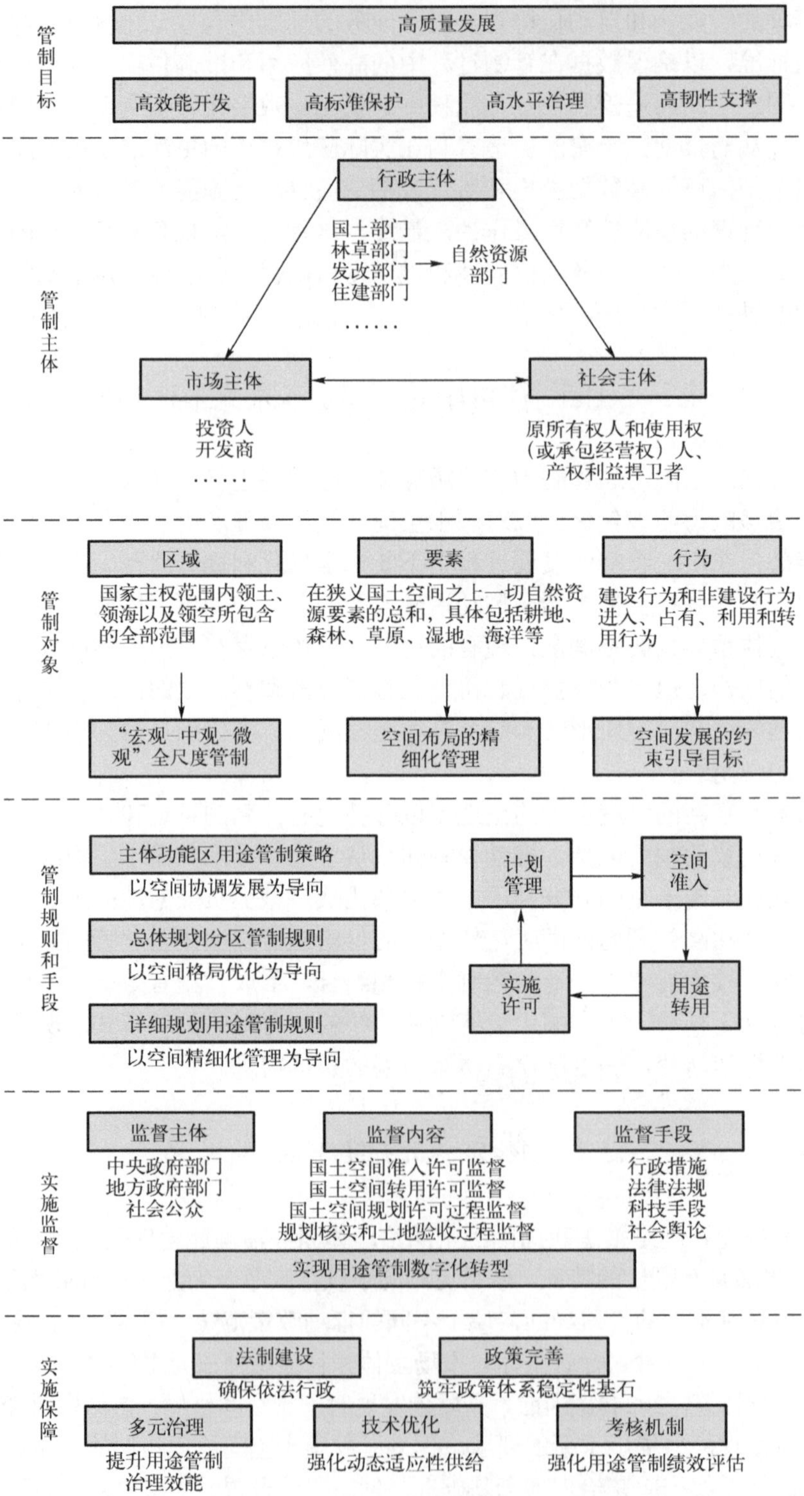

图 4-3　国土空间用途管制体系框架

我国政府通过大部制改革，重组国家机构，以解决治理主体碎片化、“九龙治水”和多部门管理等问题。在用途管制的发展历程中，早期的部门分割式管制不仅导致了空间分区种类繁多、体系冲突、用途分类体系难以衔接，还使得管制对象的碎片化问题更加突出。管制对象的碎片化源于管制主体的分割化，而这种主体碎片化又反过来加剧了管制对象的割裂。因此，整合管制对象是确保用途管制后续环节顺利实施的重要依托。国土空间用途管制以行政权力的行使为核心，管制主体的整合涉及管制权力体系的调整。例如，自然资源部的成立，就是为了通过权力体系的调整，解决部门之间因边界不清而产生的协调难题。这种管制权力体系的优化，是用途管制得以有效运行的动力源泉，贯穿于从碎片化向整合协同的规则体系和实施保障体系的演进中。依赖实施保障措施，使得国土空间用途管制能够落地并取得实效。

从整体上看，国土空间用途管制的现代化发展路径，需要在整合权力体系的基础上，全面提升管制的系统性和协同性。要充分体现治理的多主体合作，构建有弹性、有韧性的制度框架，使行政、市场和社会主体能够在共同目标下协同推进管制实施，推动高质量发展的实现。这一过程应通过政策引导、技术支持和法律保障，推动用途管制从传统的刚性手段向更综合、更协调、更高效的现代治理体系转变。

我国的国土空间用途管制是在中国特有的国情基础上发展起来的，依托于现有多样化的空间管制体系，形成了一种在地化的空间管制创新模式。这种模式是由新的价值理念与治理需求所引导，是国家治理转型实践的一部分，与国家治理现代化的改革逻辑保持一致。“国家治理”作为一种理念和人类政治发展的普遍趋势，被认为是“现代国家所特有的一个概念，它是在扬弃国家统治和国家管理基础上形成的”（何增科，2014）。其特征表现为治理主体的多元化、治理结构的网格化、治理制度的法治化和理性化，以及治理技术的现代化。

随着治理需求的变化，国土空间用途管制主体的结构调整和政府职能转变成为必然。这一转变促使公共部门与社会和市场主体重新认识既有管制对象的特性与变化。在此基础上，有必要构建一套涵盖全域全要素的国土空间用途管制分区、分级、分类体系。该体系应包括制定前端的国土空间准入许可和用途转用规则，以及完善事中和事后的监测预警与实施保障。通过这一系统框架，推动治理制度的法治化和理性化，并通过引入现代化的治理技术，确保规划编制、规划许可、监督管理等环节得到有效落实。这种全生命周期的国土空间用途管制体系，不仅能够实现对不同区域的高效、差异化科学管控，还能应对复杂多变的治理需求。通过规范化的制度设计和技术支持，确保管制措施在实施过程中保持一致性和可持续性。

4.3.2　国土空间用途管制主体关系和层级目标

明确国土空间用途管制的主体，核心是解决“谁来管”的问题。国土空间用途管制是一个涉及多方协同参与的复杂过程，因此明确各主体的职责划分，并理清其互动关系，对于提高管制效率和效果具有重要意义。目前，对于管制主体的讨论通常涉及行政主体、市场主体和社会主体三个主要方面。行政主体包括各级政府及其内部各职能部门；市场主体涵盖投资人、开发商等；社会主体则通常指原所有权人、使用权人（或承包经营权人）、产权利益的捍卫者等个人或团体。要明确各方主体责任，还需要研究中央和地方的关系、政府与市场的关系、政府内部职能部门间的协作，以及地方政府与原产权主体之间的关系等经典议题。

此外，还需构建国土空间用途管制的层级目标体系。该体系应与“五级三类”的国土空间规划体系相对应，从纵向和横向两个维度明确管制目标，理清各层级政府和部门的管制职权。纵向上，逐级承接和细化落实国土空间规划的战略意图、分区布局及目标指标，确保“全国—省—市—县—乡镇”全域、全要素和全过程的覆盖，形成差异化管控。重点应放在明确不同层级国土空间总体规划的管制目标及其承接和细化落实要求，做到既有约束力又具有指导性，确保各级总体规划的空间开发与保护战略能有效落地实施。

在横向上，应确保不同类型的详细规划和专项规划管制目标能够协调衔接，避免重叠和遗漏。根据“管什么就批什么”的原则，详细规划、专项规划和总体规划之间的管控内容应无缝对接，保障规划目标精准实施，避免不必要的重复审批和管理盲点。各级政府部门应在职责分工明确的情况下，加强沟通和协作，确保国土空间用途管制的各个环节都在法律框架和政策指引下有效执行。通过这些措施，可以形成一个全面、系统和高效的国土空间用途管制体系，确保不同主体在管制过程中各司其职、协同配合。

4.3.3 国土空间用途管制对象

明确国土空间用途管制的对象，即讨论“管什么”的问题，是在讨论管制对象和范围的问题。国土空间用途管制的对象可以分为三个主要部分：“区域”“要素”“行为”。合理界定这三类对象的具体范围和内涵，是完善国土空间用途管制制度的基本前提。只有明确管制对象的范畴，才能有效制定针对性的政策和制度，确保管制的科学性和可操作性，推动国土空间的可持续管理和高效利用。

其一是“区域”。这是狭义的国土空间，它既是自然资源和生态环境要素的承载体，也是人类社会经济活动的物理平台。具体而言，“区域”包括国家主权范围内的所有领土、领海和领空。作为用途管制的基础，“区域”是国土空间管理中空间分区、用途划定和管控实施的核心。

其二是“要素”。这是指在狭义国土空间之上的所有自然资源要素的集合，包括但不限于耕地、森林、草原、湿地、海洋等。国土空间是生态文明建设的基础，而国土空间用途管制制度则是生态文明制度体系的重要组成部分。将传统的土地用途管制制度扩展为全面的国土空间用途管制制度，标志着新时代的国土空间管理更加注重高质量发展。在“山水林田湖草沙生命共同体”理念的引导下，新的管制制度摒弃了过去各要素分部门管理和分别保护的割裂方式，转而推动所有国土空间要素的统一管控，强化了山水林田湖草沙等各要素之间的内在联系。这种系统化和整体化的管理思路，实现了资源的高效整合与综合利用，同时满足了生态文明制度体系对统筹兼顾和整体把握的要求，推动生态文明建设的深入发展。

其三是“行为”。行为在广义上指的是针对“国土空间”或“自然资源要素”的一切开发利用活动，主要包括建设行为和非建设行为。在国土空间用途管制的语境下，行为狭义上是基于特定目的而对具体空间或要素实施的保护、占有、利用和转用行为。无论是建设行为如城市开发、基础设施建设，还是非建设行为如农业生产和生态修复，这些行为都是用途管制中需要规范和管理的内容。通过合理确定和界定这些行为的具体范围，能够有效地推进国土空间用途管制的实施与完善。

4.3.4　国土空间用途管制方式与规则

明确全域、全要素、全流程的管制规则体系，是实施国土空间用途管制的重要抓手，而用途分区和分类管理则是实施这一管制的核心内涵。在明确管制主体和客体的基础上，以“统一行使所有国土空间用途管制”为导向，依托国土空间规划，并在“三区三线”为中心的原则下，探索面向高质量发展、精细化管理的国土空间分区分级分类用途管制规则与手段，推动国土空间利用结构的调整、国土空间布局的优化、国土空间节约集约配置和国土空间综合效益的提升。

基于主体功能分区、规划分区、用地管控等宏观、中观和微观空间尺度，应建立系统性的用途管制分区分级分类体系，明确管控规则和策略，实现全域、全要素的管控。在宏观层面，以主体功能分区为核心，明确区域发展目标，确定管控重点，优先级别和保护重点，指导国土空间的开发与保护格局的形成，确保资源的合理配置和环境的可持续利用。在中观层面，依托国土空间规划的不同层级，建立覆盖全域、全要素的总体规划管制分区，制定“刚性与弹性并举”的差异化分区分级管控规则，协调自然资源的开发与保护关系，平衡生态与经济需求。

在微观层面，应根据城镇开发边界内实施“详细规划+规划许可”管理模式，而在城镇开发边界外，则实施“村庄规划+规划许可”以及“约束指标+分区准入”原则，通过逐级的精细化管理，确保从宏观到微观层面的全覆盖。这种逐层推进的精细化管理，将有效推动国土空间治理体系和治理能力的现代化，实现空间管理的高效和精确。

最后，基于国土空间的保护、修复、利用和开发建设等活动特性，以国土空间分区分级体系为依托，探索和制定国土空间条件准入、国土空间使用许可、国土空间规划许可及国土空间审批许可等管制手段。通过统一的管控手段与实施路径，强化用途管控，提升用途管制制度体系的可实施性和可操作性，将国土空间管制具体化到要素类的细节管理，实现空间管控与空间治理的双重功能，能确保生态文明建设和高质量发展的协调推进。

4.3.5　国土空间用途管制实施监督体系

国土空间用途管制监督的根本目的，是确保国土资源的开发利用符合国土空间规划及相关政策和法律法规，从而促进国土资源的合理利用与可持续发展。监督的主要意义在于提升国土空间规划和用途管制的实施效率与效能，推动国家治理体系和治理能力的现代化。在这一过程中，中央政府部门、地方政府部门和社会公众共同参与，形成了多层次、全方位的监督主体体系，构建起综合而多元的监督机制。

国土空间用途管制监督的主要内容，是基于国土空间规划和用途管制的法定事权，对空间准入条件和用地审批实施监督。依法批准的国土空间规划是进行各类国土空间保护、开发和建设活动并实施统一用途管制的基本依据。具体而言，国土空间总体规划是空间准入和用途转用的法定依据，而国土空间详细规划则是核发规划许可的主要依据。

国土空间用途管制监督的具体内容可分为三个方面。

（1）国土空间分区条件准入监督。这部分监督的重点在于审查项目是否符合国土空间准入的条件。具体措施包括依据区域正负面清单、规划指标和控制线的管控要求进行前置审查，确保项目的实施符合规划要求，遵循区域的发展目标和政策导向。

（2）国土空间使用许可/规划许可监督。这部分监督主要针对各类自然资源许可证书的颁发过程及批后使用和建设过程的合法性与合规性进行监管。通过审查许可证的颁发程序和批后管理，防止在规划实施领域内发生违法违规的许可行为，提升国土空间规划许可的行政效能，确保许可的实施符合规划设计和用途管制要求。

（3）国土空间审批许可监督。这部分监督的重点是针对农用地、林草等用途的转用审批进行监管。监督内容涵盖农用地转用方案的审查、土地征收申请的审核及其报批权限的合规性，以及建设项目使用林地的审核和审批管理规范等方面。通过严格审查各类审批流程和相关文件，确保土地资源的开发利用符合国土空间规划要求，推动项目的合理性和合法性。

4.3.6 构建国土空间用途管制实施保障体系

首先，加强法治建设是保障国土空间用途管制有序进行的基础。应优先制定和修订《国土空间规划法》和《国土空间开发保护法》等核心法律，为国土空间资源的合理利用和保护提供明确且权威的法律依据。与此同时，需要对现有的《中华人民共和国自然保护区条例》《中华人民共和国环境保护法》《中华人民共和国草原法》等相关法律法规进行修订，确保这些法律能够与新的国土空间用途管制要求相协调，形成统一的法律框架。为了细化核心法律的具体操作，还应设立《国土空间规划法实施细则》和《生态环境保护细则》等配套法规，为法律的实施提供详细的操作规程和明确的法律责任，以保障法律的落地执行。此外，需推动信息公开和公众参与，以增强用途管制的透明度和公信力，并引入并强化立法机关的监督，以提高执法和监管的力度。

其次，全面优化政策体系是提升国土空间用途管制效能的关键。应从八个关键维度出发，包括用地审批流程、规划许可机制、用地计划制定、城镇开发边界划定、生态空间保护、涉海空间利用，以及政策体系的规范与创新。通过全面改善和强化这些政策措施，确保国土空间用途管制更加科学高效。

第三，明确不同职能部门的权责边界是确保国土空间用途管制顺利进行的重要保障。要明确各职能部门的权责，逐步实现国土空间用途管制中决策权、执行权和监督权的分离，防止权力过度集中以减少利益冲突和权力滥用。职能边界的清晰化可以提高政府部门间的协作效率，促进管制工作的顺利实施。

第四，强化技术支撑是提升国土空间用途管制效率的重要手段。应加快推进数字化国土空间用途管制，从最初的单一建设用地审批系统逐步扩展到涵盖各类用地和规划许可的综合系统。将大数据、人工智能、云计算等新技术手段引入用途管制中，实现碎片化的管制向全面、科学的数字化转型。借助数字化平台，能够实现实时监测、数据分析和预测，推动管制的智能化和现代化发展。

最后，健全考核机制是激发各级党政领导班子和领导干部工作积极性的有效途径。需构建科学合理的差异化指标考核体系，确保绩效考核与空间主体功能的协调统一。通过正向激励和负向惩戒相结合的方法，以及激励相容的绩效考核配套体系，鼓励各级党政领导班子和领导干部积极履行职责，加强对生态保护和资源合理利用的责任意识，确保国土空间用途管制在实践中得到有效落实和持续推进。

参考文献

毕云龙, 徐小黎, 李勇, 等. 2021. 国土空间规划许可制度建立面临的问题与对策[J]. 规划师, 37(2): 45-49.

陈美球. 2020. 新时代我国国土空间用途管制制度建设[J]. 吉首大学学报（社会科学版）, 41(2): 91-97.

董华斌, 刘蒙罡, 赵晨迪, 等. 2022. 全域生态文明建设背景下我国国土空间用途管制研究[J]. 国土资源导刊, 19(1): 6-10, 67.

董祚继. 2018. 从机构改革看国土空间治理能力的提升[J]. 中国土地, (11): 4-9.

高群, 潘蓉, 杨毅栋, 等. 2021. 杭州国土空间用途管制体系架构研究[J]. 规划师, 37(10): 49-54

何增科. 2014. 怎么理解国家治理及其现代化[J]. 时事报告, (1): 20-21.

黄贤金. 2018. 美丽中国与国土空间用途管制[J]. 中国地质大学学报(社会科学版), 18(6): 1-7.

黄征学, 吴九兴. 2020. 国土空间用途管制政策实施的难点及建议[J]. 规划师, 36(11): 16-20, 32.

姜海, 李成瑞, 王博, 等. 2014. 土地利用计划管理绩效分析与制度改进[J]. 南京农业大学学报(社会科学版), 14(2): 73-79.

匡文慧. 2019. 新时代国土空间格局变化和美丽愿景规划实施的若干问题探讨[J]. 资源科学, 41(1): 23-32.

林坚, 武婷, 张叶笑, 等. 2019. 统一国土空间用途管制制度的思考[J]. 自然资源学报, 34(10): 2200-2208.

林坚. 2020. 高质量发展视角下的国土空间规划思考[J]. 中国建设信息化, (21): 14-15.

谭丽萍, 徐小黎, 李勇, 等. 2020. 国土空间用途管制框架体系初探[J]. 中国国土资源经济, 33(12): 75-79.

汪毅, 何淼. 2020. 新时期国土空间用途管制制度体系构建的几点建议[J]. 城市发展研究, 27(2): 25-29, 90.

王清扬, 雷绪斌, 周婧婧, 等. 2022. 县域土地利用多功能的演变及其影响因素——以湖南省为例[J]. 经济地理, 42(9): 186-192.

王毅. 2015. 用制度保障生态文明建设[N]. 人民日报, 2015-06-09(7).

吴桐, 岳文泽, 夏皓轩, 等. 2022. 国土空间规划视域下主体功能区战略优化[J]. 经济地理, 42(2): 11-17, 73.

武占云, 单菁菁. 2022. 生态文明理念下国土空间用途管制制度构建与展望[J]. 经济纵横, (10): 43-53.
杨保军, 陈鹏, 董珂, 等. 2019. 生态文明背景下的国土空间规划体系构建[J]. 城市规划学刊, (4): 16-23.
杨开忠. 2021. 习近平生态文明思想实践模式[J]. 城市与环境研究, (1): 3-19.
杨壮壮, 袁源, 王亚华, 等. 2020. 生态文明背景下的国土空间用途管制: 内涵认知与体系构建[J]. 中国土地科学, 34(11): 1-9.
易家林, 郭杰, 欧名豪, 等. 2023. 国土空间用途管制：制度变迁、目标导向与体系构建[J]. 自然资源学报, 38(6): 1415-1429.
易家林, 郭杰, 欧名豪, 等. 2024. 面向治理转型的国土空间用途管制制度完善路径探讨[J]. 中国土地科学, 38(1): 64-72.
岳文泽, 王田雨. 2019. 中国国土空间用途管制的基础性问题思考[J]. 中国土地科学, 33(8): 8-15.
张军扩, 侯永志, 刘培林, 等. 2019. 高质量发展的目标要求和战略路径[J]. 管理世界, 35(7): 1-7.
祝睿. 2019. 生态用地的法制化——基于土地用途管制制度演进的视角[J]. 中国土地科学, 33(1): 17-23.

第 5 章　“两统一”职责下国土空间用途管制事权体系

第 4 章已较为清晰地构建了一个面向高质量发展的国土空间用途管制体系。从本章开始，将逐步深入分析国土空间用途管制在高质量发展背景下的改革探索。具体而言，将从以下几个方面分章节进行论述：管制主体、管制对象、管制规则和手段、实施监督以及实施保障。每个章节将详细探讨如何在新形势和高质量发展需求下，对这些要素进行创新和优化，以推动国土空间用途管制制度更好地服务于高质量发展的总体目标。

5.1　国土空间用途管制事权体系总体思路

2018 年新一轮国家机构改革中，党中央赋予自然资源部“统一行使全民所有自然资源资产所有者职责，统一行使所有国土空间用途管制和生态保护修复职责”。“两统一”职责的实质在于发挥国土空间规划和用途管制的引导与导向作用，将政府的职责优势与市场化资源配置相结合，从而实现自然资源经济、社会和生态多元价值目标的协同达成，规范保护和利用秩序，调整权益分配政策（魏强等，2024）。为切实履行“两统一”职责，需要明确国土空间用途管制中的政府事权，并厘清政府与市场资源配置的边界。

在生态文明的背景下，国土空间用途管制已逐渐成为全面保护自然环境、统筹国土资源开发利用的重要政策工具。2018 年出台的《深化党和国家机构改革方案》以及 2019 年发布的《中共中央 国务院关于建立国土空间规划体系并监督实施的若干意见》等政策文件，都强调在明确国土空间规划体系的基础上，推动国土空间用途管制横向事权的改革和制度保障体制的优化。2020 年，《国务院关于授权和委托用地审批权的决定》的印发，将部分用地审批权下放给地方政府，显示出改革已开始向纵向事权机制倾斜。

在国土空间用途管制中，横向事权和纵向事权的划分，本质上是围绕不同级别土地发展权的权力博弈，涉及央地博弈、同级政府不同职能部门间的博弈，以及地方政府与市场主体、社会主体之间的博弈。在央地博弈中，一级土地发展权的分配及中央对地方二级土地发展权配置的干预程度是核心议题；在同级政府内部，不同职能部门围绕资源要素的调查、审批和监管等权力进行博弈；而在地方政府层面，围绕从中央政府获得的区域建设许可权再分配，与市场主体和社会主体展开的资源配置博弈同样重要。

因此，要分析国土空间用途管制事权体系，必须从以下三个层面进行探讨。首先，明确中央与地方在国土空间管制中的权责分配，确保中央在顶层设计与战略指引中的权威性和地方在执行中的灵活性。其次，厘清同级政府部门之间的职责边界，促进多部门协作，避免职能重叠和权力真空。最后，合理界定地方政府在与市场主体和社会主体互动中的角色，确保在市场化配置资源的背景下，公共利益与生态文明建设得到有效保障。

通过综合考虑央地关系、同级政府部门间的协作以及地方政府与市场、社会主体的关系，可以构建起更加完善、透明和高效的国土空间用途管制事权体系（图 5-1）。

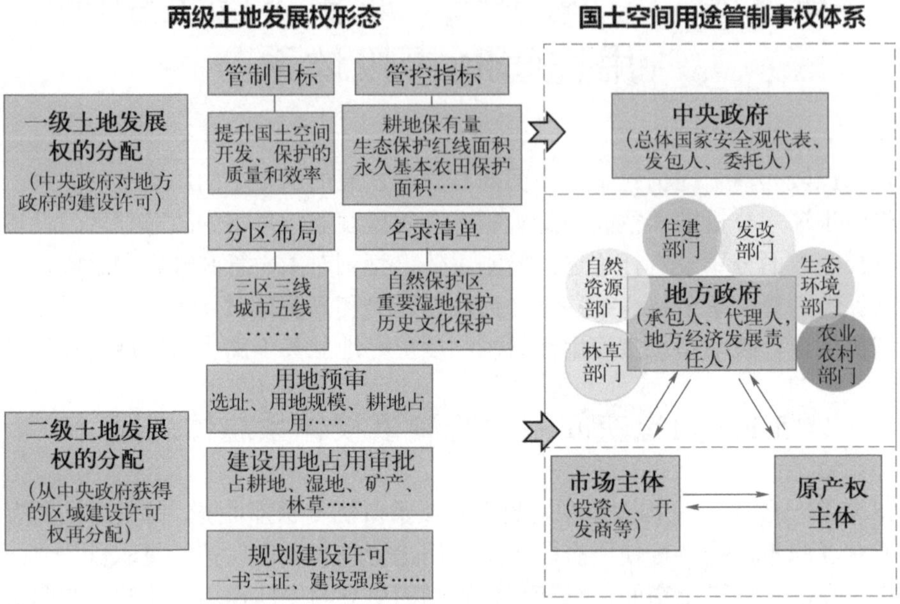

图 5-1　国土空间用途管制事权体系

5.2　国土空间用途管制央地事权优化

5.2.1　国土空间用途管制两级土地发展权体系

土地作为一种综合自然地理概念，涵盖了“山水林田湖草沙”等多种自然要素。土地发展权是指在土地上进行开发的权利，用于改变土地用途或提高土地利用程度（林坚等，2014）。虽然我国现行的土地相关法律体系中未明确提出“土地发展权”这一概念，但在众多国土空间治理研究中，该概念出现频率较高，且普遍认为我国现有的两级土地发展权一直隐含在各类空间管制体系中（桂华，2022；林坚等，2015）。

国土空间用途管制作为一种空间治理手段，涉及对生命共同体的综合管制，以及对各类资源要素的保护、开发和利用，两级土地发展权体系也蕴藏其中。一级土地发展权隐含在中央政府对地方政府的建设许可中。为确保国家粮食安全和生态安全，中央政府划定“三条控制线”，以底线管控为基础，通过指标管控、分区布局和名录清单逐级下达的方式，约束地方政府的区域空间开发利用权，统一配置一级土地发展权。中央政府通过这种方式确保国家整体战略目标的实现，维护生态和粮食安全。

二级土地发展权隐含在地方政府对建设项目和用地的规划许可中。地方政府在满足当地经济发展的需求时，通过用地预审、自然资源占用使用审批和建设规划许可等行政许可手段，将从中央政府获得的区域建设许可权进一步分配给个人、集体和单位，完成对二级土地发展权的配置。虽然二级土地发展权由地方政府主导，但在涉及一些重要的国土资源占用和土地征收时，中央政府仍具有干预权力（熊芸等，2023）。这种干预权保障了国家在重大资源管理和战略项目建设中的决策权和调控力。

这种两级土地发展权体系的存在，确保了国土空间用途管制中“自上而下”和“自下而上”权力分配的合理性。中央政府通过一级土地发展权的配置，发挥顶层设计和整体协调作用，确保国家层面的生态安全和粮食安全；而地方政府在二级土地发展权的运用中，负责执行和落地，通过灵活的行政许可手段实现区域内的经济、社会和环境目标。这种机制在一定程度上实现了国家战略与地方需求的平衡，并通过各级土地发展权的分层配置，保障了国土空间的高效利用和可持续发展。

5.2.2 目标偏差下央地政府土地发展权管制博弈和策略选择

中央和地方政府均为有限理性主体，在一级土地发展权分配和中央对地方二级土地发展权配置的干预程度上展开博弈。基于根本性目标偏差，央地政府在用途管制事权的选择中呈现出差异化的行为逻辑。中央政府的管制目标是确保生态、社会和经济的综合效益最大化，而地方政府作为具体实施者，更倾向于追求经济效益最大化。尽管自中共十八大以来，中央多次强调“不简单以 GDP 论英雄”，并且省级政府对粮食和生态安全的认知水平有所提升，但在市、县、乡镇级别的空间治理中，仍存在“GDP 为上”“土地财政”和“物质空间大跃进”等工作模式。地方政府在这一背景下，往往为实现本地经济效益最大化而偏离中央政府设定的管控目标。

因此，本书将重点探讨在根本性目标偏差情景下，央地政府在土地发展权配置及干预中的管制博弈和策略选择。在这种目标偏差的情境下，中央和地方政府分别根据各自的目标形成行为选择，双方依据对方的行为及其相容程度制定互动竞争策略。这一博弈呈现为动态的、重复的过程，双方围绕各自的目标进行不断调整和竞争。

央地政府的关系属于“委托—代理”关系，中央作为委托方，为实现生态、社会和经济的综合效益最大化，制定土地管理和国土空间开发的策略，并将这些策略“委托”给地方政府执行。地方政府作为代理方，根据成本与收益的平衡，判断是否严格落实或消极对待中央的委托任务。地方政府的选择受其自利性驱动，若成本高于预期收益，可能选择不完全落实；若收益大于成本，则倾向于严格执行。

在地方政府采取行动策略后，中央会依据地方政府行为选择的相容程度，调整自身的互动竞争策略。这可能包括赋予地方政府更多的区域空间开发利用权，如减少对规划许可的干预，或在必要时加大管控力度，严格控制国土空间开发强度。中央的策略调整会引起地方政府的进一步响应，使得双方进入新的博弈回合，不断循环和演进。最终，这种动态博弈过程将逐步趋向稳定，形成央地双方在土地发展权管制上的平衡策略。

通过分析央地政府在根本性目标偏差情景下的行为逻辑和博弈策略，可以更好地理解土地发展权配置中的制度安排与互动关系（图 5-2）。这样一来，有助于在政策制定和实施中找到平衡，促进中央和地方在国土空间用途管制中的协作与协调，推动经济效益与生态、社会效益的全面实现。

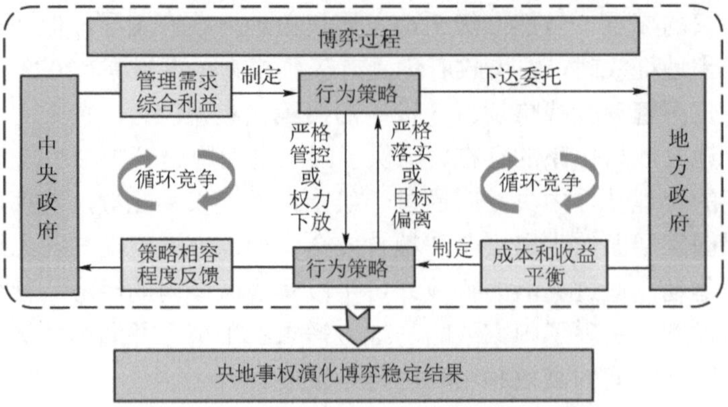

图 5-2　国土空间用途管制央地演化博弈和策略选择

5.2.3　国土空间用途管制事权优化

根据相关理论与实践分析，立足于我国国情，从“五位一体”的总体布局视角，提出我国国土空间用途管制制度建设的配套体制设计的重点，具体介绍如下。

1. 建立权责匹配的多级政府分权机制

在国土空间的开发与保护、规划及使用管理等方面，需要构建一个多层次政府制度化分权的框架。这个框架应包括完善的法律法规体系，如《国土空间开发保护法》和《国土空间规划法》。通过明确划分中央、省、市、县等不同级别政府及其部门在国土空间用途管制中的具体职责和权限，确保责权对称。这种权责匹配的分权机制，有助于减少因宏观管理架构调整带来的政府间无效竞争和资源浪费，保障各级政府在国土空间治理中协同高效运作。

2. 形成整体放权、局部集权、分工清晰、协作有效的事权关系

在国土空间规划与用途管制制度中，应理顺各级政府及其部门之间的分工与协作关系。整体上应以简政放权为主导，打破规划事权过于上行的现状，让地方政府拥有更大的自主权，以更好地调动属地政府和人民群众在国土空间治理中的积极性。同时，在关键领域保持局部集权，以中央政府对涉及国家生态安全、粮食安全的重大国土空间事项进行集中管控，形成分工清晰的事权划分。在此基础上，推动政府各部门之间的协作，通过清晰的分权和高效的协调机制，实现“整体放权、局部集权、分工清晰、协作有效”的事权关系，确保国土空间用途管制制度的科学实施和可持续发展。

3. 明确中央对地方政府的监督事项与力度

中央政府通过选择性集权，追求“刚弹结合”的监督模式，旨在实现“检查次数最小化”，并针对不同层次的寻租问题采取措施。具体而言，中央明确“管什么，放什么”，以降低政策寻租风险、减少地方政府监管成本以及防范后续监管失灵的风险。

一方面，中央政府应将部分土地发展权下放给地方政府，以减少用地审批严格管控带来的额外收益寻租问题。地方政府应从传统的功能单一、边界永久的强管控思维转向功能多元、边界稳定的引导型管控思维，并引入弹性调整机制。定期对增长边界、生态区域规模及边界范围和功能进行适度调整（张佶等，2021），以在保障粮食和生态安全底线的前提下，赋予地方政府足够的城镇开发边界划定的自由裁量权。为此，应构建用途管制事权分级体系，依据分区管控程度来确定用地审批的事权层级和管制强度。对于不涉及底线管控的分区内的人为活动，只要符合必要性论证，地方政府应有权直接发放规划许可，而中央政府仅需保留抽查审核的权力。

另一方面，中央政府需严格选拔和任用掌握用地指标、规划许可和审批权限的地方干部，以减少高权力职位的寻租现象，从源头防止“买官卖官”的腐败行为。此外，中央应通过审慎的干部考核机制，确保地方官员在行使权力时秉持公共利益，减少寻租空间。

同时，中央政府应加强对地方土地出让收入配置的宏观指导和监督，减少因政府活动产生的公共收入寻租。应引导地方政府将土地出让收入更多地用于乡村建设，建立以地方留用为主、中央适度统筹的资金调剂机制，确保地方政府在使用资金时拥有合理的自主权。推进信息公开制度，确保地方政府的土地出让收支透明度，并实现收支实时监控。将政策落实和土地出让收支管理情况纳入地方领导干部的绩效考核体系中，使考核结果成为中央在选拔任用和奖惩地方干部时的重要依据。

通过明确中央对地方政府的监督事项与力度，中央政府可在保持必要监督的同时，减少对地方政府的过度干预，推动地方政府在符合国家战略和生态底线的前提下，更为自主地实施用途管制，确保土地资源管理的效率和公正性。

4. 优化对地方政府的政治和财政激励政策

在政治激励方面，应改变过去以“唯 GDP”作为地方政府竞争核心的模式，将粮食安全和生态效益纳入政府绩效考核体系，推动超越 GDP 的新型地方政府竞争机制。对于严格落实中央用途管制目标、不以牺牲粮食和生态安全为代价获取经济收益且实现良好管制绩效的地方政府，中央应给予奖励，对作出突出贡献的官员予以提拔和晋升。相反，对于偏离中央管制目标、执迷于“唯 GDP”发展而导致严重生态问题及耕地“非农化”“非粮化”的地方政府官员，应严格落实惩戒机制，确保问责制度的严肃性和公正性。同时，政策决策需因地制宜，避免“一刀切”措施，以免挫伤地方政府积极性，确保政策执行中的灵活性和地方响应能力。

在财政激励方面，中央应对承担粮食生产和生态保护重任的地区，设立重点生态功能区和农田保护区的转移支付制度。中央财政应统筹安排专项资金，加大对粮食生产和生态保护相关支出的预算安排，积极实施生态保护补助和奖励政策，确保相关地区的财政负担得到有效减轻。与此同时，应鼓励地方政府探索区域间生态保护补偿机制，为跨区域生态保护合作共建扫清制度障碍。通过签订协议等多种形式，推动地方政府间建立“成本共担、合作共治、效益共享”的动态生态环境转移支付体系。此举旨在为经济欠发达地区落实用途管制目标和实现发展方式的转型提供必要的财力保障，促进区域协调发展和生态环境保护目标的实现。

5.2.4 国土空间用途管制层级体系构建

从“全国—省（自治区、直辖市）—市—县—乡镇”各层级出发，纵向上明确各级国土空间用途管制的重点内容，厘清不同层级政府在国土空间用途管制事权方面的目标、传导要求和管控重点，有助于确保国土空间用途管制的科学性和协调性。

1. 国家级国土空间用途管制

国家级国土空间用途管制的核心任务是确保并落实国家重大决策部署和战略，掌握全国性国土空间的总体发展战略。国家级层面的重点是划定和管理三条控制线——生态保护红线、永久基本农田保护红线和城镇开发边界，并负责其边界的调整和管控。国家层级通过制定相关政策和法律法规，确保各项管控措施在全国范围内的统一性和有效性。国家层面还负责监控和评估全国范围内的国土空间开发和保护情况，推动可持续发展和国家战略目标的实现。

2. 省级国土空间用途管制

省级国土空间用途管制兼具监督与实施双重性质，需在贯彻国家发展战略的同时，强化地方的责任担当。省级政府需深化主体功能区战略，通过差异化政策指引促进自然资源和经济要素的合理流动与高效集聚。省级政府肩负永久基本农田和生态保护红线内不涉及边界调整的监管权，以及三条控制线之外的“三区”（农业空间、生态空间、建设空间）的管理权限，以确保空间的完整性和连续性。

省级用途管制的职责包括制定全域范围内的管控指标、细则和区域政策，并运用“政策制定+指标调控+名录管理+控制线”等综合手段，对重要自然资源管控和重点生态区域的保护进行监督与考核（詹美旭等，2021）。省级层面的核心在于明确省域范围内国土空间的开发利用方向和建设愿景。在国家级主体功能区划的基础上，省级政府需划定“基础三线”，并根据各类分区的特点和管控要求，结合名录清单制定用途管制规则。

在宏观管理方面，省级用途管制需承接并落实国家级规划确定的规模、结构、布局和时序等要求，并根据地方实际情况，确定发展战略和协调统一弹性分区。省级政府对下指导市级政府进行三类空间的划分与规划分区，并确保其符合省级总体管控框架和策略。省级政府还需在制定和执行管制政策时，与专项规划相关部门保持紧密沟通和协调，以确保政策的可操作性和执行力。

3. 市级国土空间用途管制

在用途管制审批事权方面，市级政府应充分利用其管理上的灵活性和创造力，以实现高效的空间治理。全局性管制事务应由上级政府进行审批和监督，做到“管什么、批什么”（高婉莹，2024）。对于涉及整个省域或跨市域范围的事务，审批事权归属省级政府；而对于地方性事务，例如城镇开发边界内的空间结构优化和品质提升，市县级政府可根据详细规划自行制定空间内要素的管控规则及具体行动计划，无需上级政府的再审批。

市级国土空间用途管制的重点在于保护红线以外的区域，尤其是城镇空间的合理利用与保护。市级政府应关注城市的可持续发展，通过科学引导土地利用，保护生态环境，提高公共服务水平，确保城市功能协调运行，并预防不合理的土地开发行为。在这一过程中，市级政府需要综合考虑资源保护、社会经济发展等多方面因素，以制定科学合理的管制政策，保障城市发展具有可持续性和环境品质的整体提升。

在管制职权上，市级政府需对上承接和落实国家级和省级规划的管控要求，工作重心主要集中在建设和开发方面。应根据本地区资源现状，将规划分区细化至一级规划分区，分解省级政府给定的指标名录，并加入市级控制线，明确城镇、农业、生态、历史文化等空间的具体范围（张小东等，2021）。这一细化过程有助于确保国家和省级层面的重大战略、目标任务和约束性指标在市级国土空间规划中得到有效实施。

同时，市级政府应对下提出县级、乡镇级规划用途管制的具体要求，明确下级规划中需要落实的管控目标、指标、控制线、分区、名录清单和管控项目布局等。这不仅有助于下级政府在细化和落实空间管控政策时保持与上级政策的协调一致，还能有效传递管控任务，确保从上至下的政策目标逐层落地。

4. 县级国土空间用途管制

县级国土空间用途管制是国土空间用途管制体系中的关键环节，扮演着举足轻重的角色。县级层面需承接和落实主体功能区战略、区域协调发展战略、新型城镇化和乡村振兴战略，确保国家、省、市各级政府设定的管控目标和指标任务得到有效执行；同时，县级政府还需为乡镇级规划提供用途管制指引，确保下级规划的协调和一致性。

在县级层面，国土空间用途管制规则应进一步明确全域国土空间用途分区的准入条件。在国家、省、市三级划定的控制线基础上，县级政府需要合理统筹和优化控制线的划定，提出城乡风貌特色、历史文脉传承、城市更新、社区生活圈建设等方面的原则要求。县级用途管制还应明确镇村体系、综合交通、基础设施、公共服务设施及综合防灾体系，通过规划指标、控制线、二级管控分区和中心城区地类布局等手段进行全域性管控。

县级用途管制应以城镇开发边界为界限，严格控制整体开发强度，明确城镇的主要发展方向、空间形态和用地结构，细化二级规划分区，形成县级集建区和非集建区的合理布局。县级政府需统筹安排县域交通和其他基础设施的布局，并提出廊道控制要求，明确重要交通枢纽选址和轨道交通走向。同时，应提出公共服务设施的建设标准和布局要求，确保公共服务的合理分布和有效覆盖。

县级集建区应重点突出土地开发模式的引导，设定存量建设用地更新改造的规模和地下空间开发利用等指标。应划定县级集建区的城市“四线”——生态保护红线、永久基本农田控制线、城镇开发边界和村庄发展边界，以及公益性公共服务设施的范围，明确乡村发展和振兴的重点区域。通过这种方式，确保开发活动符合生态和社会需求，促进城乡可持续发展。

总体而言，县级国土空间用途管制应制定每个用途区内的开发利用限制条件和非限制条件，同时明确各区的主导用途、允许用途和禁止用途。应在特定区域内规定开发利用的强度和效益要求，并明确生态和环境保护的具体措施。县级管制还需确立空间用途管制、转换和准入规则，并充分利用增减挂钩、增存挂钩等政策工具，以完善用途管制的规则、实施措施和保障机制。这样做有助于增强管控的实施性和可操作性，确保县级国土空间管理在生态保护和经济发展中找到平衡点，实现高效和可持续的国土空间治理。

5. 乡镇级国土空间用途管制

乡镇级国土空间规划的落地性和实施性至关重要，因此，配合规划实施的国土空间用途管制，必须具备高度的实施性和操作性。

在乡镇级国土空间用途管制中，首先要落实上级下达的指标、名录、分区布局、控制线以及正负面清单等管制内容，为乡镇级国土空间用途管制提供直接且可操作的依据。这些上级指令构成了乡镇规划与实施的框架，确保其符合整体国土空间战略和政策要求。

其次，在结合详细规划需求时，乡镇级管制应着力于国土空间用途的细化和编制，将地类进一步细化到二级、三级地类，明确每一块土地的具体规划用途。管制规则应进一步明确，规定每块地块的具体用途，并清晰标注鼓励、限制和禁止的使用类型。对于用途转换、变更或置换，应设定清晰的条件和程序，确保土地用途管理的灵活性和可操作性，从而有效支持乡镇级国土空间规划的实施。

在管制事权方面，乡镇政府需承担起落实本级国土空间规划、控制性详细规划和村庄规划的职责，强化对管制类和用途类要素的监管。乡镇政府应严格遵循各级国土空间规划所确定的刚性管控边界和规则，指导建设空间的用地审批和规划许可工作。通过此类措施，确保每个用地项目符合既定的规划用途和管控要求。

为确保管控规则和实施的严谨性，乡镇政府需加强对建设活动的监督，防止违规开发和不合理利用土地资源。此外，乡镇级政府应积极参与土地使用情况的跟踪与反馈，根据实际情况对规划进行调整和优化，以实现更加灵活且适应本地发展需求的国土空间管理。通过综合运用地方实际与上级政策的协调机制，乡镇级国土空间用途管制可有效推动国土空间规划的落实和实施，保障地方发展的科学性和可持续性。

5.3 “两统一”视角下政府职能部门管控事权梳理

5.3.1 明确自然资源部门职责

为了统一行使所有国土空间用途管制和生态保护修复职责，中央政府决定整合多个部门的职责，组建自然资源部。新组建的自然资源部整合了原国土资源部的职责，以及国家发展和改革委员会的组织编制主体功能区规划职责、住房和城乡建设部的城乡规划管理职责、水利部的水资源调查和确权登记管理职责、农业部的草原资源调查和确权登记管理职责、国家林业局的森林和湿地等资源调查和确权登记管理职责，以及国家海洋局和国家测绘局的相关职责。自然资源部作为国务院组成部门，对外保留国家海洋局的牌子，统筹协调各项自然资源管理工作，以确保资源利用和生态保护的协调发展。这一重组旨在提高资源管理的效率和协同性，为国土空间管理和生态环境保护提供更加统一、有效的制度支持。

《自然资源部职能配置、内设机构和人员编制规定》明确了自然资源部的主要职责及内设机构。自然资源部履行“两统一”职责，涵盖自然资源的调查监测评价、统一确权登记、资产有偿使用、合理开发利用、建立并监督实施空间规划体系、统筹国土空间生态修复、实施最严格的耕地保护制度、管理地质勘查行业和全国地质工作、落实综合防灾减灾规划相关要求、矿产资源管理、监督海洋战略规划及发展海洋经济、海洋开发利用和保护的监督管理、测绘地理信息管理、推动自然资源领域科技发展、开展国际合作、督察地方政府的落实情况、查处重大违法案件等。自然资源部的重点职责集中于自然资源的调查监测、确权、利用、空间规划、生态修复、用途管制和督察。通过整合相关职能，自然资源部能够统筹规划和协调自然资源的综合管理，减少部门之间的职责重叠和沟通障碍，提高行政效率，这有助于在国土空间管理和自然资源保护利用中建立更加有效、可持续的管理体系，实现资源利用和生态保护的和谐共存，推动生态文明建设和可持续发展(易家林等，2024)。

根据自然资源部的相关职责，自然资源部内设多个职能司局，并管理国家林业和草原局及中国地质调查局。主要职能部门包括自然资源调查监测司、自然资源确权登记局、自然资源所有者权益司、自然资源开发利用司、国土空间规划局、国土空间用途管制司、国土空间生态修复司、耕地保护监督司、矿业权管理司、矿产资源保护监督司、海域海岛管理司，以及国家自然资源总督察办公室等。

国土空间用途管制司的职责与狭义上的国土空间用途管制概念密切相关。狭义的国土空间用途管制涉及计划管理、转用审批和实施监管，而广义的国土空间用途管制则包含前端的空间规划。国土空间用途管制司的职责包括制定国土空间用途管制的制度规范和技术标准，提出并实施土地、海洋年度利用计划；制定并组织实施涉及耕地、林地、草地、湿地、海域和海岛等国土空间用途的专用政策；指导建设项目用地的预审工作；负责报国务院审批的各类土地用途转用的审核和报批；制定并监督实施城乡规划管理等用途管制政策。国土空间用途管制已从早期的土地用途管制扩展为全域全要素管制，这一转变要求国土空间用途管制司与其他相关司局协同合作。例如，海域海岛司负责海域和海岛的用途管制，林草部门则配合管理林地、草原和湿地的用途管制。

国家自然资源总督察办公室在自然资源督察工作中起到关键作用，担当着国土空间用途管制中最重要的监督职能(易家林等，2024)。该办公室的任务是明确国土空间督察的内容和方法，并妥善处理督察中的重大问题。市县级国土空间规划和乡镇级国土空间规划是规划实施中的“最后一公里”，因此，国土空间规划督察应重点围绕市县级国土空间规划的编制、报批、调整、国土空间基础信息平台建设及监管责任的落实等方面开展。

在地方政府层面，自然资源部门通常承接中央自然资源部的设计理念，以用途管制处室或科室为核心，向外扩展，与其他自然资源部门内部的部门进行合作，共同行使国土空间用途管制的权力。该职责设计旨在确保用途管制工作在地方政府层面也能有效落实，促进国家层面的规划和政策在基层的执行力和一致性，使得地方政府能够更有效地执行和监督国土空间用途管制，推动地方的资源管理与生态保护工作。

5.3.2 以自然资源部门为核心的多部门治理

2018 年党和国家机构改革中，自然资源部门被赋予了整合各类空间管制事务的职责，成为统一行使自然资源和空间管制权的核心机构。然而，对于中国这样国土空间广袤、人口规模庞大的国家来说，仅靠单一行政职能部门很难维持国土空间用途管制的正常运行和高效实施。因此，以自然资源部门为核心，建立多部门合作治理机制，是确保国土空间用途管制顺利推进的必要条件。

梳理自然资源部门及其他职能部门的职责后可以发现，尽管自然资源部门承担了“两统一”职责，即统一行使全民所有自然资源资产所有者职责和国土空间用途管制及生态保护修复职责，但其作用主要集中在自然资源调查监测和确权登记环节。在具体实施涉及各类自然资源的转用审批、用地报批、保护修复及后端监督管理等工作时，仍需要林草、生态环境、农业农村、水利、住房和城乡建设等相关部门的协调与合作。

例如，林草部门在森林、草原及湿地的用途管制和保护修复中具有专门的技术和执法权力；生态环境部门则负责生态环境保护和修复的具体要求和标准；农业农村部门在耕地保护和农业用地转用审批中发挥重要作用；水利部门涉及水资源的管理和开发；住房和城乡建设部门负责城乡规划和建设的相关许可和管理。通过这些部门的共同参与和协作，可以确保各类自然资源在开发、利用和保护过程中的管理协调一致。

多部门合作治理的重要性在于，通过协调和分工，各部门能在自然资源管理链条的不同环节各司其职，确保国土空间用途管制从前端的规划、审批，到中端的实施、保护修复，再到后端的监督管理等环节的完整性。自然资源部门在这一合作框架中作为核心协调机构，需要统筹各相关部门的职责，形成统一的政策和执行体系，以应对复杂的国土空间用途管制挑战，保证国土资源的可持续利用和生态保护目标的实现。

1. 林业和草原部门

林业和草原部门的主要职责涵盖了对森林、草原、湿地资源的监督管理，对其生态保护和修复工作的监督管理，组织实施造林绿化工作，以及监督管理各类自然保护地和森林公安工作。例如，国家林业和草原局内设的 17 个司局中，生态保护修复司、草原管理司、森林资源管理司、湿地管理司和自然保护地管理司在职责上与国土空间用途管制密切相关。

具体而言，草原管理司负责监督管理草原的开发利用，并组织开展草原功能区的划定工作，承担草原征占用的审核审批工作。在涉及征占用草原的项目中，需征求该司的意见作为前置条件，确保符合相关政策和标准后方可继续进行项目占用的报批程序。同样，森林资源管理司负责全国林地管理工作，包括组织编制全国林地保护利用规划，依法处理建设项目使用林地的行政许可。因此，国土空间用途管制中涉及林地、草原和湿地等自然资源时，必须与相关林草部门协作，以确保审批、监管和管制流程的合规性。

在国土空间用途管制的执行和监督中，林业和草原部门与自然资源部门需要密切合作。具体来说，涉及对森林、草原、湿地资源的执法监督，林草部门应与自然资源部门相互配合，共同确保用途管制的有效实施。这种合作机制有助于整合各部门的专业知识和职能，实现对自然资源和国土空间的全面管理，避免职责重叠或盲区，确保资源的合理利用和生态系统的可持续保护。

在实际操作中，这意味着在项目报批过程中，若涉及林地、草原或湿地的征占用，必须由林草部门进行初步审核和确认，在取得相关部门同意的情况下，自然资源部门才能继续后续的审批工作。此外，在监督执法方面，林草部门需与自然资源部门进行信息共享和联合执法，确保各项管制措施得到严格执行，并符合国家生态保护和可持续发展的政策目标。

2. 生态环境部门

生态环境部门的主要职责包括对生态环境问题的统筹协调与监督管理、环境污染防治的监督管理、生态保护修复、生态环境准入、生态环境监测工作以及生态环境监督执法等。因此，在国土空间用途管制过程中，这些职责与项目的生态环境符合性密切相关。在国土空间用途管制中，当涉及项目是否符合环境保护标准和要求时，生态环境部门需要进行评估，并出具相关证明或意见。这一环节对于保障项目开发与环境保护目标的协调至关重要。生态环境部门的评估过程通常包括对项目潜在的生态影响进行审查，确定其是否符合国家和地方的环境法规和政策。如果项目涉及重大生态保护区或环境敏感区域，生态环境部门的意见具有决策性的重要意义。

此外，在涉及生态环境监督执法的情况下，生态环境部门需与自然资源部门保持紧密配合和沟通，共同确保用途管制的实施和项目的环境合规性。生态环境部门在监督执法方面的作用包括现场检查、排放标准的核查、污染源监测以及对环境违规行为的处罚。这种合作关系有助于加强用途管制的执行力，确保各类开发活动不会以牺牲环境质量为代价。

3. 水利部门

涉及水资源的用途管制需要水利部门的积极配合。国土空间用途管制不仅涉及占地行为，还涵盖对自然资源使用和利用的监管。因此，水资源相关的用途管制需要水利部门的参与和协调。例如，取水行政许可是水利部门的重要职责之一。用水方需要向水利部门提交申请，由水利部门进行审查和出具意见，并根据取水类型报有审批权限的人民政府批准，最后下发取水许可证明。这一许可过程确保了水资源的合理开发与利用，避免了不合理用水或超标取水现象，有助于水资源的可持续管理。

此外，涉及水利设施、水域及其岸线的管理、保护与综合利用的用途管制同样需要水利部门的协调配合。水利部门在这些方面负责制定保护与利用的标准、审查建设项目对水资源及其相关设施的影响，并监督项目实施中的合规性。例如，涉及河流、湖泊及其岸线的开发项目，必须经水利部门审核，以确保其不影响水域生态功能和防洪安全。

4. 住房和城乡建设部门

在住房和城乡建设部门的城乡规划管理职责集中到自然资源部门后，原先的“一书三证”（《建设用地规划许可证》《建设工程规划许可证》和《建设工程施工许可证》）的受理也归属于自然资源部门。然而，工程建设标准体系的规范、用地批复后工程设计等职责，仍然由住房和城乡建设部门负责，并且该部门还承担建筑工程质量安全监管的责任。

简而言之，是否批复用地和工程规划属于自然资源部门的职权范围，涉及对用地申请和规划的审查和许可。这意味着自然资源部门决定是否可以在某块土地上进行建设，并批准相应的规划方案。然而，在这块地上设计什么样的建筑、采用哪些工程标准，以及保障建筑的质量和安全，则需要住房和城乡建设部门的参与和协作。

总体上，住房和城乡建设部门在用途管制过程中负责工程设计的审查和批准，确保其符合国家和地方的建筑规范与标准。住建部门还负责监督和检查建筑施工过程，确保建筑工程符合质量安全要求，防止施工中出现安全隐患或质量问题。住建部门与自然资源部门各司其职，前者专注于建设的工程和施工管理，后者则负责土地的审批和规划监管。两者的协同合作，有助于确保建筑项目从规划到施工全过程中的合法合规和质量安全。

5.3.3 实践困境及事权优化方向初探

1. 实践困境

按照“三定”方案，目前关于国土空间用途管制的大方向事权划分已较为清晰，各级自然资源部门从中央到地方都在履行“两统一”职责。然而，国土空间用途管制体系庞大，当前的管制规则和实施细则仍无法覆盖所有实际情况。这意味着政府部门在管制事权上仍有未充分考虑到的方面，且历史遗留问题较为突出。

例如，在生态保护红线的管控要求中，缺乏进一步明确和完善不涉及新增建设用地的有限人为活动的实施细则。活动的强度和规模未明确、审核和监督管理部门不清晰，导致建设单位在报批过程中反复奔走，费时费力。同时，政府各部门因细则不明确而出现相互“踢皮球”的现象，加剧了行政效率低下的问题。此外，国土空间规划的原则是“项目跟着规划走，指标跟着项目走”，但在规划编制过程中，各部门常希望将其在发展规划期内的所有项目纳入国土空间规划，导致时常发生为项目调整规划的情况。此类做法引发了政府部门之间的扯皮和协调困难，影响了规划的一致性和科学性。在规划实施的体检评估方面，虽然本应由自然资源主管部门负责，但在实践中仍需与住建部门的城市体检评估工作对接。由于两个部门的数据未实现共建共享，导致信息不对称和资源重复使用，造成行政资源的浪费和工作效率的低下。三调工作界限与民政主管部门的行政区划不一致也是一大难题，尤其在涉及项目用地的报批时，因行政区划冲突而导致报批失败的情况时有发生。这种不一致阻碍了正常的土地报批流程，使得开发和项目实施延迟，影响了整体国土空间管控的顺利进行。

上述困境多数是历史遗留问题，政府部门事权的重复、交叉或者不清晰，不仅影响自然资源部门履行“两统一”职责，也制约了政府治理水平的提升。

2. 事权优化方向初探

中央设置自然资源部来行使“两统一”职责，是为了应对所有者缺位和监管不力的问题，将自然资源所有者和监管者的角色集中于一体。这一调整部分意图在于收回地方政府手中的所有者角色和监管权力，从而在自然资源领域加强中央的管理力度，重塑中央与地方的权力格局[1]。在中国政府管理体制中，“块大于条”的整体格局往往导致地方政府在执行中央政策时具有相当大的自主权和弹性。这种管理模式虽然有助于地方因地制宜地制定政策，但在自然资源管理中可能导致职责重叠、管理分割、协调困难和监管失效等问题。因此，中央通过设立自然资源部，并赋予其“两统一”职责，是为了强化中央对自然资源和国土空间用途管制的直接控制和管理。

基于这一背景，自然资源部门在未来国土空间用途管制中的职责和权限有可能进一步明晰和扩大，尤其是在协调和管理历史遗留问题方面。涉及多部门之间需要协调或存在冲突的职责，可能会被逐步统一归入自然资源部门的职权范围。此举的目的，是解决部门间职责分散、职能分割导致的管理真空和矛盾，通过集中管理权来提高行政效率和协调性。这种做法不仅有助于解决长期以来存在的部门职能分割问题，还旨在强化中央在自然资源管理方面的行政管理权力，确保政策的一致性和有效实施。通过集中权限，自然资源部能够在全国范围内更高效地推动生态保护、资源开发和用途管制，维护国家的整体生态安全和资源可持续利用。同时，这种集中化的管理方式也有助于减少地方政府因自身利益而可能出现的管理偏差，确保自然资源管理符合国家的整体战略和利益。最终，这种调整将促进中央在自然资源和国土空间用途管制中的主导地位，推动自然资源管理体制的现代化和综合协调能力的提升。通过这种顶层设计的改进和事权整合，自然资源领域的治理体系和治理能力将得到显著增强。

5.4 市场化配置下的多主体治理

统一的国土空间用途管制，具有经济性规划和社会性规划的双重功能，在管制过程中对全域全要素自然资源的供需平衡产生深远影响，并潜在影响市场结构。然而，目前的用途管制仍主要依赖于计划管理和政府部门审批等行政手段，缺乏市场调节机制，这种刚性管理在灵活性上的不足，可能导致管制失灵甚至失效。

为应对这些问题，必须认识到国土空间用途管制与市场参与并不矛盾。相反，二者应在高质量发展、高水平开放、科技自立自强中实现有效结合。市场主体在这些领域应发挥主导作用，以推动创新和效率提升。政府的作用在于创造和维护一个市场化、法治化、国际化的营商环境，通过推动市场规制、规则和标准的统一和对接，为高质量发展提供制度性保障和稳定的预期。市场调节应在资源配置中发挥决定性作用，促进要素的自由流动，以实现资源配置的最大化效率。这种市场主导型的资源配置方式，可以弥补行政手段的不足，使资源在符合规划的前提下根据市场需求进行灵活调整，避免因僵化的管制而导致的资源浪费或市场失衡。除此之外，还需要在公权力与私权利的关系上做

1) 梅赐琪教授在浙江省杭州市举办的“自然资源资产价值实现的理论与实践”学术研讨会上，谈到了此观点。

出明确界定和调和。厘清政府与社会主体的关系，赋予原产权主体在空间治理环节中的适当参与权，是实现高质量发展和坚持以人为本理念的重要一步。这种参与不仅有助于增强治理的民主性和透明度，还能提升社会主体在空间治理中的责任感和自主性。

5.4.1　发挥市场在资源配置中的决定性作用

1. 注意政府与市场的权能边界的动态性

在宏观层次，这种动态性表现为阶段性，政府与市场的边界要相应地进行调整。在自然资源治理中，政府和市场如何作用直接影响自然资源保护与利用的效果，政府与市场的边界变化与经济发展水平、自然资源开发利用方式变革紧密关联。过去，政府与市场的边界比较模糊，自然资源配置效率不高，自然资源开发利用方式粗放，导致自然资源浪费、环境污染和生态破坏等突出问题。随着经济转型升级和高质量发展，对自然资源有效配置和高效利用的要求越来越高，划清政府与市场的边界的必要性更加凸显。

在微观层次，自然资源治理中的每个事务都有其独特性，政府与市场的边界要根据具体事务而定，适合市场承担的，交由市场机制解决；适合政府承担的，交由政府履行相应职能，两者共同致力于解决自然资源治理的现实问题。

2. 推动全要素自然资源市场化改革

明晰产权是引入市场机制配置资源的基础和前提，明确全域国土空间内包括土地在内的各类自然资源资产产权主体，对所有自然资源资产进行统一确权登记，区分归属、使用及管理等不同权利的界限。政府在自然资源资产管理中的权力边界或权力清单，让政府在公共福利类资源资产的配给上发挥核心角色，而市场则起辅助作用；市场则在私人利益相关的资源资产配给上扮演关键角色，政府负责相应的监督职责，防止市场失灵。

政府需制定自然资源资产付费使用的准入标准和开采使用的技术规范，保障资源利用者有法可依，并且鼓励竞争性出让，规范协议出让，加快构建交易体系和平台；完善自然资源资产分等定级价格评估机制，理顺自然资源资产价格形成机制，让价值因素、供求关系成为私益类自然资源资产配置中的决定因素；完善自然资源产权交易市场流转机制，强化市场监管作用，创造一个公正竞争的商业环境，维护相关主体的权益，明确不同空间开发管制界限，明确禁止开发、适度开发和重点开发区域；坚持市场配置资源和资源有偿使用两大基本原则，使市场在资源配置中起决定性作用。

根据自然资源市场需求的变化，政府需要健全市场各项基础保障，夯实发展根基。一是在有效监管方面，应采用“双随机、一公开”监管、信用监管和跨部门协同监管等手段，以确保全要素自然资源市场的有效监管，避免资源重复开发。二是在平台联通方面，利用互联网、物联网等信息技术，促进全要素自然资源交易市场与全国统一大市场的互联互通，提升市场效率和透明度。三在防范风险方面，推动建设“一网交易+大数据+监管”模式，依托评估模型、预警管控和脆弱性判断等流程，建立风险防控体系，实现监管业务的数字化记录和实时处理，与“一网通办”等平台基础设施进行信息共享。

四是在流程管控方面，通过产权交易平台，实现交易流程全生命周期的规范化和数字化管理，提升交易效率和管理水平。

3. 用市场化手段深化生态保护补偿制度

深化生态保护补偿制度改革的关键在于聚焦市场机制，依托市场化政策工具和多元化补偿机制进行创新。需要在整体创新思路和更新认识的指导下，全面统筹生态修复和生态补偿，将两者作为一个整体进行推进。在维护山水林田湖草等生态共同体的国土空间治理高度上，应探索多种市场化途径，完善生态保护补偿市场机制的法律体系，为市场运作提供必要的政策支持、市场建设、调查评估、产权保障、资源评估与核算等基础支持。

从国土空间治理的高度来看，深化改革需要健全占用生态空间补偿的基本制度，并加快推进相关法治建设。优化政策安排和制度设计，从法律层面明确开发者在占用或破坏生态空间时必须依法付费要求，缓解开发活动对自然资源生态系统造成的损害。采用市场化方式落实“保护者受益、破坏者付费”的原则。为拓展资金来源，可直接或间接借助市场力量，探索多途径、多类别的市场化激励补偿机制。加快构建鼓励社会资本参与生态保护修复的补偿政策体系，并持续优化相关配套措施。在此基础上，加快建立全链条服务体系，包括自然生态本底调查、确权登记、资源评价、价值核算以及市场交易等环节，以夯实生态产品价值实现的基础（毛志红，2022）。

4. 建立指标跨区域交易机制

2020 年中共中央、国务院《关于构建更加完善的要素市场化配置体制机制的意见》提出，探索建立全国性的建设用地、补充耕地指标跨区域交易机制，通过在全国性土地市场购买指标，满足用地需求旺盛地区的发展需求，创造更大的发展空间。一方面在一定程度上弥补纠正计划管理中与市场需求、经济发展的偏差，实现全国的粮食安全、土地总量控制；另一方面可以发挥制度优势，通过有意识的计划管理导向，引导东部地区带动粮食主产区、西部地区的发展，促进区域协调，通过明确建设用地、补充耕地指标交易收益用途，保障粮食安全、生态安全，推动乡村振兴战略实施，促进城乡融合发展。

在完善全国性的建设用地、补充耕地指标跨区域交易机制中，首先要准确定位政府与市场边界。在推进建设用地、补充耕地指标政府统筹转向市场配置的过程中，政府的职责定位应该是搭建交易平台，提供管理准则，进行市场监管，其他的事情交给市场自主决策，发挥“有为政府”和“有效市场”的协同作用。可进一步探索由政府和市场共同决定价格的模式，各地政府确定基本指导性价格底线，而最后成交价格，应通过交易平台公开竞价，政府作为监管者防止市场失衡。

除此以外，还需要把控指标入市规模和时序，制定激励性竞争政策，促进交易市场公正透明，并强化政府监管。在市场交易阶段，上级政府强化对供需双方指标台账信息和实际信息核对，由供需双方共同担责；在指标交易后，上级政府强化对供给主体的指标交易后耕地的利用和保护责任的监督，保障耕地的质量、数量、产量等；设置第三方监督检查机构，对指标交易后的耕地利用情况进行不定期的动态监督，确保新增耕地的有效利用。

对于建设用地、补充耕地指标交易收益用途方面，可基于国家政策导向和占补平衡导向的综合考虑，将跨省交易的建设用地计划指标所得收益优先用于耕地保护，最大限度地保护耕地资源；基于对生态系统和环境保护的需求和重视，自然保护地核心保护区原有建设用地指标的腾退交易所得收益，应优先用于生态保护项目中；补充耕地指标跨省域交易收益，一部分用于盘活农村设施性资产，如优先和重点保障安置补偿、拆旧复垦、基础设施和公共服务设施建设、生态修复、耕地保护、高标准农田建设、农业农村发展建设、农村一二三产业融合发展以及购买易地扶贫搬迁服务等；另一部分服务乡村振兴，将资金划入农民集体所有，以“入股形式”由农村集体经营性资产股份合作组织进行代管运营，让村民成为股东，资金变股金，并由政府监督合理分配公司分红权，保障农民权益，实现乡村资本的增效运营。

5.4.2 明确公权力与私权利冲突、调和

国土空间用途管制涉及对生命共同体综合管制和各类资源要素的保护、开发、利用，实质上是各方利益主体对土地发展权的博弈。在这一过程中，地方政府与原产权主体的关系，本质上是公权力与私权利的交互问题。政府公权力具有扩张性，可能过度行使时会限制或剥夺土地的私权利；然而，若个体的私权利得不到限制，过度自由可能导致土地利用的混乱和社会整体效益的损害。为了缓解这种冲突可能带来的负面影响，中央政府在授权地方政府一定的公权力的同时，也通过直接或间接的方式将产权主体纳入纵向治理体系。例如，在乡村振兴背景下，通过农村产权制度改革，不断向集体经济组织和农户返权赋能，从而增强产权主体与地方政府的谈判能力。

同时，强调不损害农民利益的改革底线，并将社会风险视为“一票否决”的惩罚性措施纳入行政考核指标体系。赋予地方民众向上一级信访部门反映地方政府不当治理的权利，以加强对地方政府的监督。然而，地方政府在集体产权模糊的情况下通常拥有更多的话语权，而原产权主体则可能缺乏参与制度设计和表达意见的渠道，这导致上述约束机制相对较为脆弱（韩曼曼，2022）。

原产权主体的参与是空间治理的基础要素，是确保行政权力规范运行的关键环节。它不仅有助于行政机关明晰职能范围和规范权力运行，还能促进行政机关内部的开放与透明。因此，在讨论国土空间用途管制时，必须认真考虑地方政府和原产权主体在公权力与私权利之间的利益博弈。需要着重加强对集体经济组织和农户还权的支持力度，并在增强原产权主体发声权、扩展意见反馈途径等方面进行努力，构建起原产权主体参与国土空间用途管制的具体机制，充分发挥原产权主体在空间治理中的主导作用，主动承担起国土空间治理和监督的责任。

首先把握好向集体经济组织和农户还权赋能的力度，这是确保国土空间用途管制得以顺利实施的关键所在。还权赋能不仅仅是形式上的权利归还，更重要的是实际操作中的权力下放。要确保这些主体在土地用途调整、规划和管理过程中拥有实质性的参与权和决策权。比如在制定国土空间规划时，地方政府应当充分听取集体经济组织和农户的

意见和建议，尊重他们的土地使用意愿，还可以通过制定相关政策，确保农户在土地用途变更中获得合理的补偿和安置，从而提高他们对土地管制措施的接受度和配合度。

其次，原产权主体往往因为信息不对称和制度上的不完善，导致他们在土地用途调整中的声音被忽视。因此需要建立一个透明、公正的信息沟通机制，使得原产权主体能够充分了解土地用途变更的背景、理由和具体实施方案。在此基础上，原产权主体应该有权利通过合法途径表达自己的意见和诉求，并且这些意见和诉求应当被认真对待和考虑，提高土地用途管制的民主性和科学性，也能有效减少因土地用途调整引发的社会矛盾和冲突。

最后，现有的表达渠道往往比较单一且效率不高，需要在制度设计上进行创新。建立多层次、多样化的建议表达机制，设立乡村土地管理委员会，吸纳集体经济组织、农户代表以及专家学者参与，共同讨论和决策土地用途变更事宜。同时，利用现代信息技术手段，建立在线意见征集平台，使得原产权主体能够方便快捷地提交自己的意见和建议。此外，还应当定期召开听证会、公示会等，广泛听取各方意见，确保决策过程的公开透明。

参考文献

高婉莹. 2024. 国土空间规划传导体系与实施机制探讨[J]. 智能建筑与智慧城市, (4): 21-23.

桂华. 2022. 论央地关系的实践性平衡——结合两项土地制度的分析[J]. 开放时代, (5): 92-106, 7-8.

韩曼曼. 2022. 土地发展权交易中的地方治理创新[D]. 浙江大学.

林坚, 陈诗弘, 许超诣, 等. 2015. 空间规划的博弈分析[J]. 城市规划学刊, (1): 10-14.

林坚, 许超诣. 2014. 土地发展权、空间管制与规划协同[J]. 城市规划, 38(1): 26-34.

毛志红. 2022. 基于市场机制探索生态保护多元化补偿——关于闽琼苏自然资源领域生态保护补偿的调查与思考[J]. 中国国土资源经济, 35(6): 56-62.

魏强, 张毅, 曹飞, 等. 2024. 自然资源“两统一”职责融合发展路径分析[J]. 中国土地, (3): 41-44.

熊芸, 龚健, 李曼. 2023. 基于土地发展权配置的国土空间用途管制央地事权演化博弈分析及政策优化[J]. 中国土地科学, 37(4): 11-22.

易家林, 郭杰, 欧名豪, 等. 2024. 面向治理转型的国土空间用途管制制度完善路径探讨[J]. 中国土地科学, 38(1): 64-72.

詹美旭, 席广亮. 2021. 面向全域全要素统一空间管制的市级国土空间规划编制探索[J]. 规划师, 37(10): 34-40.

张佶, 李亚洲, 刘冠男, 等. 2021. 寻求强控与发展的平衡——空间规划央地协同治理的国际经验与启示[J]. 国际城市规划, 36(4): 82-90.

张小东, 韩昊英, 陈宇. 2021. 国土空间规划编制视角下的国土空间用途管制体系研究[J]. 上海国土资源, 42(1): 68-73.

第6章　全域全要素国土空间用途管制对象与规则

建立统一的全域全要素国土空间用途管制，是完善自然资源监管体制的核心职责，也是落实国土空间开发保护制度的主要手段。以国土空间规划为主要依据，明确管制对象并制定科学有效的管控规则与手段，是实施国土空间用途管制的重要抓手。管制对象是国土空间规划和国土空间用途管制管理和调控的载体，分为“区域”“要素”和“行为”三个部分。管制规则是针对“区域”主导功能和“要素”自然经济价值属性而制定的引导、限制、禁止的人类“行为”的章法和条款。管制手段是实施国土空间用途管制规则的具体抓手和执行工具，是国土空间用途管制制度化和规范化体现。

“两统一”职责下的国土空间用途管制事权体系，决定了谁有权进行国土空间用途管制，各级政府和部门的权责划分决定了其管制的对象是什么、规则制定范围和实施监督的内容。本章是在国土空间用途管制事权体系下，首先，以“山水林田湖草沙”生命共同体为理念，以国土空间规划为依据，讨论全域全要素国土空间用途管制对象及其分级分类体系。其次，以规划和管制事权为主线，建立全域覆盖、协调统一地从功能分区到用途分区再到要素管控的传导路径与宏观、中观、微观空间尺度用途管制策略与规则。最后，统一管控手段，推动“多规合一”下用地用海审批权限与流程的深层次变革。

6.1　国土空间用途管制对象及其分区分级分类体系

国土空间用途管制对象分为三个部分：一是“区域”型国土空间，依托国土空间规划，形成贯穿全尺度的“主体功能分区-总体规划分区-详细单元地块”空间分区分级体系；二是依附于“区域”空间承载的“要素”，即依托《国土空间调查、规划、用途管制用地用海分类指南》科学划分的国土空间用地用海类型；三是作用于“国土空间”“要素”的人类活动“行为”，是全域全要素国土空间用途管制规则制定的重点。

6.1.1　管制“区域”分级：空间格局的精准落地

1. 基于“宏观-中观-微观”尺度的管制“区域”分区体系

国土空间规划是整合主体功能区规划、土地利用规划、城乡规划等空间规划的“多规合一”规划，是各类开发保护建设活动的基本依据，也是对所有国土空间实施用途管制的依据。

从分区角度讲，规划的层级性体现了空间的层级性，在国家、省（自治区、直辖市）、市、县、乡五级国土空间总体规划纵向层面，上级规划提出的分区相较于下级规划应更加凸显宏观性和协调性，下级规划提出的分区应更加凸显落地性和实施性。而总体规划对专项规划和详细规划而言，应更具有约束性和政策导向性。以此从上而下逐级传导，形成“主体功能分区-总体规划分区-详细单元地块”的分区体系，如图6-1所示。

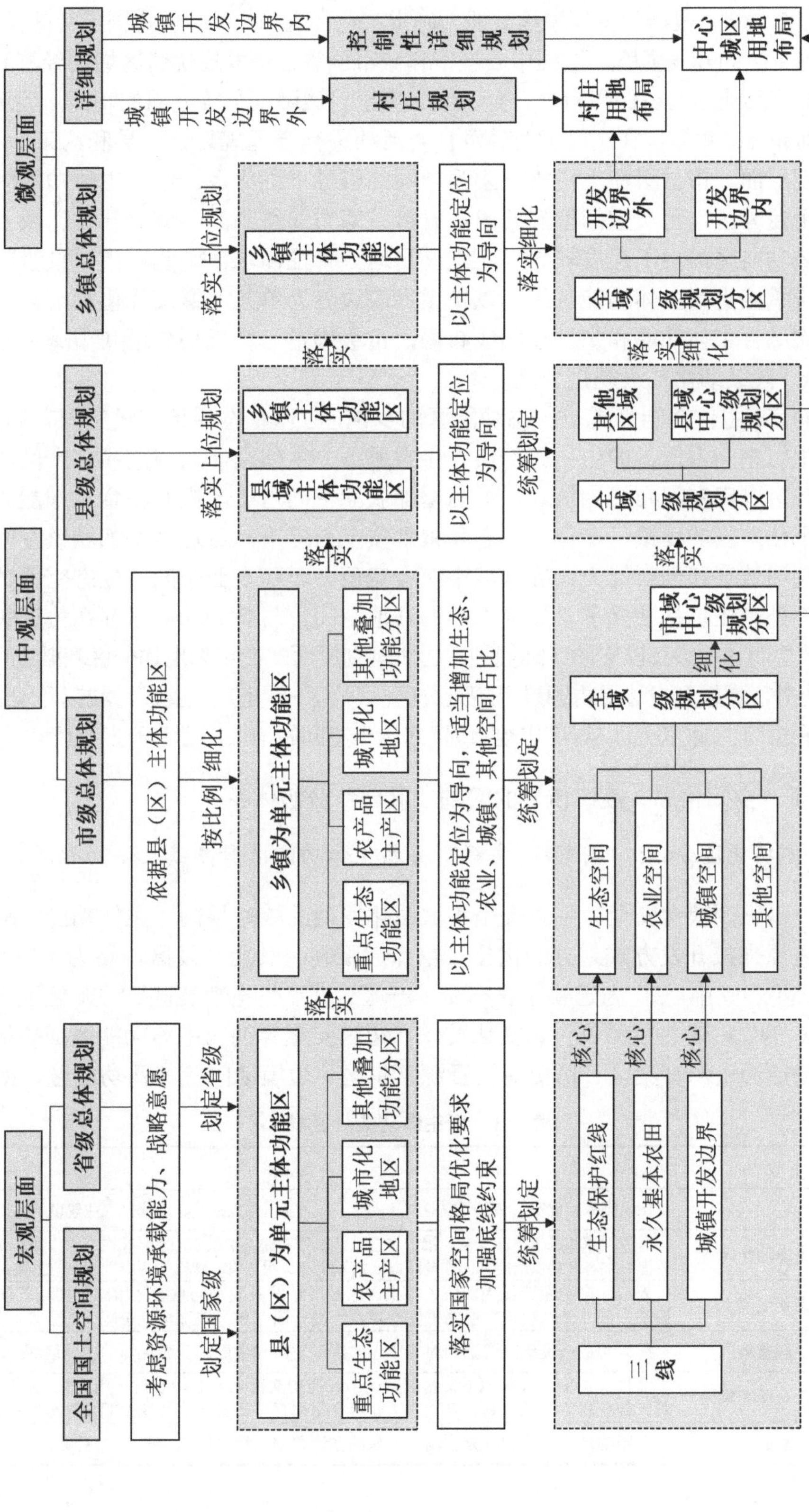

图 6-1　基于“宏观-中观-微观”全尺度的管制“区域”分区划定关系图

在宏观层面，国家和省（区、市）通过主体功能区战略和“三区三线”把握政策和用途管制的宏观导向，根据资源环境承载能力确定产业和人口布局，优化国土空间发展格局，合理控制国土空间开发强度，增强中心城市和城市群等经济发展优势区域的经济和人口承载能力，增强其他地区在保障粮食安全、生态安全、边疆安全等方面的功能，促进各类要素合理流动和高效集聚，在空间上对经济社会活动进行合理规划、引导和约束。

在中观层面，市县级在上位规划宏观导向的引导下细化乡镇单元主体功能区和国土空间规划用途分区，落实空间治理要求。省级统筹布局得到的县域“开发”或“保护”导向的主体功能区，由于尺度较大，无法满足地方管控需求。因此，市、县级国土空间规划首先应承接省级主体功能区划，以乡镇行政边界为单元，继续优化和细化主体功能分区；其次结合主体功能和三条控制线布局，市级确定一级规划分区（市域中心城区细化到二级），县级细化二级规划分区。

具体而言，主体功能为重点生态功能区的乡镇，应以生态保护红线空间布局为核心，适当增加生态空间占比，突出生态价值和生态服务。主体功能为农产品主产区的乡镇，应以永久基本农田空间布局为核心，适当增加农业空间占比，提升粮食生产能力。主体功能为城市化地区的乡镇，在保障生态和粮食安全前提下，可适当增加城镇空间占比，提高资源利用效率和创新能力，提升城市综合竞争力。除农业空间、生态空间、城镇空间“三区”外，还包括独立于“三区”外的其他空间，与叠加功能区存在协调关系。

在乡镇层面和市县及以下的详细规划和村庄规划层面，在规划用途分区基础上区分城镇开发边界内外，城镇开发边界内通过“规划分区-（片区-单元）-地块”，城镇开发边界外的村庄规划通过“上位规划分区-村庄用地布局”对国土空间做地块用途和开发强度等具体安排。

2. 基于“空间格局”逐级传导的管制“区域”分级体系

1）主体功能区分级：“国家级-省级”县域主体功能区和乡镇主体功能区

为进一步强调粮食安全、生态安全和城镇化发展的战略导向，主体功能区战略要求市县层面将原来按开发方式划分的优化、重点、限制、禁止开发区，转为“3+N”种主体功能区类型，其中“3”为延续原农产品主产区、重点生态功能区、城市化地区的三类功能分区，“N”则是将能源安全、文化传承、边疆安全等纳入主体功能区战略框架，允许叠加划分能源资源富集区、历史文化资源富集区、边境地区等特殊功能区，如表 6-1。

表 6-1　新主体功能分区表

分区类型		定义
3	农产品主产区	保障国家粮食安全和重要农业产品供给，推进乡村振兴战略、现代化农业建设的重点区域
	重点生态功能区	保障国家和区域生态安全、维护生态系统服务功能、推进“山水林田湖草沙”系统治理、保持并提高生态产品供给能力的重要区域，引领生态文明建设、践行“两山”理念的主要区域
	城市化地区	人口、产业集聚能力较强，落实国家及区域发展战略的重要区域，推动高质量发展的主要动力源，区域协调发展的重要支撑点，提升国家和区域综合竞争能力的主要区域
N	能源资源富集区	能源和战略性矿产资源相对富集，为国家发展提供能源资源保障的主要区域
	历史文化资源富集区	文物保护单位（含地下文物埋藏区）、历史文化名城名镇名村、历史文化街区和历史建筑、传统村落以及水利、农业、工业等文化遗存等历史文化资源空间集中分布的区域
	边境地区	我国陆地边境县和部分团场，关系国家边疆安全和民族稳定的主要区域

主体功能区分为 3 级，最高一级为国家级主体功能区，由全国国土空间规划纲要划定，确定全国国土空间开发保护格局和空间治理导向；其次为省级主体功能区，由省级国土空间规划承接国家级主体功能区并以县（区）级行政区为单元优化主体功能区划，形成全域覆盖的陆域与海域主体功能定位分区布局；最后为乡镇主体功能区，由市国土空间总体规划明确重点乡镇主体功能定位，县级按照省级规划的自身主体功能定位和主体功能区细化规则，形成全域乡镇主体功能分区布局，并以此为导向合理划定规划分区，如表 6-2。

表 6-2　主体功能分区分级与细化规则表

<table>
<tr><th>层级</th><th>全国规划</th><th>省级规划</th><th colspan="2">市县级规划</th></tr>
<tr><td>划分单元</td><td>县域</td><td>县域</td><td colspan="2">乡镇</td></tr>
<tr><td rowspan="11">划定规则</td><td>确定国家级主体功能分区</td><td colspan="3">依据双评价、三区三线、国土调查和变更调查成果，结合耕地和永久基本农田、农产品产量、生态保护红线、自然保护地生态保护重要性、经济集聚能力、人口集聚能力等指标优化</td></tr>
<tr><td rowspan="3">划定国家级农产品主产区</td><td rowspan="3">承接国家级农产品主产区
划定省级农产品主产区</td><td>细化农产品主产区</td><td>乡镇个数占县域乡镇总数的 60%以上，或面积占县域总面积的 60%以上</td></tr>
<tr><td>细化重点生态功能区</td><td>在满足农产品主产区、城市化地区的乡镇个数条件下划定</td></tr>
<tr><td>细化城市化地区</td><td>将战略核心区域优先划为城市化地区，如县政府驻地镇、县域副中心镇等，个数占县域乡镇总数的 30%以下，或面积占县域总面积的 30%以下</td></tr>
<tr><td rowspan="3">划定国家级重点生态功能区</td><td rowspan="3">承接国家级重点生态功能区
划定省级重点生态功能区</td><td>细化农产品主产区</td><td>在满足重点生态功能区、城市化地区的乡镇个数条件下划定</td></tr>
<tr><td>细化重点生态功能区</td><td>乡镇个数占县域乡镇总数的 60%以上，或面积占县域总面积的 60%以上</td></tr>
<tr><td>细化城市化地区</td><td>将战略核心区域优先划为城市化地区，如县政府驻地镇、县域副中心镇等，个数占县域乡镇总数的 30%以下，或面积占县域总面积的 30%以下</td></tr>
<tr><td>划定国家级城市化地区</td><td>承接国家级城市化地区
划定省级城市化地区</td><td colspan="2">下辖乡镇细化类型的个数、面积不做具体限制，各地可结合地方实际，确定是否及如何划定重点生态功能区和农产品主产区</td></tr>
<tr><td rowspan="3">不划定</td><td colspan="3">边境地区：衔接全国和省级边境地区发展规划确定</td></tr>
<tr><td colspan="3">能源资源富集区：衔接全国和省级矿产资源规划确定</td></tr>
<tr><td colspan="3">历史文化资源富集区：结合各地历史文化资源集中分布情况确定</td></tr>
</table>

资料来源：主体功能区优化完善技术指南。

2）总体规划分区分级："一级—二级"规划分区

规划分区在市县级规划中协同划定，是国土空间用途管制的重要依据，将全域划分为 7 个一级规划分区和 22 个二级规划分区，如表 6-3。其中，规划分区与生态空间、城镇空间、农业空间和能源与矿产空间建立了对应关系，如生态空间对应生态保护区、生态控制区，农业空间对应农田保护区、乡村发展区、海洋发展区中的渔业用海区，城镇空间对应城镇发展区、海洋发展区中的交通运输用海区、游憩用海区、特殊用海区、海洋预留区，能源与矿产空间对应矿产能源发展区以及海洋发展区中的工矿通信用海区。

表 6-3　国土空间规划用途分区体系

<table>
<tr><th>空间类型</th><th>一级规划分区</th><th colspan="2">二级规划分区</th><th>含义</th></tr>
<tr><td rowspan="4">生态空间</td><td rowspan="3">生态保护区</td><td colspan="2"></td><td>具有特殊重要生态功能或生态敏感脆弱、必须强制性严格保护的陆地和海洋自然区域，包括陆域生态保护红线、海洋生态保护红线集中划定的区域</td></tr>
<tr><td colspan="2">自然保护地核心保护区</td><td>自然保护地核心保护区</td></tr>
<tr><td colspan="2">生态保护红线一般控制区</td><td>生态保护红线内，除自然保护地核心保护区以外的全部区域</td></tr>
<tr><td>生态控制区</td><td colspan="2"></td><td>生态保护红线外，需要予以保留原貌、强化生态保育和生态建设、限制开发建设的陆地和海洋自然区域</td></tr>
<tr><td rowspan="6">农业空间</td><td>农田保护区</td><td colspan="2"></td><td>永久基本农田相对集中需严格保护的区域</td></tr>
<tr><td rowspan="5">乡村发展区</td><td colspan="2"></td><td>农田保护区外，为满足农林牧渔等农业发展以及农民集中生活和生产配套为主的区域</td></tr>
<tr><td colspan="2">村庄建设区</td><td>城镇开发边界外，规划重点发展的村庄用地区域</td></tr>
<tr><td colspan="2">一般农业区</td><td>以农业生产发展为主要利用功能导向划定的区域</td></tr>
<tr><td colspan="2">林业发展区</td><td>以规模化林业生产为主要利用功能导向划定的区域</td></tr>
<tr><td colspan="2">牧业发展区</td><td>以草原畜牧业发展为主要利用功能导向划定的区域</td></tr>
<tr><td rowspan="11">城镇空间</td><td rowspan="11">城镇发展区</td><td colspan="2"></td><td>城镇开发边界围合的范围，是城镇集中开发建设并可满足城镇生产、生活需要的区域</td></tr>
<tr><td rowspan="8">城镇集中建设区</td><td>居住生活区</td><td>以住宅建筑和居住配套设施为主要功能导向的区域</td></tr>
<tr><td>综合服务区</td><td>以提供行政办公、文化、教育、医疗以及综合商业等服务为主要功能导向的区域</td></tr>
<tr><td>商业商务区</td><td>以提供商业、商务办公等就业岗位为主要功能导向的区域</td></tr>
<tr><td>工业发展区</td><td>以工业及其配套产业为主要功能导向的区域</td></tr>
<tr><td>物流仓储区</td><td>以物流仓储及其配套产业为主要功能导向的区域</td></tr>
<tr><td>绿地休闲区</td><td>以公园绿地、广场用地、滨水开敞空间、防护绿地等为主要功能导向的区域</td></tr>
<tr><td>交通枢纽区</td><td>以机场、港口、铁路客货运站等大型交通设施为主要功能导向的区域</td></tr>
<tr><td>战略预留区</td><td>在城镇集中建设区中，为城镇重大战略性功能控制的留白区域</td></tr>
<tr><td colspan="2">城镇弹性发展区</td><td>为应对城镇发展的不确定性，在满足特定条件下方可进行城镇开发和集中建设的区域</td></tr>
<tr><td colspan="2">特别用途区</td><td>为完善城镇功能，提升人居环境品质，保持城镇开发边界的完整性，根据规划管理需划入开发边界内的重点地区，主要包括与城镇关联密切的生态涵养、休闲游憩、防护隔离、自然和历史文化保护等区域</td></tr>
<tr><td></td><td rowspan="7">海洋发展区</td><td colspan="2"></td><td>允许集中开展开发利用活动的海域，以及允许适度开展开发利用活动的无居民海岛</td></tr>
<tr><td>农业空间</td><td colspan="2">渔业用海区</td><td>以渔业基础设施建设、养殖和捕捞生产等渔业利用为主要功能导向的海域和无居民海岛</td></tr>
<tr><td rowspan="4">城镇空间</td><td colspan="2">交通运输用海区</td><td>以港口建设、路桥建设、航运等为主要功能导向的海域和无居民海岛</td></tr>
<tr><td colspan="2">游憩用海区</td><td>以开发利用旅游资源为主要功能导向的海域和无居民海岛</td></tr>
<tr><td colspan="2">特殊用海区</td><td>以污水达标排放、倾倒、军事等特殊利用为主要功能导向的海域和无居民海岛</td></tr>
<tr><td colspan="2">海洋预留区</td><td>规划期内为重大项目用海用岛预留的控制性后备发展区域</td></tr>
<tr><td rowspan="2">能源与矿产空间</td><td colspan="2">工矿通信用海区</td><td>以临海工业利用、矿产能源开发和海底工程建设为主要功能导向的海域和无居民海岛</td></tr>
<tr><td>矿产能源发展区</td><td colspan="2"></td><td>为适应国家能源安全与矿业发展的重要陆域采矿区、战略性矿产储量区等区域</td></tr>
</table>

3）详细规划分区分级：规划分区-（片区-单元）-地块

详细规划是对具体地块用途和开发建设强度等作出的实施性安排，是开展国土空间开发保护活动、实施国土空间用途管制、核发城乡建设项目规划许可、进行各项建设的法定依据。原城市详细规划是以总体规划或分区规划为依据，详细安排建设用地的各项控制指标和其他规划管理要求，或者直接对建设项目做出具体的安排和规划设计，分为控制性详细规划和修建性详细规划。2012 年《国务院第六批取消和调整行政审批项目的决定》取消重要地块城市修建性详细规划的审批，故现阶段详细规划在城镇开发边界内以控制性详细规划为主，在城镇开发边界外则包括村庄规划及风景名胜区详细规划等详细规划类型。

（1）控制性详细规划分区分级：规划分区-（片区-单元）-地块

国土空间详细规划应结合行政事权统筹生产、生活、生态和安全功能需求划定详细规划编制单元，将上位总体规划战略目标、底线管控、功能布局、空间结构、资源利用等方面的要求分解落实到各规划单元。我国北京、广州、深圳、厦门等大城市率先开展了详细规划实践研究，探索建立了“规划分区-片区-单元-地块”的纵向空间分区分级传导和管控路径。在中小城市，可结合中心城区的规模灵活调整编制层级和深度。

规划分区：市县级总体规划中划定用途分区，也就是城镇发展区的城镇集中建设区、城镇弹性发展区和特别用途区，以及城镇集中建设区下居住生活区、综合服务区、商业商务区、工业发展区、物流仓储区、绿地休闲区、交通枢纽区、战略预留区等二级功能片区。

片区：片区规划是一个过渡层级的规划，各片区可结合自身规模及具体情况来决定是否编制，主要用于各片区功能分解完善和结构优化。

单元：覆盖各片区城镇开发边界内的全部建设用地，可作为平衡分配地块层面指标的主要参考依据。

地块：承接单元或片区层面规划指标，落实其管控要求的最小单元，需要明确各地块的综合性、强制性和引导性管控内容。

（2）村庄规划分区分级：规划分区-地块

国土空间规划体系中乡村地区的详细规划，是开展国土空间开发保护活动、实施国土空间用途管制、核发乡村建设项目规划许可、进行各项建设等的法定依据。村庄规划范围为村域全部国土空间，从过去的村庄建设空间管控转向全域全要素用途管制。从“自上而下”传导的角度来看，村庄规划用途管制的承接主要包括“规划分区-地块”2 个管制层级，细化建设引导要求和管制规则，突出空间形态、风貌引导以及地块、景观设计，更注重可实施性、可操作性。

规划分区：承接乡镇总体规划分区管控要求，结合乡镇国土空间总体规划管控任务，落实上位国土空间规划确定的耕地和永久基本农田、生态保护红线、村庄建设边界、自然灾害风险防控线、历史文化保护线、规划用途分区、村庄类型和布局等相关管控规定（陈宗兴等，2019）。明确村域空间布局，不得突破上位规划确定的约束性指标和强制性要求，划定管控边界，允许在不改变县级国土空间总体规划主要控制指标情况下，优化调整村庄各类用地布局，明确村域开发保护格局。

地块：承接上位规划分区，落实其管控要求的最小单元，包括耕地、宅基地、公共管理与公共服务、公用设施、交通、集体经营性建设用地等不同用途土地，需明确其建筑退距、建筑间距以及建筑高度、建筑形式等风貌管控要求，集体经营性建设用地内应明确商业服务业用地、农副产品加工用地、仓储物流用地等容积率标准和建筑要求。

6.1.2　管制“要素”分类：空间布局的精细化管理

根据地块特征的差异性和相似性进行分类，构建科学合理的用地分类体系是实现国土空间和自然资源统一管理的基本手段（龚健等，2020）。在高质量发展背景下，国土空间用途管制不再仅限于单一自然资源要素，而是基于“山水林田湖草沙”生命共同体的协同管制理念，扩展到所有自然资源和国土空间，实现全域全要素的统一管理。

“要素”的用地分类，将自然资源和国土空间按照其性质、用途和功能进行详细分类，揭示自然资源和国土空间的实际分布和利用状况，确定各类用地的具体管理措施，帮助制定更加合理的资源配置方案，以最大化地发挥资源效益。同时，明确不同类别的用地管理要求和标准，也为不同层级和不同部门的管理提供共同基础，缓解因资源利用和管理不一致而产生的矛盾和冲突，促进跨部门、跨区域的协调与统一。因此，构建科学的自然资源“要素”用地分类体系，是支撑国土空间全面走向精细化管理的关键。

为适应国土空间全生命周期管理、满足经济社会高质量发展的新需要，自然资源部遵循陆海统筹、城乡一体、地上地下空间统筹的基本原则，科学划分国土空间用地用海类型，明确各类型含义，研究制定并印发《国土空间调查、规划、用途管制用地用海分类指南》（以下简称《指南》）（如附表 1），用于国土调查、监测、统计、评价、国土空间规划、用途管制、耕地保护、生态修复、土地审批、供应、整治、督察、执法、登记及信息化管理等工作，满足国土空间全域全要素精细化管理需求。

《指南》共设置 24 个一级类，主要反映国土空间利用的基本功能，如耕地、园地、林地、草地、湿地等地类，满足自然资源管理需要。一级类下共设置 113 个二级类及 140 个三级类。二级类和三级类更为具体，如耕地下细分水田、水浇地、旱地，分别作为国土调查、国土空间规划的主干分类和专项调查、补充调查的分类。国土空间总体规划原则上以一级类为主，可细分至二级类；而国土空间详细规划和市县层级涉及空间利用的相关专项规划，则原则上使用二级类和三级类。国土空间用途管制中的用地用海审批、规划许可应该依据有关法律法规，将国土空间规划确定的用途分类作为管理的重要依据。

6.1.3　管制“行为”分类：空间发展的约束引导目标

人类行为是对国土空间和要素作用影响的发出主体，人类凭借其主观能动性对空间和土地要素乃至周边环境进行改造，影响的范围涵盖自然资源、国土空间及其他人群（邓明霞等，2021）。国土空间规划取代原城乡规划、土地规划、主体功能区规划和部分的生态建设规划，形成“多规合一”的全域整体安排（熊芸等，2023），以人类行为为核心进行规划编制和管制规则的制定。按照人类活动行为属性差异，将人类活动分为保护类、修复类、利用类、转用类，通过引导、鼓励、约束、禁止其行为，促进空间、要素开发保护朝向规划预期的方向发展。

保护类人类行为：对自然资源和生态本底条件以及具有文化价值的建设资源的保护。这类行为强调对生态系统的保护与维持，以及文化遗产的保护与传承。例如，在自然资源方面，保护类活动可能包括建立自然保护区、野生动植物保护区等，以保护珍稀濒危物种及其栖息地；在文化资源方面，可以对历史古迹、传统村落等进行保护和修缮，以维护其文化传承和历史意义。

修复类人类行为：对因自然或人类活动造成的生态效益和质量损害的自然资源或建设资源，进行修复和修缮的工作。例如，在自然资源方面，修复类活动包括湿地恢复、水域生态修复等，以净化水体、改善生态环境；在建设资源方面，可对废弃矿坑进行治理，恢复为可持续利用的土地，减少环境污染，其目的在于恢复资源的可利用状态，提高其生态功能效益。

利用类人类行为：对各类资源进行有限的升级改造、勘查、采伐、加工、生态建设等开发利用。这类活动如耕地种植、能源开采等能够充分发挥资源的经济价值，但需要在保障资源可持续利用的前提下进行。

转用类人类行为：指造成地类转变的人为活动。例如，城市建设中的土地由耕地转变为建设用地、土地过度开垦导致生态环境破坏、耕地转变为荒漠等，这些转变需要综合考虑社会经济发展与生态环境保护的平衡，合理规划和管理土地资源的利用。

6.1.4 管制对象相互耦合关系与管制规则制定的基本逻辑

国土空间用途管制的本质是在国土空间规划及相关政策制度确定的空间用途和开发利用限制条件的基础上，对国土空间利用行为开展的管制活动。国土空间规划“分区”确定了用途管制的范围和空间结构，为“要素”提供了空间载体；而耕地、林地、草地、水域等“要素”为“行为”提供了物质基础，如图 6-2。每个“分区”都具有其特定的自然、经济和社会特征，这些特征决定了该“分区”的主导功能，而“分区”主导功能的实现又取决于“分区”内各“要素”的数量、质量、用途等属性的综合特征，人类活动“行为”则是实现和改变各“要素”属性特征的途径。比如，农田保护区的主导功能是保障粮食安全，其主导功能的实现取决于永久基本农田的数量、质量以及利用状态，而人类活动行为则对永久基本农田的属性特征起着关键的作用，如种植或者抛荒、合理利用或者过度使用、保护或者污染。

因此，管制规则的制定应首先明确“分区”的主导功能，以主导功能为依据明确主导“要素”，与此同时以“差异管理、刚弹结合”为原则，在避免主导功能冲突的前提下，探索弹性管理机制，制定“要素”兼容用途，节约集约利用国土空间资源，提高管制规则的灵活性。最后在明确“分区”与“要素”的基础上，通过制定针对性的管控措施来规范和引导人类各类活动“行为”，从而实现“分区”主导功能和“要素”统筹管理。

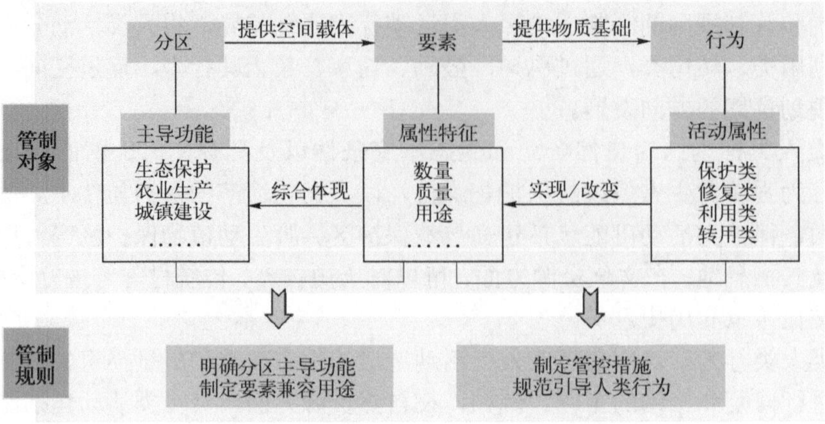

图 6-2　管制对象与管制规则关系图

1. “分区”与“要素”兼容

“用地兼容性”一词原是指控制性详细规划中单一性质用地可兼容不超过地上总建筑规模 15%的其他性质建设内容。其本质是遵循“公益优先、保障安全、功能互利、环境相容”的原则，为强化土地使用性质的多样性与灵活性，允许土地上多种性质的综合利用，表现为土地使用性质的弹性、灵活性与适建性。决定用地兼容性的一是不同土地用途在同一土地中共处的可能性，即同一块土地上多种性质综合使用的允许和适宜与否，反映不同土地使用性质之间亲和与矛盾程度；二是同一土地在使用上的多种选择与置换的可能性，主要反映该用地区域环境对于该地块使用性质的约束关系，即土地使用可能性和选择的多样性。

土地利用的兼容性不仅涉及在规划划定的“分区”或规定的具体地块特定用途下，某些类型的人类活动是否被允许，还反映了规划对土地用途的弹性处理方式，旨在适应国土空间需求的多样性和灵活性。因此，在国土空间规划视角下探索规划用途的兼容性，在主导规划分区的用途基础上融入可兼容的其他土地用途，可适应社会经济发展的不可预见性，满足多元新业态发展需要。

管制分区地类的兼容性可做三种不同程度的区分：分区主导用途、兼容用途以及不可兼容用途。

一是分区主导用途，是确保分区主导功能稳定或提升分区主导功能、符合分区规划意图的用途，如与农业空间的农业功能对应的用途是耕地、园地、生产用途的林地以及农业设施建设用地、农村居住用地等。

二是分区兼容用途，兼容用途可在主导用途的基础上以一定的比例进行用途的叠加及混合，开展国土空间的复合利用。例如，农业空间的农林混合种植，生态空间开展的生态农业，或者是一般生态空间内为维持当地居民基本生产生活修建配套设施、必要的基础和公用设施的用途。

三是分区不可兼容的用途，此类用途不得在分区内准入，如农田保护区内不可兼容城镇、农村建设等相关用途。

以国土空间总体规划的规划分区为例，在规划用途时可探索规划分区的用途管制分区兼容性（见附表 2 和附表 3），激发国土空间土地利用的活力，促进不同功能区域之间的互动和联系。

2. 以“分区”和“要素”为载体，约束和引导“行为”

国土空间用途管制主要通过行政权力对以“分区”和“要素”为载体的国土空间进行“行为”约束和引导，在为此而设计的数量指标、正负面清单、管制名录等均可以理解为管制规则的定量和定性表现形式。

在主体功能分区中，重点生态功能区以保证生态安全为目标，约束生态保护红线内开发建设活动，鼓励生态修复、生态治理等保护类活动，加强环境保护和指标管理，对草原综合植被盖度、森林覆盖率、湿地保护率等指标要求较为严格。农产品主产区，以保障粮食安全为主，鼓励耕地和永久基本农田高效利用，鼓励农业农村现代化建设活动，对耕地保有量、卫生、养老、教育、文化、体育等城乡公共服务设施用地要素相关指标管控较为严格。城市化地区以鼓励城镇开发边界内的建设用地集约节约利用为主，强化城乡建设开发、设施建设及产业发展中的用地要素保障，对人均城镇建设用地面积、每万元 GDP 地耗、卫生、养老、教育、文化、体育等城乡公共服务设施用地相关约束和预期性指标管控较为严格。

在规划分区中，存在刚性、弹性的管控强度之分，从上到下可分为严控型分区、控制型分区和建设型分区，是“分区准入”的主要抓手。因此其管制规则的制定应首先区分其分区管控“刚弹”属性，严控型分区对人类活动行为进行严格控制，一般以正面清单进行准入，如生态保护区、农田保护区。控制型分区以自然资源的开发利用为主，控制大型人类建设行为，一般以负面清单进行准入，如生态控制区、乡村发展区中的林业、牧业发展区等。建设型分区的人类活动则主要以建设为主，鼓励和促进城市和乡村的发展和建设，如城镇发展区、村庄建设区等。

需要区分规划分区内要素的兼容性，对于主导和兼容用途地类准入，通过区分其准入的方式如“条件准入”“使用许可”“规划许可”“审批许可”来区分其管制程序，如保护类、修复类、利用类不涉及地类转变的活动，在满足分区正、负面清单的同时，一般采用“条件准入”“使用许可”“规划许可”的方式准入。对于转用类的人类活动，其中无论是正向转用（兼容用途向主导用途转用）、平行转用（兼容用途、主导用途内部转用）还是负向转用（主导用途向兼容用途转用），在满足分区正、负面清单的同时，涉及建设用地时一般需要采用“审批许可”的方式准入。而对于“不兼容”用途地类，原则上不允许进入。因特殊原因必须准入时，需要先调整规划分区，再通过“审批许可”的方式开展相关活动。

依据详细规划对“要素”地块层面的管制，首先需要承接上位总体规划分区中制定的管制规则，明确其综合性管控内容和保护、修复、使用、建设行为的管制引导和约束条件，再通过片区、单元的划分，细化到“要素”地块，在总体分区二级地类兼容属性的基础上，细化至三级地类的土地使用性质及兼容性，并进一步明确各类强制性和引导性内容。

6.2 以空间协调发展为导向的主体功能区用途管制策略

6.2.1 主体功能区宏观策略引导中观、微观管制规则的制定

夯实高质量发展的空间载体和支撑，必须加快构建高度协调的区域经济布局，而全域全要素资源的配置效益优化和效率提升，是推动国土空间格局优化与高质量发展的关键步骤之一（龚健等，2024）。主体功能区是我国为促进区域协调发展、实现国土空间有序开发提出的创新思路，在构建优势互补、高质量发展的区域经济布局和国土空间体系方面发挥着重要作用，是实施国土空间开发保护的基础制度，也是实施用途管制制度的重要前提。

一方面，主体功能区最直接、最全面地贯彻了人与自然和谐发展的生态文明思想（陈宗兴等，2019），通过主体功能区建设能够形成科学有序的城市化格局、农业发展格局和生态安全格局，通过差异化、精准化的现代空间治理充分发挥地区比较优势，使不同主体功能区自发地按照其主体功能定位科学发展。

另一方面，主体功能区战略和相关制度是深入践行新发展理念、促进协调发展的科学规划方案，突出目标导向与问题导向相结合，在构建美丽中国蓝图的同时，立足当前国土空间开发保护面临的关键问题与矛盾，从空间维度提出总体布局方案，从时间维度谋划长期发展路线，为制定系统化的政策工具提供载体（樊杰等，2019；严金明等，2017）。

高质量发展背景下的国土空间用途管制重要任务之一，便是确保实行分区分类分级精准化管制和国土空间用途管制规则的协调性。主体功能旨在通过宏观政策分区，优化国土空间开发保护格局，但其目标导向和政策导向往往以较高层级的行政区为单位引导地方发展。在中观层级，国土空间的管控和微观空间用地的管理，还需要依托国土空间规划和用途管制。在主体功能区战略指导下，国土空间用途管制首先需要明确差异化的主体功能管制策略，再以管制策略为切入点，依托国土空间规划的层级和类别，从宏观到微观，明确管控规则，实现“上下统一”的全域全要素管控，实现总体蓝图到管制目标的落实落地。

6.2.2 农产品主产区重点管制策略

农产品主产区是落实国家粮食安全战略和稳定重要农产品供给的关键区域。国土空间用途管制管控主次关系为：农业空间＞生态空间＞城镇空间，需要优先保障农业用地的供给，拓展农畜产品生产空间。当前，城乡、区域差距依然偏大，协同性和一体化程度仍然不足，不符合高质量发展要求。因此，农产品主产区的管制，除了围绕其保障粮食安全的主导功能外，还应以推动农业现代化、强化农业土地资源生态和质量保护以及促进区域协调发展为目标，设置管制策略。

1. 守护耕地和永久基本农田，保证粮食安全

以耕地和永久基本农田为重点对象，统筹保护耕地、草地、林地、园地等共同支持农业多样化发展和农产品生产的土地资源，强化农业土地资源生态和质量保护。通过合

理规划和管控，实施耕地和永久基本农田数量、质量、生态三位一体保护，控制建设用地扩张，确保发挥区域农业生产主导功能，优化农业结构、引进高产优质品种，提高粮食生产效率和质量，保障国家粮食安全。

2. 引导农业农村现代化，推动乡村振兴发展

科学规划农业、牧业、林业、渔业等农业生产园区和农产品加工区空间，加大对农业生产设施建设的投入，包括农田水利设施、农业机械化设备、农业科技示范基地等，不断提高农业生产设施水平和规模。重点发展高效农业、生态农业和特色农业等现代化农业，提升农业生产效率和质量，推动农业产业链升级和转型。强化资源整合与优势互补，统筹农业生产、加工、销售等环节，形成完整的产业链条，提高农产品附加值，促进农业现代化发展，实现城乡经济的互补与共赢。区内可新增设农产品加工业与农业总产值比、农产品质量安全例行监测合格率等管控指标，鼓励培育发展特色农业，提升农产品质量。也可根据情况增加卫生厕所普及率、农村生活垃圾处理率、农村自来水普及率等农村基础设施建设相关指标，完善公共服务设施体系。

3. 加强资源保护和修复，平衡发展与保护关系

加大对农产品主产区中自然资源的保护和修复活动，针对耕、林、草、水等农业生产资源的利用类活动，应明确其利用方式、结构、规模等方面的管控要求，严格控制化肥、农药、兽药等化学产品的使用，推广绿色、生态友好的农业生产方式，并对农业生产活动的影响进行环境评估，确保人类活动不对环境造成破坏。通过合理施肥、轮作、有机肥料利用等土壤保护措施，维护土壤肥沃度和结构稳定性。维护水源地水质、水量和农业用地周边的自然生态环境，减少农药残留和农业面源污染。对于农业设施建设、退耕还林还草或者开荒等活动，应依据农业生产的需求和资源环境承载能力进行管控，严格限制或禁止过度开发和非法非农业用地转化。

6.2.3　重点生态功能区重点管制策略

重点生态功能区是保障国家生态安全的重要区域，是生态文明建设的重要载体，应以高品质生态环境支撑高质量发展，加快推进人与自然和谐共生的现代化。生态保护红线是高质量发展的底线，绿色是高质量发展的底色，必须秉持保护生态环境就是保护生产力、改善生态环境就是发展生产力、“绿水青山就是金山银山”发展理念，实现人与自然和谐共生。重点生态功能区内国土空间用途管制管控主次关系为生态空间>农业空间>城镇空间，按照保障国家和区域生态安全、维护生态系统服务功能、推进“山水林田湖草沙”一体化保护和系统治理、提高生态产品供给能力的管制要求，设置管制策略。

1. 严守生态保护红线，保证生态安全

重点生态功能区的核心管控区域为生态保护红线，需确保规划分区中生态保护区和生态控制区在整个行政单元中的占比，并衔接优先管控单元的管控策略，以确保生态系统安全。强化对以生态屏障、廊道为核心的生态保护格局的维护，明确国家公园、自然保护区、自然公园、风景名胜区等重要生态保护片区的管控范围和要求，强化“山水林田湖草沙”系统保护治理，强化水源涵养和生物多样性等生态系统功能的保护。

2. 加强环境保护指标管理，增强生态服务功能

首先应加大对重点生态功能区中受损生态环境、自然资源要素以及具有重要生态价值和功能的区域的保护和修复活动。以林地、草地、河流湖泊、沼泽、海洋等维护生态功能的核心要素为重点，制定如森林覆盖率、草原综合植被盖度、湿地保护率、水域空间保有量等自然资源相关指标（叶菁等，2024）；强化耕、林、草质量等级，湿地水质达标率，矿产资源品位等质量评价指标的管控（朱江等，2022）；从降低自然资源消耗、提高产出效率等维度，增加如单位 GDP 水耗、能耗下降率、林木蓄积量、单位面积草场载畜量等管控指标，实现区内自然资源集约节约、高效利用。

3. 加强产业发展引导，提高生态产品供给能力

重点针对生态系统干扰性强和生态资源利用强度大的农、林、牧、渔等第一产业，采矿、制造、建筑、电力、热力、燃气及水的生产和供应业等第二产业，以及交通运输和仓储、房地产、水利管理业等第三产业，明确区内人类利用类和转用类活动的准入正负面清单和生产规模标准，通过限制开发活动，减少人为破坏，促进生态系统的修复和恢复，提高生态系统的恢复力和稳定性。促进生态产品价值的实现，鼓励制定如农产品价值、涵养水源价值、固碳释氧价值、净化大气环境价值、休闲游憩价值等指标，达到自然资源资产增值和高效节约持续利用的目的。

6.2.4　城市化地区重点管制策略

城市化地区是提升国家和区域综合竞争能力的重要区域。区内国土空间用途管控主次关系为：城镇空间＞生态空间＞农业空间。国土空间管控应围绕落实国家及区域发展战略、推动高质量发展和区域协调发展的重要责任，明确重点管制策略。

1. 优化城镇空间结构，提高国土空间精细化管理水平

在确保粮食和生态安全的基础上，保障规划分区中城镇发展区的占比，优化中心城市与区域中心城市空间布局和用地结构，合理保障发展用地需求，为城镇化发展提供用地保障，但同时也要严格管控城镇建设用地规模和城镇开发边界扩展倍数，引导城镇建设用地向城镇开发边界内集中。人民幸福安康是推动高质量发展的最终目的，城市化地区应优先保障居住、公共管理与公共服务、商业服务业、工矿、仓储、交通运输、公用设施、绿地与敞开空间以及海域建设等城镇生产生活用地。区内以建设用地总量指标作为总约束，城镇建设用地指标为核心，乡村建设用地指标为调节重点，倒逼用地结构优化，强化项目用地保障。引入产业、人口、土地、环境等相关指标，以约束性指标保证主体功能不发生改变，用预期性指标引导主体功能提升，优化空间结构。

2. 强化设施保障与产业发展，提升服务承载能力

对民生保障类、基础设施类、生态保护类、农业生产类、创新研发类、工业制造类、现代服务类等城市和设施建设类活动，应依据城镇和地区发展需求，以及粮食、生态安全保障条件，设定项目优先顺序，在做好环境影响评价的同时，实现对本地区及周边区域的居民生活、经济发展、生态保护等具有重要影响的重大项目应保尽保。强化产业引导，依托资源优势和产业基础，重点发展资源节约型、绿色生态型产业。

3. 推动城市更新与风貌改造，提升城镇品质和魅力

实现高质量发展，必须以高品质生活为牵引，完善公共服务体系，强化市政基础设施支撑，引导中心城区空间结构和布局优化，有序推进城市更新。应加大对城市化地区人居环境整治与城市风貌改造，提升城市品质和魅力。将开发强度高、污染物排放强度大、环境问题相对集中的区域和大气环境布局敏感、弱扩散区等空间划为重点管控单元，推动由“增量扩张”向“存量挖潜”转变，由单一粗放向高效复合利用方式转变，由侧重强调经济效益向经济、社会、生态三位一体转变。

6.2.5　叠加功能区国土空间重点管制策略

能源资源富集区、历史文化资源富集区、边境地区等特殊功能区，并不以行政区为单元，是在三类主导功能区上的叠加功能类型，其主要目的是为国家发展提供能源资源保障，传承文物保护单位、历史文化名城名镇名村、历史文化街区和历史建筑、传统村落以及水利、农业、工业文化遗存等历史文化资源，以及维护国家边疆安全和民族稳定。

1. 能源资源富集区保障国家能源安全

能源安全是国家安全的重要组成部分，能源资源富集区是保障国家能源安全、稳定能源供应、引导区域协调发展、推动资源型地区转型升级的重要区域。

应协调耕地和永久基本农田、生态保护红线和城镇开发边界，合理布局并明确国家规划矿区、能源资源基地、战略性矿产资源储备区、重点勘查区、重点开采区的空间范围和管控要求，统筹处理好资源开发与生态保护的关系，做好矿产资源勘查开发布局与生态保护红线和自然保护地的有效衔接。在能源与矿产资源丰富、但受政策约束暂时无法开采的区域，加快地质调查工作，加强各类能源和矿产资源勘查力度，夯实国家战略性矿产资源储备与保护工作基础。

能源资源开发往往伴随着环境污染、生态破坏等问题，国土空间用途管制应重点关注煤、油、气、核、新能源、可再生能源等发展用地“要素”的保障和管理，加大资源能源整合力度，推动非化石能源与化石能源高效清洁利用并举，逐步降低煤炭消费比重，为风电、太阳能等可再生能源开发腾出空间，统筹考虑生态保护和资源开发，保障生态安全，维护生态平衡。

强化矿山修复类活动，实施矿山地质环境治理与矿区土地复垦；加强勘查类活动管控，全面推广绿色勘查，积极引进和推广绿色勘查新技术、新设备、新方法的应用，最大限度地减轻勘查活动对生态环境的扰动。对于能源开发类活动，应以水能、太阳能、风能、地热、生物质等清洁能源多元深度开发，以及合理供应并节约利用煤炭、石油、天然气为重点，严格管控不符合准入规则、影响能源勘探和开采的用途，并有序退出。

2. 历史文化资源富集区保护和传承历史文化遗产

历史文化资源是民族的精神财富，历史文化资源富集区旨在集中保护和传承重要的历史文化遗产，增强国家文化自信心。

以历史文化遗产要素为核心，重点包括世界遗产、文物保护单位、历史文化名城名镇名村、历史文化街区、传统村落、地下（水下）文物、水利工程遗产、工业遗产、红色文化遗产等各类历史文化遗产所在地和传承地的规划和管理（田家兴等，2022）。明确其保护范围、建设控制地带，统筹历史文化保护线范围，对与历史文化遗产相关联的农业空间，保留和传承与当地文化和历史紧密相关的耕作方式和水利技术；对与历史文化遗产相关联的生态空间，应当强化其生物多样性、自然景观和生态系统功能的保护和恢复；对与历史文化遗产相关联的城镇空间，应当严格保护传统建筑及其群体格局、空间风貌、形体色彩和建筑材料等历史性物质要素，合理组织与周边城镇建筑群体空间关系，控制建筑高度，管控城镇风貌。

应重点关注历史文化遗产定期监测，并进行必要的修缮和维护类活动，确保其建筑、设施和遗址的完整性和稳定性；允许适当开展经依法批准的考古调查、勘探、发掘和文物保护、科普宣教等不改变文物原状前提下的利用类活动；对于建设类的活动，在建设控制地带内，不得新增与文物保护单位无关的建构筑物，可根据其功能、文物价值和场地布局等实际情况，建设重大事件和重要人物的纪念场馆，历史、文化、艺术、科学等展览场馆、旅游观光场所、宗教活动场所、经营服务场所以及其他合法用途，以宗教活动场所为主要游览内容的景区规划建设，应当与宗教活动场所的风格、环境相协调。

3. 边境地区维护国家边境和平稳定

边境地区是重要的国土安全屏障和对外开放门户，是国家开放的“桥头堡”，具有特殊的地位和作用。

应合理布局三类空间，协调空间上的分区用途，在保护边界生态环境的前提下，保障农业发展的空间，引导农业发展向优势区聚集，完善边境地区公共服务和基础设施建设，提高可达性、通达性和设施完备度，实现资源的最优组合。重点关注军事基地、边防哨所、军事演习场地等对国防安全、国土安全用地“要素”的规划和管理。此外，边境地区的生态环境相对于内地城市来说比较脆弱，容易受到人类生产经营活动和自然灾害等因素的破坏，同时也有自己独特的文化传统、社会风俗习惯，需有效管理边境地区的各项活动，强化对边境地区的自然生态系统、珍稀植物和动物种群以及文化遗产的保护；合理规划边疆地区的区域开发，推动边疆省份的兴边富民和乡村振兴活动，但在未经规划许可的边境地区，需要限制不必要的开发活动，保障边境地区的和平稳定。

6.3　以空间格局优化为导向的总体规划分区管制规则

6.3.1　规划分区管制规则逐级传导宏观管控策略

主体功能区既从宏观层面对不同区位的国土空间给予战略指引，也从县域尺度对主体功能定位以及较高精度、较细粒度下的基础评价和地域功能识别赋予约束（樊杰等，2021）。国土空间规划应以降尺度传导主体功能为基本内核、以空间结构控制性参数为关键变量，从规划分区划定和管控入手，探索进一步深化落实主体功能区战略的重点路径。统筹划定耕地和永久基本农田、生态保护红线、城镇开发边界三条控制线，再对农业、生态、城镇等功能空间布局进行优化，以主体功能区重点管制策略为指引，明确规划分区管控要求，充分发挥国土空间规划在国土空间开发保护上的战略引领和刚性约束作用，以新安全格局支撑构建新发展格局。

6.3.2　生态空间用途管制规则

生态空间是指具有自然属性、以提供生态服务或生态产品为主体功能的国土空间，包括生态保护区和生态控制区两个一级分区，生态保护区下细分自然保护地核心保护区和生态保护红线一般控制区两个二级分区。

1. 生态保护区用途管制规则

生态保护区范围对应生态保护红线范围，包含了生态功能极重要区、生态极敏感区、生态极脆弱区以及其他具有潜在生态价值的陆域和海域区域，发挥水源涵养、水土保持、生物多样性维护、防风固沙、洪水调蓄等生态功能，因此可将生态保护区划为严控型分区。生态保护区分自然保护地核心保护区和生态保护红线一般控制区。因生态保护红线内的自然保护地核心保护区内禁止一切人类活动，故自然保护地核心保护区为生态空间管制强度的第一阶梯。核心保护区内的现有人类活动，可以通过生态补偿的方式逐步引导退出，并依据国土空间规划制定退出实施方案，明确退出时限、补偿安置等安排，并恢复生态用途。

第二阶梯为生态保护红线一般控制区（生态红线内、自然保护地核心保护区外），禁止开发性、生产性建设活动，仅允许法律法规和政策文件规定的部分对生态功能不造成破坏的有限人为活动。空间准入方式为正面清单，提出允许的用地（项目）类型，由国务院相关主管部门或省级人民政府制定。

不符合生态保护区用途准入规则的非农活动或建设用地，应逐步退出并恢复生态用途。退出前，严禁扩大规模，并严格控制活动强度。可能产生污水、废气、垃圾、固体废弃物及其他可能危害生态系统功能的，应限期强制退出。

2. 生态控制区用途管制规则

生态控制区为需要予以保留原貌、强化生态保育和生态建设、限制开发建设的陆地和海洋自然区域，故其为控制型分区，是生态空间管控强度的第三阶梯，生态控制区准入条件采用负面清单管理，提出禁止用地（项目）类型。负面清单由市县级人民政府制定，并经省级主管部门审核。严格限制农业大规模开发占用生态控制区，允许进行原农业用地复合利用，控制农业开发强度，减少农药、化肥投入，实行轮作休耕和种植结构调整，发展绿色农业。严格控制建筑规模与开发强度，各类风景名胜区等必要的配套设施建设、符合区域功能定位的旅游服务设施、道路交通基础设施、水利市政基础设施、公益性设施以及其他必要的特殊设施建设必须占用的，需做好选址论证。允许在生态功能不降低的条件下，对村镇用地进行布局优化、盘活利用；允许农牧业、农村产业融合项目开发；允许经依法批准的休闲农业及其配套设施建设。

对于现状经评估不符合生态保护的人类活动和建设行为，应当进行评估后制定分类处置方案，引导相关权利人通过生态化改造、调整转型、异地置换等方式进行整改，无法实现整改或整改不合格的，应制定计划限期拆除腾退。

6.3.3 农业空间用途管制规则

农业空间划分为农田保护区、乡村发展区和渔业用海区。该空间要形成严格的农田保护、农业发展空间、乡村居民点布局，允许适度地开发建设内容，维护田园生态格局。农业空间以农业生产、农村生活为主体的功能空间，包括农田保护区、乡村发展区两个一级分区和海洋发展区中的二级分区渔业用海区，乡村发展区下细分村庄建设区、一般农业区、林业发展区、牧业发展区四个二级分区。

1. 农田保护区用途管制规则

农田保护区对应永久基本农田保护范围，以粮食生产为主，其规划用途只能是耕地，保障耕地数量不减少、质量不下降，同时开展质量建设，提升永久基本农田质量。因此农田保护区为严控型分区，是农业空间管制强度的第一阶梯，空间准入方式为正面清单，如表 6-4。

表 6-4 农田保护区正面清单示例

序号	正面清单
1	对生态本底优良的耕地资源进行保护的活动以及由兼容地类转耕地的活动
2	在不影响农田保护区主导功能的情况下，对耕地质量和生态效益受损的耕地资源或建设资源进行修复的活动，以及农田保护区内兼容地类内部转用的活动
3	在不破坏生态功能及永久基本农田质量的条件下，对于在农田保护区进行耕地资源、农业设施建设用地、交通运输用地等有限的升级改造、勘查、生态建设等的开发利用活动

续表

序号	正面清单
4	严格占用永久基本农田的重大建设项目范围。 （1）党中央、国务院明确支持的重大建设项目； （2）按《关于梳理国家重大项目清单加大建设用地保障力度的通知》（发改投资〔2020〕688 号）要求，列入需中央加大用地保障力度清单的项目； （3）中央军委及其有关部门批准的军事国防类项目； （4）纳入国家级规划的机场、铁路、公路、水运、能源、水利项目； （5）党中央、国务院确定建设的重大生态建设项目； （6）省级公路网规划的省级高速公路和连接原深度贫困地区直接为该地区服务的省级公路项目； （7）原深度贫困地区、集中连片特困地区、国家扶贫开发工作重点县省级以下基础设施、民生发展等项目
5	临时用地一般不得占用永久基本农田，建设项目施工和地质勘查需要临时用地、选址确实难以避让永久基本农田的，不得修建永久性建（构）筑物，且经复垦能恢复原种植条件

任何单位和个人不得擅自占用或者擅自改变用途，从严管控非农建设占用永久基本农田，鼓励开展高标准农田建设和土地整治，提高永久基本农田质量；协调安排生态建设项目，并补划相当数量和质量的永久基本农田。一般建设项目不得占用永久基本农田；重大建设项目选址确实难以避让永久基本农田的，在可行性研究阶段，省级自然资源主管部门负责组织对占用的必要性、合理性和补划方案的可行性进行严格论证，报自然资源部用地预审；农用地转用和土地征收依法报批。农田保护区主要采用“正面清单+约束指标+控制线管控”的方式进行管制。正面清单由国务院相关主管部门或省级人民政府制定。

2. 乡村发展区用途管制规则

乡村发展区按照国土空间用途方式划分为村庄建设区、一般农业区、牧业发展区及林业发展区。区内按照法律法规和文件的要求，以“村庄规划+规划许可”和“约束指标+分区准入”的方式，根据具体土地用途类型进行管理。一般农业区、林业发展区、牧业发展区均具有明确的用地规划导向，涉及的耕、林、草等资源要素的开发利用和协调保护，故为控制型分区，是农业空间管制强度的第二阶梯。村庄建设区是建设型分区，是相对集中农村居民点建设及产业发展的地域空间，是农业空间管制强度的第三阶梯，空间准入方式为负面清单，如表 6-5，需对建设指标和建设强度进行控制。

表 6-5　乡村发展区负面清单示例

二级	负面清单
村庄建设区	禁止工业用地、大型商业商务酒店活动用地； 禁止未取得审批许可、不符合主导功能的用途； 禁止对村民生产生活有负面影响的生产开发活动及违法建设活动； 禁止在风沙区、陡坡地、水土流失区以及规定的禁止开垦区内开垦耕地、林地和牧草地，已经开垦并造成沙化或者严重水土流失的应当限期封闭，责令责任者恢复植被
一般农业区	禁止破坏、污染耕地的开发生产活动，违法违规占用耕地的用途，零星的建设用地等用途。通过国土空间规划的编制和实施，对以上活动和用途有序退出，并限期恢复种植条件，规划期间确实不能恢复种植条件的，允许保留现状用途，但不得扩大面积； 禁止区内过度开垦、围垦，对区内过度开垦、围垦的地区和其他生态脆弱地区的陡坡地逐步实施退耕还林，还草，还湖
牧业发展区	禁止依据国土空间规划及其他相关规划对于不符合要求的开发建设活动或者严重超载过牧地区。应逐步退出建设、放牧行为，采取禁牧封育、免耕补播、松土施肥、鼠虫害防治等措施，促进草原植被恢复
林业发展区	禁止区内原有的各种不符合生态保护要求的生产、开发活动； 禁止在国有林场和坡度 25 度以上的林地上开垦，已经开垦种植的林地要逐步还林； 禁止违法违规的建设活动，对于现状违法违规的活动依据国土空间规划及其他相关规划逐步退出

乡村发展区采用负面清单管制，负面清单由县级人民政府制定，并经省级主管部门审核。

3. 渔业用海区用途管制规则

渔业用海区允许准入渔业基础设施建设、增养殖和捕捞生产等渔业利用用途，积极防治海水污染，禁止在渔业用海区内进行有碍渔业生产或污染水域环境的活动，鼓励发展生态渔业。除渔港、引桥、堤坝等基础设施建设用海外，严格限制改变海域自然属性；加强渔业资源增殖放流，科学规划与建设增殖放流区和海洋牧场，扩大放流规模，规范资源管理；合理利用海洋渔业资源，严格实行捕捞许可证制度，控制近海捕捞强度，严格实行禁渔休渔制度；合理规划养殖规模、密度和结构，保障渔业资源可持续发展。

6.3.4 城镇空间用途管制规则

城镇空间是进行城镇生产生活、开发建设的区域，也是人类活动作用强度最高的区域，包括城镇发展区的城镇集中建设区、城镇弹性发展区和特别用途区，以及海洋发展区中的交通运输用海区、工矿通信用海区、游憩用海区、特殊用海区、海洋预留区，城镇集中建设区下细分居住生活区、综合服务区、商业商务区、工业发展区、物流仓储区、绿地休闲区、交通枢纽区、战略预留区。

1. 城镇集中建设区用途管制规则

城镇发展区对应城镇开发边界范围，其中城镇集中建设区是指城镇开发边界以内，一定规划期限内城市集中连片开发建设的地区，是引导城市各类建设项目集中布局的地区，是集中进行城镇开发建设的区域，为建设型分区，是城镇空间管制强度的第二阶梯。

城镇集中建设区采用“详细规划+规划许可”的方式进行管理，各类城镇建设用途的准入应符合国土空间规划和其他相关规划，优先使用存量建设用地，引导城镇低效用地再开发，提高建设用地使用效率，落实建设用地标准控制制度，开展节约集约用地评价，推广应用节地技术和节地模式。同时，依据国土空间规划及其他相关规划对绿线、蓝线、紫线、黄线进行严格的用途管制。城镇集中建设区应强化地下空间综合开发、复合利用，鼓励地下综合管廊的建设，鼓励城市地下空间的互联互通。对于已建成区域，鼓励进行原地改造，建设项目须符合国土空间规划要求；对于规划建设用地区域，一切建设用地和建设活动，必须遵循和符合国土空间规划，各项建设必须依法办理用地审批手续，不得乱占乱建。

2. 城镇弹性发展区用途管制规则

城镇弹性发展区是指为应对城镇发展的不确定性，在满足特定条件下方可进行城镇开发和集中建设的区域，为控制型分区，是城镇空间管制强度的第一阶梯。

城镇弹性发展区应维持现状用途为主，限制开发城镇建设，仅允许符合国土空间规划和其他相关规划的交通、能源、水利等基础设施建设和村民生活必需的少量的村庄建设。各项建设应当优先在城镇集中建设区进行选址，确有需要的，可在不突破规划城镇建设用地规模、符合国土空间详细规划的前提下在城镇弹性发展区选址，并在城镇集中建设区核减相应规模的城镇建设用地。各设区市自然资源主管部门应在细则中明确城镇弹性发展区中各类用途准入的程序要求和用途管制规则。

3. 特别用途区用途管制规则

特别用途区主要涵盖与城市紧密相关的生态保护、休闲娱乐、防护隔离、自然景观和历史文化保护等方面的保护和修复，为控制型分区，是城镇空间管制强度的第一阶梯。

特别用途区内的用途准入，应符合国土空间详细规划和相关专项规划，以林地、水域、湿地等为主的特别用途区鼓励准入生态整治修复工程。特别用途区内应明确可准入的项目类型，区内涉及的山体、水体、保护地应分别纳入山体、水体、保护地名录进行专项管理；严格管控区内建设行为，特别用途区内的建设行为应严格管控，在对生态、人文环境不产生破坏并符合国土空间详细规划和其他相关规划的前提下，可适度开展休闲、游憩、科研、教育、必要的配套服务等相关活动；允许不可避让的、符合国土空间规划和其他相关规划的市政基础设施、交通设施、水利设施等基础设施建设活动。

4. 海洋发展区用途管制规则

海洋发展区中交通运输用海区、工矿通信用海区、游憩用海区的主要导向均为建设型分区，是城镇空间管制强度的第二阶梯；特殊用海区、海洋预留区需严格控制污水排放标准和其他军事等特殊用途，为控制型分区，是城镇空间管制强度的第一阶梯。

海洋发展区是允许集中开展开发利用活动的海域，以及允许适度开展开发利用活动的无居民海岛。区内按照《中华人民共和国海洋环境保护法》《中华人民共和国海域使用管理法》《中华人民共和国海岛保护法》《海岸线保护与利用管理办法》等法律法规和文件的要求，按照“约束指标+分区准入”的方式，根据具体用途类型进行管理。海洋发展区采用正面清单管制，正面清单由县级人民政府制定，并经省级主管部门审核。

6.3.5　能源与矿产空间用途管制规则

能源与矿产空间包含矿产能源发展区和海洋发展区中的工矿通信用海区两个分区，均为控制型分区。

矿产能源发展区是陆域上为保障国家能源安全与矿业发展、战略性矿产储量区等区域，按照《中华人民共和国矿产资源法》《矿产资源规划编制实施办法》等矿产资源开发管理办法和有关法律法规等要求，采用“正面清单”准入的管控方式。在符合国土空间规划和其他相关规划的前提下，矿产能源发展区允许矿产资源的勘探、开采、初加工以及相关的配套设施建设；允许开展农用地整理和其他土地整治工程的实施，鼓励生态修复和生态建设工程；区内禁止大规模的城镇建设。鼓励准入符合国土空间规划和其他相关规划的生态修复和生态建设工程；区内允许开展矿产资源的勘探、开采活动以及相关的配套设施建设活动。在符合国土空间规划和其他相关规划的前提下，矿产能源发展区允许准入农用地整理和其他土地整治等工程。

工矿通信用海区是以临海工业、矿产能源开发和海底工程建设为主要功能导向的海域和无居民海岛，允许进行一定的开发建设，但需控制和保障矿产资源的可持续开发利用和生态环境的稳定。允许准入临海工业利用、矿产能源开发和海底路由管道建设等用途；工业用海必须配套建设污水和生活垃圾处理设施，实现达标排放和科学处置。

6.4　以空间精细化管理为导向的详细规划用途管制规则

6.4.1　详细规划管制规则精细化传导规划分区管制规则

国土空间详细规划，是对具体地块用途和开发建设强度等做出的实施性安排，是开展国土空间开发保护活动、实施国土空间用途管制、核发城乡建设项目规划许可、进行各项建设等的法定依据。其管控规则是在对上承接总体规划分区管制规则的前提下，突出其微观系统性、实施性和落地性。

在城镇开发边界内的详细规划，由市县自然资源主管部门组织编制，报同级政府审批。承接总体规划中关于城镇发展区和中心城区管制要求，进一步细化和分解细化区片功能定位、设施配套要求、产业发展、指标控制、负面清单等管制要求，通过微观布局，强化建设空间的精细化和品质化管理。

在城镇开发边界外的乡村地区，以一个或几个行政村为单元，由乡镇政府组织编制"多规合一"实用性村庄规划，报上一级政府审批。鼓励在既有规划类型未覆盖地区探索其他类型详细规划，如风景名胜区详细规划等类型。对城镇开发边界外，尤其是非建设空间的精细化管控，是国土空间规划体系实现全域全要素空间治理的关键一环，可结合资源环境承载能力和国土空间开发适宜性评价，对生态、农业、自然要素进行系统梳理和评估，并按照建设、农业和生态三类空间进行管控单元分类分区和用地细分。通过细化分类分区管控完善用地的用途管制规则，同时注重"多规"系统融合和上下规划传导，提升非建设空间的精细化管理水平。

6.4.2　城镇开发边界内控制性详细规划管制规则

控制性详细规划是依据已依法批准的总体规划或上位规划，考虑相关专项规划的要求，以"规划分区-(片区-单元)-地块"的纵向管控层级为管控体系，建立"分层传导"管控规则。一是基于上位总体规划拟定的分区管制规则，明确各类分区管控的总体原则；二是基于容积率、建筑密度等用地指标，并逐级分解形成片区、单元的详细管控规则；三是结合开发许可行为的条件与基本要求，细化详细地块的用地布局条件，明确具体地块的用地性质、允许建筑用途、建筑用途的混合使用或混合用地、规划指标和管控要求。

1. 规划分区层面用途管制规则

承接市、县级、乡镇级国土空间总体规划中城镇发展区的城镇集中建设区、城镇弹性发展区和特别用途区，确定居住生活区、综合服务区、商业商务区、工业发展区、物流仓储区、绿地休闲区、交通枢纽区、战略预留区等各功能片区的定位目标，明确刚性、弹性指标，各类绿线、蓝线、黄线、紫线等控制线，提出居住用地规模总量、公共服务设施用地总量和结构比例等公服设施、市政设施、综合交通体系、总体城市设计中设施布局及管控要求。

2. 片区层面用途管制规则

片区的主要管控内容包括保障城镇建设用地规模、常住人口规模、公共服务设施总量、基础设施总量等强制性管控指标，搭建片区级公共设施骨架，结合具体需求完成各类专项规划及城市设计等。确定涉及整体结构性、系统性及公共性等要素的管控，结合特殊管控单元需求，可分类制定新城建设、城市更新、乡村建设、自然和历史文化资源保护利用、产城融合、城乡融合、区域一体、绿色发展等相应单元管控导则。

3. 单元层面用途管制规则

单元层面管控规则需综合考虑行政区划、自然景观环境、城市功能区划分、主要道路、重要基础设施、社会组织及实际开发建设管控需求等要素。重点关注单元层级综合服务功能完善及开发建设管控，在落实上级管控内容基础上，综合考虑相邻管控单元间各类要素的协调。

4. 地块层面用途管制规则

明确各地块的综合性、强制性和引导性管控内容，如表 6-6，其中容积率、公共服务设施配套等规划指标，可在控制单元或片区层面进行综合平衡。对于在总体、片区层级已明确地块开发建设指标控制的，在地块层面直接落实其管控要求即可。

表 6-6　地块层面管控内容

管控内容分类	具体管控内容
综合性管控内容	（一）发展目标、功能定位和空间结构； （二）街区的主导属性； （三）发展规模，包括总用地面积、总建设用地面积、住宅建筑面积、单元人口容量； （四）空间结构、路网结构、绿地景观结构
强制性管控内容	（一）土地使用性质及其兼容性等用地功能控制要求； （二）容积率、建筑高度、建筑密度、绿地率等用地指标； （三）基础设施、公共服务设施、公共安全设施的配套要求； （四）基础设施用地的控制界线（黄线）、各类绿地范围的控制线（绿线）、历史文化街区和历史建筑的保护范围界线（紫线）、地表水体保护和控制的地域界线（蓝线）以及道路用地的控制界线（红线）等及其控制要求； （五）地下空间开发利用的强制性控制要求； （六）城市设计中明确的强制性控制要求
引导性管控内容	（一）地块交通出入口方位和建筑后退红线距离； （二）各级道路断面、交叉口形式及渠化措施； （三）建筑体量、体型、色彩等内容； （四）地下空间开发利用的指导性控制要求； （五）城市设计中明确的指导性控制要求

6.4.3 城镇开发边界外的村庄规划用途管制规则

村庄规划按照主导用途分区，实行“村庄规划+规划许可”和“约束指标+分区准入”的管制方式。虽然城镇开发边界外的区域人口、经济和交通的密度低，但其规划和管制对象，既包含提供生态价值服务的生态空间，需引导进行生态保护和修复的空间管控；也包含用于农牧业生产的耕地、林地、草地、水域等农业空间，需要以利用控制为导向进行详细用地布局；同时还包括村庄、区域性交通和市政设施、点状开发项目等建设空间，对其开发设施进行类似于城镇详细规划深度的规划控制引导（程茂吉，2021）。除生态、农业、建设等三类空间外，还需要结合地区自然和历史文化资源禀赋和上位规划，对其他空间进行用地布局和管控。

1. 生态空间用途管制规则

落实市县、乡镇级国土空间总体规划划定的生态保护区和生态控制区布局及其“分区准入”管控规则，细化生态空间管控布局。

落实生态保护红线、林地、河湖、湿地等相关的管控指标要求，把生态空间对应的原生林、公益林、水面、湿地等用地细分到用地斑块边界，系统保护乡村自然风光和田园景观。以增加生态系统碳汇为导向，加强生态系统修复和整治，优化乡村水系、林网、绿道等生态空间格局，明确各类水体的水质要求，落实水质达标率指标要求。

2. 农业空间用途管制规则

落实市县、乡镇级国土空间总体规划划定的农田保护区和乡村发展区（一般农业区、林业发展区、牧业发展区、渔业用海区）布局及其管控规则。将上级规划确定的耕地保有量、永久基本农田指标落实到图斑。

根据耕地、林地、草地、园地、水域现状分布和资源等级（质量），统筹安排农、林、牧、渔等农业空间，完善农田水利配套设施布局，合理保障农业产业发展空间；合理确定农业设施建设用地规模，科学布局农业设施建设用地。

3. 建设空间用途管制规则

依据市县、乡镇级国土空间总体规划确定的村庄建设区，基于村庄规模预测，充分尊重村民意见，避让生态保护红线、永久基本农田保护线、水体保护控制线和其他必要的管控底线，按照“整体减量，局部增量”和“培育中心居民点、保护文化居民点、收缩空心居民点、搬迁灾害居民点”原则，结合道路、河湖、林地等实体边界，划定村庄建设边界。

村庄建设边界是村庄规划中的刚性管控线，落实村域村庄建设用地、区域性交通公用设施用地、零星城镇建设用地、村庄道路和市政基础设施等各类建设用地布局，明确其土地用地性质、用地布局、开发容量、交通出入口和设施统筹等要求。根据村庄的特征和管理需要，适当细化居住、商业旅游公共设施等用地布局，并对相应的建设总量开发强度、建筑空间的退后、间距、尺度、公共开放空间、建筑风格风貌进行深入引导。

4. 其他管控边界用途管制规则

落实市县、乡镇级国土空间总体规划或相关专项规划确定的矿产能源发展区、水体保护控制线、历史文化保护线、洪涝灾害控制线等其他分区和控制线和管控要求。若缺少上级规划和相关规划指导，可按相关技术要求划定。

6.5　国土空间用途管制规则“全流程”实施手段

6.5.1　国土空间用途管制规则实施手段类型

用途管制规则实施手段，是指为实施国土空间用途管制规则进行的具体操作和执行工具，是国土空间用途管制制度化和规范化的体现。分步骤来看，主要包括：空间规划明确管制规则的总体要求，计划管理控制规划实施的时序，空间准入、用途转换、实施许可等规范规划和管制规则实施过程，监督管理则是对规划和管制实施结果、效果的监管和修正。

空间规划：国土空间规划确定了各类空间的使用目的和规则，为用途管制提供了明确的指导和依据，突出底线管控。

计划管理：也指土地利用计划，是根据国土空间规划等，对年度内各项用地数量的具体安排，是落实国土空间规划目标任务的重要途径，也是控制建设用地时序节奏的重要手段（王诗思，2020）。

空间准入：以国土空间规划依据，土地利用计划为约束，针对人类开发、利用、保护国土空间的不同行为过程和不同分区管控规则，对人类行为活动是否符合空间正负面清单、规划条件、用地指标等进行审核，判断其是否符合实施要求。

用途转换：对特定区域内土地利用方式进行调整和改变的过程，通常涉及将原先的农用地、林草地或其他类型的土地改变为建设用地，或通过生态退耕、土地复垦等对非建设用地用途进行转换。

实施许可：即通过对国土空间开发利用活动进行事先审查，核发（临时）建设用地规划许可证、（临时）建设工程规划许可证、乡村建设规划许可证以及各类土地、自然资源使用许可证书，对不符合用途管制要求的活动不予批准。

监督管理：即重点关注开发利用活动的合法合规性和对生态环境的影响，旨在通过加大监管和违法处罚力度，减少开发建设、矿产开采、农业开垦等对生态环境的损害，保证国土空间可持续利用。

6.5.2　空间规划明确管制规则的总体要求

国土空间规划是国土空间用途管制的依据，从前文可以看出，用途管制策略和管制规则的逐级传递，一定程度上建立在国土空间规划体系的逐级传递中。

在宏观尺度上，围绕国家和省级制定的主体功能定位，用途管制以空间协调发展为导向，针对农产品主产区、重点生态功能区、城市化地区等制定管制策略，充分发挥区域主导优势功能。在中观尺度上，以市县（乡镇）国土空间总体规划划分的规划分区为依据，确定各类空间单元要素和人类行为指引要求，明确各空间准入、转用条件等管控规则，统筹开发与保护，形成科学适度有序的国土空间布局。在微观尺度上，围绕各类地块保护利用，明确地块用地性质、开发强度、利用方式等详细用途管制规则要求，是实施空间准入、规划许可的主要依据。

6.5.3　计划管理强化时序控制和区域平衡

作为落实长期规划意图、统筹短期土地利用的重要抓手，计划管理是自然资源主管部门的重要职责，也是稳步推进国土空间开发利用、开展国土空间管控的关键环节（刘松雪等，2022）。

国土空间规划改革背景下，土地利用年度计划制度的执行面临新的形势，需要重新审视改革思路，把握计划管理的功能定位与宏观导向。

1. 探索构建全要素自然资源计划管理体系

一是，强化节约利用等提高资源利用效率、保护生态环境的基本手段，从源头上维护国家资源安全和生态安全。建议统筹考虑国土空间开发利用与保护修复任务，依据“山水林田湖草沙”是一个生命共同体的理念要求，把林地、草地、湿地、水、矿产等重要自然资源纳入计划统一管理，如林地保有量、占用林地、森林覆盖率、草原综合植被盖度、湿地保有量、用水总量、稀土和钨矿等特定矿种开采总量、围填海总量等控制等指标类型，结合规模与布局约束，探索弹性考核机制，实施差别化计划管理。

二是，完善自然资源修复类指标管理。生态修复是保护资源和促进生态恢复的重要途径，将国土空间规划中的生态修复类指标，如土地复垦面积、新增水土流失治理面积、新增沙化土地治理面积、历史遗留矿山治理面积等，一并纳入自然资源计划管理体系中，分配到年度计划中，确保每年都有明确的实施目标和绩效考核标准；建立健全的管理机制和监测评估体系，及时跟踪修复进展情况，评估修复效果，并根据实际情况，进行年度调整和优化，实现对生态修复工作的系统化、规范化管理。

2. 强化土地利用计划区域平衡管理体系

在主体功能战略的指引下，土地利用计划管理应在宏观层面，搭建城乡区域土地要素循环传送带，充分释放市场优势和内需潜力，有效畅通城市与农村以及东中西部之间的经济循环，加快构筑新发展格局支撑点。

一是建设用地资源向中心城市和重点城市群倾斜的基础上，推动城市群和大都市圈地区加快土地利用方式优化，吸引更多人口和要素集聚，使优势地区有更大发展空间；通过严管建设项目用地审查，精准识别用地需求，提高建设用地指标分配精准度，通过对批而未供、供而未用等低效用地的清理，盘活存量建设用地，深度挖潜建设用地潜力，从而提高土地配置效率和节约集约利用水平，促进高质量发展。

二是基于建设用地需求格局变化，统筹建设用地资源配置，优先为发展基础和能力上需要扶持的地区提供必要的用地空间保障（姜海等，2021），如对生态保护红线划定面积比例排名靠前的重点生态功能区奖励专项计划指标，用于自然保护地核心保护区转移进城落户人口居住用地需求，以及保障被列入发展规划和国土空间规划的重大工程和重点项目用地。

三是以土地利用计划管理保障乡村产业发展用地，助推乡村振兴。一方面，通过调整优化土地利用计划管理方式，专项安排每个脱贫县每年计划指标，保障乡村建设用地计划，支持农村产业融合发展和乡村振兴；另一方面，活用增减挂钩政策，优化城乡土地资源配置、显化农村土地资产和级差收益，畅通城乡要素流动，撬动资金转移支付促进农民增收、农业增效和农村发展；同时实施农村集体经营性建设用地入市制度，深入推进农村改革，完善农村产权制度和要素市场化配置机制，充分激发农村发展内生动力。

6.5.4　空间准入、用途转换、实施许可规范管制规则执行过程

1. 空间准入、用途转换、实施许可管理方式

按照行政管理模式，空间准入、用途转换、实施许可环节包括“条件准入”“使用许可”“规划许可”和“审批许可”等管理方式。“条件准入”是指相关部门依据部门职责和相关准入条件，对活动进行准入、转出清单或生态影响评价等条件审核，同意并且备案后才可以开展相关活动的准入方式。“使用许可”指从事开发利用自然资源活动之前必须向有关管理机关提出申请的自然资源使用许可；“规划许可”包括《乡村建设规划许可证》《建设用地规划许可证》《建设工程规划许可证》等证书核发过程。“审批许可”指建设用地占用自然资源，或农用地内部转用时需办理的用地审批，以及建设用地规划许可程序。

1）主导和兼容用途地类准入

主导功能为生态保护和农牧渔生产的分区，对于保护和修复类活动，在符合用途管制规则和要求的前提下，可申请以“条件准入”的方式进入；对于利用类活动，涉及自然资源的采取“使用许可”方式准入，涉及建设活动的采取“规划许可”方式准入，对于正向、平行转用类活动，在开展环境影响评价后，确保分区主导功能不变的情况下，可以“条件准入”的方式进行备案，但对于负向转用，因其可能会对区域主导功能产生影响，必须进行“审批许可”。在主导功能为开发建设的分区中，对自然或建设资源进行保护和修缮的活动，可申请“条件准入”的方式准入；利用类活动需通过“使用许可/规划许可”的方式准入；其他转用类活动，除了村庄建设区中不涉及建设用地的，均需进行审批许可，如表 6-7。

表 6-7 空间准入、用途转换、实施许可管理方式

<table>
<tr><th rowspan="3">主导功能</th><th colspan="2">规划分区</th><th rowspan="3">保护类</th><th rowspan="3">修复类</th><th rowspan="3">利用类</th><th colspan="3">转用类</th></tr>
<tr><th rowspan="2">一级</th><th rowspan="2">二级</th><th>正向转用</th><th>平行转用</th><th>负向转用</th></tr>
<tr><th>兼容用途向主导用途转用</th><th>兼容用途、主导用途内部转用</th><th>主导用途向兼容用途转用</th></tr>
<tr><td rowspan="3">生态保护</td><td rowspan="2">生态保护区</td><td>自然保护地核心保护区</td><td colspan="6">禁止一切人为活动</td></tr>
<tr><td>生态保护红线一般控制区</td><td colspan="2" rowspan="17">条件准入</td><td rowspan="17">使用许可/规划许可</td><td colspan="2" rowspan="7">条件准入</td><td rowspan="7">审批许可</td></tr>
<tr><td>生态控制区</td><td>—</td></tr>
<tr><td rowspan="5">农牧渔生产</td><td>农田保护区</td><td>—</td></tr>
<tr><td rowspan="3">乡村发展区</td><td>一般农业区</td></tr>
<tr><td>林业发展区</td></tr>
<tr><td>牧业发展区</td></tr>
<tr><td>海洋发展区</td><td>渔业用海区</td></tr>
<tr><td rowspan="10">开发建设</td><td>乡村发展区</td><td>村庄建设区</td><td colspan="2">条件准入（不涉及建设用地）/审批许可（涉及建设用地）</td><td>审批许可</td></tr>
<tr><td rowspan="3">城镇发展区</td><td>城镇集中建设区</td><td colspan="3" rowspan="3">审批许可</td></tr>
<tr><td>城镇弹性发展区</td></tr>
<tr><td>特别用途区</td></tr>
<tr><td rowspan="5">海洋发展区</td><td>交通运输用海区</td><td colspan="2" rowspan="5">条件准入（不涉及建设用地）/审批许可（涉及建设用地）</td><td rowspan="5">审批许可</td></tr>
<tr><td>工矿通信用海区</td></tr>
<tr><td>游憩用海区</td></tr>
<tr><td>特殊用海区</td></tr>
<tr><td>海洋预留区</td></tr>
<tr><td>矿产能源发展区</td><td>矿产能源发展区</td><td colspan="3">审批许可</td></tr>
</table>

注：平行转用类条件准入只允许生态功能低的地类向生态功能高的地类转变；审批许可必须符合正面清单或不在负面清单内，符合约束指标要求，占补平衡，保持主导用途面积不减少，质量不降低。

2）"不兼容"用途地类准入

原则上不允许进入。若因国家战略、不可抗人为因素导致的确需进入的建设或者修复活动，则需由原规划编者和审批单位依照法定程序开展规划调整并修改管控分区后，通过"审批许可"的方式开展相关活动。

生态空间中生态保护红线范围原则上禁止转出，确需转入的，需经过"双评价"功能核定。在生态保护红线外的一般区域，鼓励农业和城镇空间转入，对转出进行严格控制。农业空间的永久基本农田保护红线区内，允许经过高标准农田建设的耕地转入或者布局调整，原则上禁止转出；在永久基本农田以外的区域，允许向生态控制区转入，限制向城镇空间转入。城镇空间限制生态和农业空间的转入，确需调整的，必须经过法定审批和规划程序。城镇空间内，限制其他城镇空间向城镇发展区流动，确需改变城镇空间布局的，必须满足城镇建设用地总量等指标要求。矿产与能源空间对转入和转出进行严格控制。矿产与能源空间的转入需严格依法分别申请、经批准取得探矿权、采矿权、建设项目压覆重要矿产资源审批，依据国土空间规划合法性转入。矿产与能源空间转出为其他空间时，需以因地制宜开展生态修复和综合利用为前提和基础，据实核定矿区土地利用的现状，并采取合法性退出。

2. 国土空间用途管制条件准入方式

对保护类和修复类的人类活动及部分区域内的正向和平行类转用活动，采取“条件准入”方式，如附图 1。

在生态空间内的生态保护红线一般控制区（生态保护红线内非核心保护区）中，符合正面清单且不涉及新增建设用地审批的允许有限人为活动，不在负面清单内的保护类、修复类以及正向和平行转用类活动，在系统评估其对自然生态系统以及水源涵养、水土保持、生物多样性维护、防风固沙等生态功能不造成影响的情况下，可采用“条件准入”方式，并向有关部门进行备案，涉及生态保护红线调整的，由省级审核和监督管理。

在农业空间内，在不涉及地类转用的前提下，对于符合正面清单或不在负面清单内的保护、修复类活动，可对建设用地、耕地、草地、林地、湿地及其他农用地采取“条件准入”的方式进入。对于除乡村建设区外的农业空间，以及乡村建设区内不涉及建设用地的正向转用和平行转用类活动，应在开展生态环境、农业生产、历史文化保护等影响评价后，确保相关功能和质量不降低的情况下，采取“条件准入”的方式进入；涉及永久基本农田调整的，由省级审核和监督管理。

在城镇空间开展符合正面清单，对建设资源和其他自然资源的保护活动，或开展对质量和生态效益受损的建设资源、自然资源的整治修复活动，经评估符合分区主导用途、对生态环境不造成重大破坏的条件下，采取“条件准入”的方式进入。

在矿产能源空间内的矿产能源发展区，开展生态修复和生态建设工程等保护、修复类活动，采取“条件准入”的方式，按照其具体准入流程，向市、县级以上地质矿产主管部门备案。

3. 国土空间用途管制使用许可/规划许可

生态空间中的利用类活动，因涉及对资源的占用但不涉及地类的转变，可申请“使用许可”方式准入。农业空间内对于非建设农业活动，在不破坏生态环境和乡村风貌的前提下，依据自然资源类型获取相关使用许可证书；对于已批准的村庄规划覆盖区域内的改扩建建设类活动，在不突破建设用地指标、建设项目选址和村庄规划各项规定的情况下，需获取规划许可相关证书。在城镇空间进行各类自然资源、存量建设用地、低效用地的有限升级改造、勘查、采伐、加工、生态建设等开发利用活动，在矿产能源发展区内开展矿产资源的勘探、开采以及相关的配套设施建设活动，采取“使用许可”或者“规划许可”的方式准入。使用许可及规划许可证书获取部门详见附表 4，相关流程详见附图 2。

4. 国土空间用途管制审批许可

负向转用类活动及部分涉及建设用地的转用类活动原则上采用“审批许可”的方式

进入空间。

生态空间在生态保护区和生态控制区实行差异化准入。对于生态保护区，也就是生态保护红线的审批许可分为两种情况：一是涉及新增建设用地的允许有限人为活动，由省级自然资源主管部门预审；二是涉及占用生态保护红线的国家重大项目，按规定报自然资源部进行预审。对于生态控制区，由县级人民政府进行准入条件审核，逐级上报有审批权限部门进行预审，通过后核发空间准入许可，再持补充材料和空间准入许可向县级以上自然资源主管部门提出建设占用审批申请，相关部门均审核通过后，逐级上报有审批权限的主管部门审核，核发建设占用批复，如附图 3。

在农业空间内除乡村建设区外的乡村发展区，涉及建设占用、其他农用地转变的负向转用，因其可能会对区域主导功能产生影响，必须进行“审批许可”方式进入，审批流程与生态控制区相似，如附图3，其中涉及国家级重点建设项目、永久基本农田，耕地、林地及其他土地的面积到达一定阈值时，报国家级相关部门审批。

在城镇空间开展的转用类活动，特别是涉及农用地转用的活动，采取“审批许可”的方式进行准入。依据详细规划，拟准入的活动由所在地自然资源与规划主管部门、农业农村等部门对存量与增量建设用地比例、低效用地在城镇集中区的比例、是否处于生态脆弱敏感区与生态保护极重要区以及提供生态、人文景观服务的相关活动规模等进行严格审查核对，审核通过的由所在地市、县级自然资源主管部门审批。

在矿产能源发展区内开展农用地整理和其他土地整治工程等转用类活动，采取“审批许可”的方式，取得市县级以上地质矿产主管部门审批许可后方可准入；需要压覆非重要矿产资源的建设项目，需报省级主管部门审核；需要压覆重要矿产资源的建设项目，则需由自然资源部审批。

参考文献

陈宗兴，蔡昉，潘家华，等. 2019. 生态文明范式转型——中国与世界[J]. 城市与环境研究，(4): 3-20.

程茂吉. 2021. 基于详细规划定位的村庄规划土地用途管制方式和管控重点研究[J]. 城乡规划，(6): 39-47.

邓明霞，周剑云. 2021. 基于人类行为的国土空间规划用途管制研究——以《布里斯班城市规划 2014》为例[J]. 智能建筑与智慧城市，(9): 14-16.

樊杰，王亚飞，梁博. 2019. 中国区域发展格局演变过程与调控[J]. 地理学报，74(12): 2437-2454.

樊杰，周侃. 2021. 以“三区三线”深化落实主体功能区战略的理论思考与路径探索[J]. 中国土地科学，35(9): 1-9.

龚健，高静，陈光，等. 2024. 国土空间格局优化情景分析：理论与方法[J]. 中国土地科学，38(2): 1-10.

龚健，李靖业，韦兆荣，等. 2020. 面向自然资源统一管理的国土空间规划用地分类体系及用途管制探索[J]. 规划师，36(10): 42-49.

姜海，陈乐宾，孙欣. 2021. 新发展格局下土地利用计划管理制度的革新[J]. 中国土地，(6): 20-22.

刘松雪，林坚，杨凌. 2022. 国土空间规划下的土地利用年度计划管理思考[J]. 中国土地，(6): 28-30.

田家兴，郝静，单彦名. 2022. 国土空间规划背景下市域历史文化资源空间保护体系构建探索——以山东省聊城市为例[J]. 城市发展研究，29(1): 60-65+81.

王诗思. 2020. 土地利用年度计划的管理变革[J]. 中国土地，(1): 45-46.

熊芸, 龚健, 陈平, 等. 2023. 陆域国土空间用途管制分区准入体系构建研究[J]. 规划师, 39(3): 87-93.
严金明, 陈昊, 夏方舟. 2017. “多规合一”与空间规划: 认知、导向与路径[J]. 中国土地科学, 31(1): 21-27+87.
叶菁, 黄川悦, 陶荣, 等. 2024. 主体功能区战略在国土空间总体规划中的传导管控策略[J]. 规划师, 40(6): 23-30.
张立, 李雯骐, 张尚武. 2021. 国土空间规划背景下建构乡村规划体系的思考——兼议村庄规划的管控约束与发展导向[J]. 城市规划学刊, (6): 70-77.
朱江, 张国杰, 姚江春. 2022. 基于逻辑框架法的自然资源用途管制路径与方法研究[J]. 自然资源学报, 37(1): 59-69.

第 7 章　国土空间用途管制与规划衔接传导机制

建立以空间规划为基础、以用途管制为主要手段的国土空间开发保护制度，推动形成有效的主体功能约束和有序的国土开发格局，不仅是有效推进、实施国家战略、推动中国式现代化进程的必然要求，同时也是提升国土空间治理能力、推动高质量发展的关键举措。随着生态文明体制改革的推进，我国以空间规划为基础、以用途管制为主要手段的国土空间开发保护制度已取得显著成效（李林林等，2019）。国土空间规划是用途管制的基础依据，用途管制是国土空间规划实施的重要手段。在国土空间规划编制完成后，能否推动用途管制的顺利实施对国土空间治理能力至关重要，两者的有效衔接与精确传导，是增强国土空间开发保护制度效能、提升国土空间治理能力现代化水平的关键之处。

本章首先剖析国土空间规划与国土空间用途管制的关系，明确规划与管制衔接的重点内容；其次结合用途管制事权体系与全域全要素用途管制规则内容，探索构建以“事权”为核心的用途管制纵向传导路径，以及以“规划为依托”的用途管制横向衔接路径；最后总结纵向与横向传导衔接路径下的用途管制传导方式，“刚弹兼济”，增强用途管制的高效性与灵活性。

7.1　国土空间用途管制与国土空间规划的有效衔接

当前我国国土空间规划正逐步从规划编制转向规划实施阶段，厘清国土空间用途管制与国土空间规划关联关系，明晰国土空间规划与国土空间用途管制衔接重点，实现以规定管、以管落规，是当前亟需解决的重大难题。

7.1.1　国土空间规划与国土空间用途管制的关系

1. 国土空间用途管制是规划实施的重要手段

国土空间用途管制，是实现国土空间规划目标的基础和前提。用途管制强调各种规划用途的合理配置和科学利用，是保障规划目标和要求落地见效的关键环节，在实践中有着至关重要的作用。

在国土空间规划实施过程中，需要注重用途管制对国土空间利用方式调整与指导的影响，通过合理统筹和优化国土空间布局和资源要素配置，确保国土空间稳定、科学和有效利用。国土空间用途管制的有效传导依托国土空间规划体系，空间管制的有效实施得益于合理分区、事权明晰和精准化管控措施（祖健等，2021）。因此，国土空间用途管制是科学实施国土空间规划的有效手段之一。

2. 国土空间规划是用途管制的主要依据

国土空间规划的整体布局和有序安排，有利于厘清国土空间保护、开发、利用、修复等活动的内在逻辑，能够让不同类型的国土空间开发利用活动既相互独立又整体协调，并使其不影响生产生活及生态保护活动；能够确保国土空间开发利用活动有机协调个人利益与公共利益。依据规划所制定的用途分区进行管制，是促使开发保护利用活动效益最大化的重要前提之一。另外，在国土空间用途管制过程中，存在“规划范畴越大，管制工具越多样”“规划问题越复杂，管制类型更多元”的情况。随着国土空间规划内容的逐步完善，包括管制手段、内容、事权等在内的国土空间用途管制体系将更加全面。

7.1.2 国土空间规划与用途管制衔接重点

1. 与“五级三类”国土空间规划相衔接

根据《中共中央 国务院关于建立国土空间规划体系并监督实施的若干意见》提出的“对所有国土空间分区分类实施用途管制”要求，国土空间用途管制需统筹好国土空间规划的“分区”“分类”特性，做好与“五级三类”国土空间规划的衔接。一是纵向上逐级传导，国家和省级层面上，应在主体功能区战略指引下落实国土空间开发保护新格局。市县层面的国土空间用途管制需要与市县级国土空间总体规划做好衔接，注意把握规划分区与主体功能分区的衔接传导，重点完善关键控制线和指标的落地。乡镇级管制作为政府层级的微观层次，需要与乡镇总体规划和详细规划做好衔接，确保用地用海落实到具体地块。二是横向上充分衔接，总体规划应负责制定总体管控规则，把握底线和强制性管控内容，同时加强与专项规划在专项领域弹性衔接。

2. 科学划分用途管制事权

按照分级管控、事权对应的原则，构建与规划全过程传导、实施与管理相对应的用途管制事权体系。在宏观层面，自然资源部作为主管部门，重点管理好生态保护红线、永久基本农田、城镇开发边界三条控制线，并自上而下统筹协调各层级各行业部门。省级自然资源部门落实上级部门对三条控制线管控要求，并重点管理控制线以外的生态、农业空间，将具体管控要求与内容传导至市、县级部门。市、县级自然资源部门在落实上位要求基础上，负责城镇空间范围内建设项目的具体审批等内容。

3. 充分衔接管制规则与规划内容

为从顶层设计上协调好生态空间、农业空间和城镇空间的关系，党的十九大报告首次提出统一行使国土空间用途管制（黄征学等，2019）。“三区三线”成为国土空间规划重要内容，然而目前国土空间用途管制在空间准入、分区管制、用途转用、实施许可等方面，仍未充分适应空间规划内容的转变。

在主体功能区战略的指引下，如何推动管制体系从优化开发区、重点开发区、限制开发区和禁止开发区向城市化地区、农产品主产区、重点生态功能区三类主体功能区转变；如何充分考虑规划分区、要素等内容，依据不同功能定位和保护程度，明确宏观、中观、微观层面的管控要求与内容，推动“指标+要素”管制向分区、要素、指标管制转变，明晰不同空间内外用地要素转用规则、途径，以协调好生态空间、农业空间和城镇空间的关系，是当下国土空间规划与用途管制衔接的重点之一，如图 7-1。

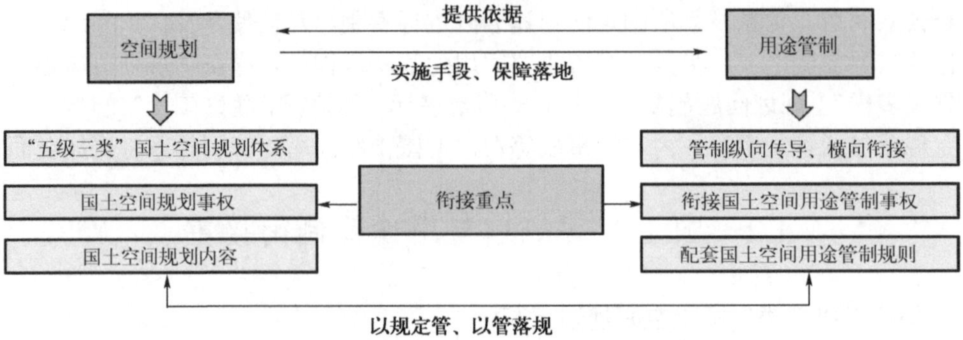

图 7-1　国土空间用途管制与国土空间规划关系与衔接重点

7.2　以“事权”为核心的用途管制纵向传导路径

7.2.1　规划事权与管制事权匹配

空间规划体系的建立，是落实国家生态文明战略的重要举措和落实用途管制制度的重要抓手。事权清晰是央地政府有效管制的前提，结合“五级三类”国土空间规划体系，遵循“谁审批、谁监管”的原则，充分衔接规划事权和管制事权，梳理管制权力范围、管理责任和上下级主管部门之间的边界关系。

1. 国家和省级政府：加强战略规划，强化底线管控

全国和省级国土空间规划以确保和落实国家重大决策部署和战略为核心任务，规划全域和跨区域国土空间开发保护方向，承担维护国土空间生态、粮食安全等底线管控责任。

协调不同地域空间功能的矛盾与冲突以促进区域可持续发展，是未来国土空间格局优化需要着力解决的重要问题（邹利林等，2022）。在全国和省级国土空间总体规划中，应基于不同区域的资源环境承载能力、现有开发密度和发展潜力等，划定主体功能区，将特定区域确定为具有生产、生活、生态等特定主体功能类型的空间单元，从宏观层面谋划国土空间开发保护总体格局，并依据不同主体功能定位提出针对性的宏观管控策略。其次，要明确生态保护红线、永久基本农田保护红线和城镇开发边界三条控制线等刚性底线和管控原则。此外，国家级和省级专项规划在诸如生态保护、农业发展、区域建设、自然资源、历史文化和自然景观资源、基础设施和防灾减灾等方面重要领域应统筹规划、厘清治理事权。

在用途管制事权上，中央政府应把握国土空间总体发展战略，保障和维护国家生态安全和粮食安全的生命线和底线，负责生态保护红线、永久基本农田保护红线和城镇开发边界三条控制线的边界划定和调整的管控事权（岳文泽等，2019）。省级政府则应强化地方责任担当，深化实施主体功能区战略，通过差别化指引促进各类要素合理流动和高效集聚，肩负永久基本农田和生态保护红线内不涉及边界调整的人为活动，和三条控制线之外的生态空间、农业空间、城镇空间的管理权限，保持空间的完整性和连续性，同时确保与专项规划相关部门的沟通协调。

2. 市县级政府：注重空间布局，把控刚弹尺度

国土空间是由自然与社会经济属性组成的复合系统，不同空间单元都具有特定的本底功能和用途。市县级国土空间规划以“三区三线”为基础，从中观层面通过规划分区谋划生态、农业、城镇三类功能分区的空间组织优化。同时，国土空间规划确定的国土空间格局，需依赖国土空间用途管制来实现（易家林等，2023）。因此用途管制需要构建用途边界清晰、管理刚柔结合的分级分类空间管控体系，同时强化与特定领域（如资源保护、基础设施、生态修复）和特定区域（自然保护地、城市群、经济带等）专项规划衔接，确保管制符合专项规划要求，满足专项规划实施需求。

在用途管制事权上，市、县级政府应充分利用其管理的灵活性和操作性，提高空间治理效率。全局性管制事务由上级政府进行审批监督，做到管什么、批什么，若管制事务影响整个省域或者跨市域范围的，则事权归省级政府（徐晶等，2020）；地方性事务能够自行决定和实施的，如城镇开发边界内部空间结构优化和品质提升，市、县级政府可结合详细规划自行提出空间内要素管控规则及具体行动计划，不再由上级政府审批。

3. 乡镇级政府：优化要素配置，落实用地管控

乡镇级国土空间规划在市县级国土空间规划划定的三类空间基础上，从微观层面明确具体地类用途、开发强度，赋予区域、地块空间价值，是开展国土空间开发保护活动、实施国土空间用途管制等的重要依据，体现落地性、实施性和管控性。

在管制事权上，乡镇政府则通过编制本级国土空间规划、控制性详细规划和村庄规划，强化对管制类和用途类要素监管，严格遵守各级各类国土空间规划的刚性管控边界和管控规则，指导建设空间用地审批和规划许可，以保障国土空间用途管制落实到位。

7.2.2　规划内容与管制规则“双向”传导路径

随着全域精细化管控要求越来越高，国土空间用途管制最终需要落实到详细管控边界（张小东等，2021），统一数据基础，空间定位，以明确用地分区、要素分类、控制线的管制布局。在向下管控实施过程中，省、市、县、乡镇等各级政府需要严格执行上一级政府划定的管制布局，逐级向下落实管控边界，且需要保持空间定位不变，同时也要及时向上反馈布局细化管控内容以及优化调整建议。各级政府在加入新管控边界时需要避让上一级政府核定的管控边界，尽量避免新划定的边界与已有管控边界出现覆盖、交叉重叠等现象，导致管控内容重叠、事权不清等问题出现，最终形成“自上向下”的强制性管控实施，和“自下而上”的反馈优化调整模式的“双向”传导路径。

1. 规划指标传导

指标是国土空间规划和用途管制中的重要抓手，其通过量化的数值对不同区域和各类要素在规划期内的发展情况做出预判，从而达到约束和规范人类行为的目的。上级规划将指标分解下达，从而实现对战略定位、管控意图等内容的有效传导和精准落实。

从管控的刚弹力度考虑，按照指标属性分为约束性与预期性指标两类，如表 7-1。约束性指标主要是进行底线约束，强调必须要落实的管制目标，包括控制线面积、用水总量以及人均城镇建设用地面积等。约束性指标对管制落实的要求较高，必须通过纵向实施路径由上级落实到下级；预期性指标一般不做强制性落实要求，包括常住草原综合植被盖度和森林覆盖率等指标。

表 7-1　国土空间用途管制指标表示例

指标类型	指标项	指标属性
一、空间底线	生态保护红线面积	约束性
	用水总量	约束性
	永久基本农田保护面积	约束性
	耕地保有量	约束性
	林地保有量	约束性
	基本草原面积	约束性
	草原综合植被盖度	预期性
	森林覆盖率	预期性
	湿地保护率	预期性
	大陆自然海岸线保有率	约束性
	水域空间保有量	预期性
	自然和文化遗产	预期性
	建设用地总面积	约束性
	城乡建设用地面积	约束性
	新增建设用地指标	约束性
二、空间结构与效率	人均城镇建设用地面积	约束性
	人均应急避难场所面积	预期性
	道路网密度	预期性
	每万元 GDP 水耗	预期性
	每万元 GDP 地耗	预期性
	万元 GDP 能耗	预期性
	容积率	约束性
	建筑高度等	约束性
	建筑密度	约束性
	绿地率	约束性
	道路网密度	约束性
	林木蓄积量	预期性
	单位面积草场载畜量	预期性
	湿地水质达标率	约束性
三、空间品质	公园绿地、广场步行 5 分钟覆盖率	约束性
	卫生、养老、教育、文化、体育等社区公共服务设施步行 15 分钟覆盖率	预期性
	城镇人均住房面积	预期性
	人均体育用地面积	预期性
	人均公园绿地面积	预期性
	土地复垦面积	预期性
	新增水土流失治理面积	预期性
	新增沙化土地治理面积	预期性
	历史遗留矿山治理面积	预期性

下级需对上级规划的刚性约束性指标和弹性预期性指标进行落实、分解、深化，必要时，可结合管制内容的实际需求进行指标增补。

2. 控制线传导

在国土空间规划中，控制线的划定为实施用途管制奠定了分区基础，控制线围成的区域面积为以某一主导功能为导向的管制分区，而国土空间规划的规划分区为以某一主导功能为导向的用途分区，故两者存在交叉部分。

目前，我国国土空间规划体系在三条基本控制线基础上，结合现实特征与实际需要，增加了诸如历史文化保护线、洪涝灾害控制线、基本草原红线、重大基础设施建设等方面的控制线，从而已基本形成面向全域自然资源保护和城乡开发建设行为导控的“基础 3 线+城市 4 线+特色 X 线”控制线体系（图 7-2）。

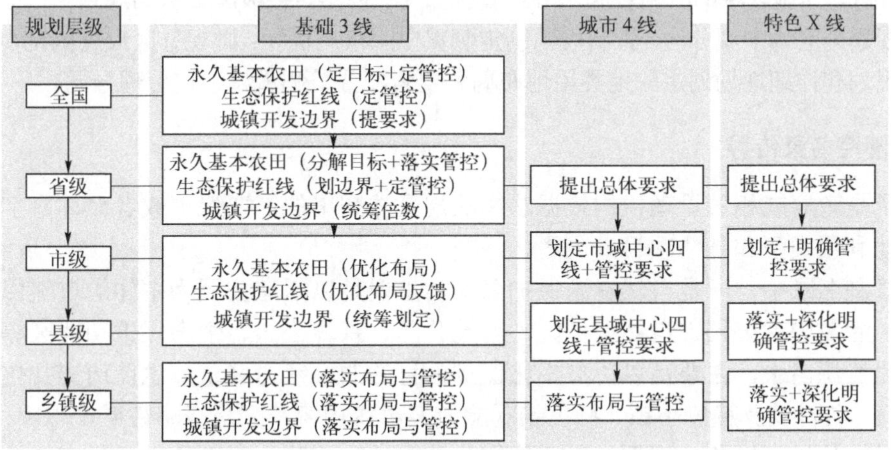

图 7-2　控制线传导示意图

基础 3 线：为保障粮食安全、生态安全和节约集约发展的永久基本农田保护红线、生态保护红线和城镇开发边界，从全国层面开始制定规则，省级统筹划定，逐级传导细化。

城市 4 线：城市黄线、城市紫线、城市蓝线、城市绿线。由省级校核，市、县级层面划定。

特色 X 线：结合实际情况而定，省级规划层面提出总体要求，引导市、县级层面划定，可以包括重要公共服务设施用地控制线、优化区域设施建设的区域基础设施走廊控制线、对自然和文化遗址进行保护的历史文化保护线、为保障防洪排涝系统完整的洪涝风险控制线、为优化村庄布局的村庄建设边界、矿产资源富集地区划定的矿产资源控制线、工业发达地区比如珠三角划定的工业用地保护线以及特色产业用地控制线，比如贵州仁怀市的“酒线”等等。

3. 管制分区传导

首先，应明确控制线与管制分区之间的衔接传导关系。基础 3 线中的永久基本农田保护红线、生态保护红线和城镇开发边界，分别对应国土空间规划中的农田保护区、生态保护区和城镇发展区，是以用途管控为目的的刚性管制分区，与其他规划分区互不交叉；而其他控制线围成的分区，与主体功能分区和规划分区存在重叠，也存在协调关系，如村庄建设边界需与规划分区中的村庄建设区协调，矿产资源控制线与主体功能区中的能源资源富集区和规划分区中的矿产能源发展区存在协调关系，历史文化保护线则与主体功能区中的历史文化资源富集区存在协调关系，其管控规则需要在符合规划分区的基础上，增补控制线主导功能的管控要求。

其次，关于管制分区的纵向传导，国土空间规划中“规划分区”旨在对国土空间的开发与保护方向进行引导，因此用途管制可将“规划分区”作为连接点，与“管控分区”相衔接。在从前文（第 6 章第 1 节）基于“宏观-中观-微观”尺度的管制“区域”分区体系中可以看出，空间的尺度性意味着需要建立多层级用途分区管制体系。从各级政府规划与管制事权来看，分区管控的“空间尺度”大致可以分为三个层面：以国家和省级规划形成的主体功能区为宏观分区，强调区域的战略性和引导性管控策略；以市、县级国土空间规划“三区三线”形成的规划分区为中观分区，管制规则制定侧重空间格局优化；微观分区尺度则是乡镇级国土空间规划和详细规划划定的地类用地布局和要素配置，侧重精细化管理导向。

4. 管控名录传导

名录是政府或相关管理机构依据法律法规具体列出的需要保护或者允许、禁止的区域、土地利用类型和具体项目。

在管制名录中，一是自然资源保护名录，主要是以国家公园为主体的自然保护地体系名录，涵盖国家公园、自然保护区、湿地公园、森林公园、生态保护功能区等内容；二是文化资源名录，主要是以历史文化保护为目的的城镇村名录，涵盖历史文化保护名城、名镇、名村以及特色小镇、特色景观旅游名村等内容；三是战略性矿产保障区名录。管制名录的传导可以依托规划，以逐级细化补充的方式从上至下传导，如表 7-2。

表 7-2　保护性名录传导表

等级	各类保护地名录	历史文化保护名录	战略性矿产保障区名录
全国	明确国家级保护地位置、面积、管控要求	国家级文物保护单位、历史文化名城名镇名村、历史城区、历史文化街区、传统村落、历史建筑等历史文化遗存的保护范围	明确战略性矿产保障区名录
省级	落实国家级和明确省级保护地位置、面积、管控要求	国家级和省级历史文化遗存的保护范围	落实战略性矿产保障区名录
市级	落实国家和省级以及其他保护地位置、面积、管控要求	国家级、省级、市级历史文化遗存的保护范围，划定历史文化保护线，向上反馈纳入省级和市级“一张图”，并提出管控要求；市域布局城市紫线	落实战略性矿产保障区名录
县级	落实国家、省级以及其他保护地位置、面积、管控要求	国家级、省级、市级、县级历史文化遗存保护范围，细化历史文化保护线，逐级向上反馈纳入省级和市级“一张图”，并细化管控要求；县域布局城市紫线	落实战略性矿产保障区名录
乡镇级	落实国家、省级以及其他保护地位置、面积、管控要求	国家级、省级、市级、县级历史文化遗存保护范围，细化历史文化保护线，逐级向上反馈纳入省级和市级“一张图”，并细化管控要求；县域布局城市紫线	落实战略性矿产保障区名录

5. 管控清单传导

管制清单主要包括正面清单和负面清单，内容涵盖区域产业准入、自然资源开发利用项目的限制或禁止准入等清单。国土空间规划中制定“正负面清单”对“规划分区”中的土地空间坐标、属性特征以及人为活动等内容进行明确的排他界定（马向明等，2023），明确开发建设行为准入要求、条件、程度，落实分级分类管控。

生态空间重在保护生态地类和生物多样性，在生态保护红线内实行正面清单，减少人为活动；生态保护红线外的生态空间实行负面清单，明确土地整治、生态保护修复、自然资源要素保护类指标，侧重拆除复绿，改善生态环境。农业空间重在保护耕地和保障粮食安全，永久基本农田实行正面清单，防止耕地“非粮化”“非农化”；永久基本农田以外的农业空间实行负面清单，侧重改善乡村环境，重点约束与生态和农业资源无关、破坏性较强的工业、商业、房地产开发项目。城镇空间重在提升建设用地利用效率，实行负面清单，在城镇开发边界内，通过“详细规划+规划许可”相结合的方式准入，鼓励盘活存量，在城镇开发边界外，严格控制新增城镇建设用地规模和开发强度。

6. 项目布局管控传导

项目布局管控侧重强化规划弹性管理，包括各类公共服务和基础设施、特殊选址、乡村振兴等重大建设项目以及国土空间整治和生态修复工程项目布局传导。

关于重点项目名录的传导，下级应当落实上级相关规划布局要求，增补本级全域和中心城区各类建设目标、用地总量和比例、选址选线与用地控制要求、设施配置标准和布局原则等；但涉及跨区域、对地区影响较大的设施，可向上一级反馈，纳入上一级规划中。重点项目的传导需把握三个方面：一是以保障设施质、量并重为目的，促进各类公共服务和基础设施在不同层级规划中的逐级细化落实，最终实现总体层面设施覆盖率与配置标准的不断提升；二是按照“省—市—区—社区”的设施等级体系，从设施等级、标准、布点、规模、用地边界 5 个方面，逐级深化高等级设施到低等级设施的管控要求；三是需结合不同层级规划的基本单元，做好覆盖率或人均标准类指标向可直观反映设施数量和面积指标的转换，实现相应等级设施的可统计、可汇总，做到设施管控在不同层级规划中的可联动、可统筹、可监管。

关于国土空间整治和生态修复工程项目名录，其传导方式为：上级需统筹大尺度的工程和项目安排，下级依据本区域生态修复指标及治理需求，落实和增补小尺度工程和项目安排，如国家以流域为单元，明确长江流域、黄河流域等大尺度流域范围的生态系统修复工程，省级对跨市范围的小流域的生态环境系统修复和整治，项目进行空间落位，并提出保护指引。

7.3　以“规划为依托”的用途管制横向衔接路径

7.3.1　以国土空间规划为依托的用途管制横向传导

国土空间用途管制的横向传导，一般发生在国土空间总体规划空间管制与详细规划、专项规划的空间管制之间。在横向的传导关系中，强调总体规划管制与详细规划、专项规划管制之间的引导和衔接作用。相较于纵向的传导关系，横向的传导关系不涉及同一类型规划用途管制的层级细化问题，而是强调将总体规划的管制作为指引，搭建强制性内容框架，重点实现“底线约束”。管制对象方面，总体规划的空间管制约束规划范围内全域国土空间所有主体实施的开发、利用、保护活动，而详细规划与专项规划在此基础上，细化管制要求，约束的空间活动发出主体分别为市场上行政相对人和政府各部门。

总体规划管制需要传导的主要是强制性管制内容，详细规划和专项规划不得违背这些内容。其本质是，总体规划管制确定强制性内容框架，经过同层级的横向传导后，在此框架之内细化详细规划管制和专项规划管制所对应的内容。

7.3.2 总体规划与专项规划管制内容传导

专项规划涉及的规划类型多、领域广，相关主管部门在编制和管控专项规划时，存在仅着眼于部分和行业发展需求，未考虑与国土空间总体规划的有效衔接问题，造成了空间利用上的冲突和矛盾，违背了“多规合一”规划改革初衷。国家建立国土空间规划体系，并明确国土空间总体规划是专项规划编制的依据，赋予了自然资源主管部门对空间规划进行统筹管理的权责。

因此，自然资源部门应当首先立足管理事权，制定专项规划清单，明确在总体规划中对全域全要素管控在不同领域、区域（流域）的细化落实需求。以目录清单的形式对各部门的规划责权进行统筹协调与细化分解，分时分类统筹专项规划编制，平衡各专项规划的空间需求。其次，打通国土空间总体规划与空间专项规划之间的通道，明确总体规划管制与专项规划管制之间传导控制指标和空间底线管制布局，包括规模控制、国土空间结构控制指标和全域“三线”、城市“四线”等控制底线，以及“三区”、国土空间规划分区等空间功能管制布局，并根据专项规划类型确定重点传导内容，如表 7-3。

专项规划可以分为跨区域规划类、生态环境保护类、自然与历史文化资源保护类、基础设施与公共服务设施类以及其他类别。针对生态环境保护类专项规划，需要重点传导的管制内容为生态控制指标（生态保护红线面积、湿地面积等）和生态控制线；针对自然资源保护类专项规划，需要重点传导的管制内容为资源要素规模控制指标（林地保有量、基本草原面积等）和生态、农业控制线；针对基础设施类专项规划，需要重点传导的管制内容为交通、水利、能源等相关基础设施控制指标和布局；针对公共服务设施类专项规划，需要重点传导的管制内容为空间结构与效率、空间品质类的控制性指标，以及中心城区“四线”控制布局、城镇集中建设区和村庄建设区布局。

表 7-3　总体规划与专项规划用途管制衔接传导内容

类别	专项规划清单	总体规划与专项规划用途管制衔接传导内容	
		强制性管控内容	专项领域管控内容
跨区域规划	城市群、都市圈、区域国土空间规划	耕地和永久基本农田	与相邻省份在生态格局构建、环境协同共治、基础设施互联互通、公共服务共建共享等方面的管制目标和设施布局
生态环境保护类	生态修复、综合整治相关专项规划	生态保护红线 城镇开发边界	按照山水林田湖草沙系统保护要求，传导生态系统修复的目标、重点区域和重大工程、乡村地区田水路林村全要素综合整治、低效建设用地整治等项目布局及管控规则
自然与历史文化资源保护类	历史文化名城、名村、街区保护规划		各级历史文化遗产名录、历史文化保护控制线范围及其与三区三线之间的协调管控内容、分类型历史文化遗产保护和利用空间管控的原则性要求
	矿产、林、草、河湖岸线综合保护与利用、湿地保护自然保护地等自然资源保护专项规划		水资源、森林、草原、湿地、河湖、海洋、冰川、荒漠、矿产等各类自然资源的保护利用目标指标与管控措施
	海岸带、海岸线修测等规划		海洋、河湖水系、湿地、蓄滞洪区和水源涵养地、海岸线、河湖自然岸线的保护措施
公共服务与基础设施类	科、教、文、卫、养老、住房、商业、殡葬等公共服务相关专项规划		社区生活圈中的服务设施和公共开敞空间配置标准和布局要求
	综合交通、轨道交通、物流、电力、供水、排水、再生水、通信基础设施等规划		综合交通系统、物流运输发展目标、交通廊道和能源通道、重大水利工程等重大项目布局及管控引导措施
	地质灾害、防洪、人防、地震等规划		综合防灾减灾重大项目布局及时序安排
产业发展	一、二、三产业布局规划、能源利用规划、碳专项规划		能源结构管控，推动风、光、水、地热等本地清洁能源利用目标与管控引导

7.3.3　总体规划与详细规划管制内容传导

详细规划是国土空间规划体系中基础性、实施性的规划类型，是上承总体规划战略目标和管制要求、下启保护利用和开发建设活动的关键环节。从总体规划向下传导、详细规划有效承接，能够确保总体规划战略意图和管制要求通过详细规划予以实现。

总体规划管制与详细规划管制之间，需要传导城镇开发边界内以及城镇开发边界外的村庄管制底线内容。具体为：

一是总体规划空间管制的约束性指标。详细规划单元层次应传导落实总体规划在“空间底线、空间结构与效率、空间品质”三类指标中的约束性指标。严格落实国土空间总体规划的指标管控要求，将总体规划确定的人口、用地、建筑规模等指标细化落实，明确各单元常住人口规模、城镇用地规模和建筑规模。

二是空间底线管制要求。总体规划中划定的生态保护红线、永久基本农田保护线、城镇开发边界、历史文化保护线和城市“四线”均为强制性内容，详细规划需要严格落实。为体现规划的有效传导，详细规划应该遵循以下原则：各类刚性控制界线不得减小，即避免扩大开发建设的范围；结构性绿地的绿线、高等级河道的蓝线、市级和区镇级设施黄线严格执行总规的控制要求，不得减少规模（陆枭麟等，2022）。

三是空间布局管制要求。以总体规划中城镇集中建设区二级规划分区为基础，并综合街镇社会管理边界、城市主干道路、铁路、河流等人工和自然界限以及规划管理和公共服务设施配置的要求进行统筹划定详细规划单元，逐级分解发展规模土地用途、开发建设强度、公服设施配置要求、城市风貌管控等各项管控内容。总体规划的中心城区范围内开敞空间范围和分布要求、重大工程以及重要设施布局要求，在详细规划管制措施制定中，需要在布局方面进行控制、在管制规则方面进行限制。

7.3.4 专项规划与详细规划管制内容传导

在国土空间规划体系下，专项规划不仅在建设活动选址和用地审批中发挥关键作用，还承担着引导详细规划编制、支撑审批论证以及国土空间用途管制的重要职责。各专项规划在贯彻总体规划和上位专项规划的管控要求时，应确保有效的向下传导路径，将专项规划的各项指标、分区划定、用途规定以及名录清单等具体管控要求细化到详细规划（分区规划）的单元层面，成为详细规划编制和实施的重要依据。

比如，针对不同的专题要素，可以通过制定专项要素管控图则的方式，明确专项规划中的目标指标、空间利用方式和具体的空间管控要求，有效地促进详细规划的精细化落实，确保各类建设项目符合国家和地方的空间发展战略，同时最大限度地保护环境和资源，推动经济社会可持续发展。

7.3.5 不同专项规划之间管制内容传导

基于横向各个部门的空间权益，明确不同领域专项规划须重点关注的空间要素及其表达、应用形式和传导要求，促进专项之间的管控协调，以不得违背总体规划强制性、引导性内容要求为前提，通过逐步细化空间粒度，厘清空间边界。

对侧重于“山水林田湖草沙”保护修复的自然资源类专项规划，重点衔接协调空间管制措施及保护修复等重点工程中各类自然资源的空间范围、约束性指标、分区准入等管控内容，以管控底线的空间范围和管控规则、条件准入清单以及重点项目工程名录及空间分布等为主要表达形式和传导手段。

对于基础设施、公共服务、产业发展等国土空间开发利用相关的专项规划，重点衔接协调相关设施的选址选线、用地规模，以及用地用林用海需求、相关行业空间利用标准和空间管制措施等。

对于城市群、都市圈、流域等特定区域类专项规划，则侧重于协调特定区域的空间格局、重大设施布局和重点工程布局等相邻空间关系。

7.4 “刚弹兼济”思维下的用途管制传导方式

传导方式是指为实现传导过程而采取的具体行动或工具，在以“事权为核心”的用途管制纵向传导路径和以“规划为依托”的用途管制横向衔接路径中，用途管制的传导方式是管制得以顺利实现的重要抓手。

7.4.1　坚持刚性管控有效性，增强弹性管控灵活性

国土空间规划不仅融合了原土地利用总体规划和城乡规划，还纳入了国土综合整治和生态修复等重要专项内容，内容更加多样化（曾源源等，2022）。从目前规划开展的情况来看，刚性管控特征的内容较为明显，如永久基本农田保护红线、生态保护红线、城镇开发边界三条控制线。下级规划必须将这些内容落实到空间上，并且限制建设活动。弹性引导内容的识别则相对较难，没有具体条文进行明确。因此明晰刚性和弹性传导的用途管制内容十分重要。

在刚性管控内容中，主要强调自上而下的传导，确保管制要素在传导过程中保持稳定性和一致性，一般采用落实和分解的传导方式。然而，由于下级必须严格遵循上级的管控要求，故难以适应地方的特殊需求和市场变化，可能导致用途管制的僵化和不适应性。

弹性引导则是自下而上，为了保障管控措施的适应性和可持续性，通过灵活变通的方式传导管控内容，一般采用深化与反馈的传导方式。弹性传导并不意味着无序调整，而是需要保证下级的调整和变更符合整体的用途管制要求。这意味着下级需要在调整和变更时保持与上级沟通，确保其行动与整体规划的目标一致。为了实现良好的弹性传导，上级需要建立开放的沟通渠道，鼓励下级与其交流和协商，讨论具体情况，并根据需要对目标、任务和措施进行调整，从而更好地满足局部需求，并推动整体发展。

7.4.2　刚性落实与分解传导

刚性是指上级的管制目标、任务和措施以强制性的手段传递给下级，下级必须严格按照上级管制的要求实施，而落实和分解是刚性传导的主要形式。刚性传导强调层级命令和指示性，上级对下级的约束力较大，要求下级严格遵守规划要求，不能随意调整和变更。刚性传导能够确保管制的统一性和一致性，但也可能导致下级的创新性和灵活性受到限制。目前，国土空间规划中的刚性管控体现在通过约束性管控指标、三线管控范围、禁止类管控清单及强制性管控政策等复合手段对相关要素进行强制性控制上，如表 7-4。

1. 落实传导

落实传导指本层级国土空间规划确定某项管制指标，由下层级在国土空间规划直接落实和管制。采用刚性落实传导的主要是部分结构指标，如国土开发强度。以国土空间开发强度为例，上级根据各市县现有建设用地规模情况，在保障重大基础设施项目基础上，以严控新增城乡建设用地、提高国土空间利用效率为原则，合理确定国土空间开发强度。值得注意的是，下层级的管制指标值不一定需要控制在上层级管制指标数值范围内，而是从全域平衡的角度，因地制宜地下达。

详细规划和专项规划的用途管制，必须严格落实总体规划管制传导内容，不得突破控制性指标确定的数值，不得突破空间控制线划定的空间范围，不得违背总体规划确定的空间管制格局。例如，如果总体规划确定某个区域的管制目标是生态保护，那么专项规划需要在该区域内重点关注生态保护任务和相关管控要求。

2. 分解传导

分解传导一般存在于纵向自上而下的传导。一种是基于定性目标的分解，如省级提出的国土空间用途管制的总体性战略目标一般是针对省域或区域范围，需要将管制目标“降尺度”，才能适应市、县层面实施管理要求，市级根据对应的目标内容，首先将其分解为多个分目标，再将分目标逐一细化，适配市级层面的要求，最后将目标纳入本层级的国土空间用途管制。

由市到县、县到乡镇的管制目标，也采用同样的方式进行传导。另一种是基于定量数据的分解，这种分解方式是较为直观的分解方式，存在于各类指标分解中。根据上级下达管制指标的数量，确定本层级管制指标数值；同时将指标数值分解到下层级国土空间用途管制中。采用分解传导方式的主要是规模指标，如生态保护红线面积、耕地保有量。通过分解传导的指标具有两个特点：一是下层级管制指标数值需要小于本层级指标数值；二是下层级所有行政区的该指标数值总和等于上级下达给本级的指标数值。

7.4.3 弹性深化与反馈传导

弹性传导是指上级的管制目标、任务和措施以灵活性和适应性的手段传递给下级，下级可以根据实际情况进行调整和变更，弹性传导的主要形式可以是深化优化和反馈调整。相较于严格的约束力，弹性传导允许下级根据实际情况对管控要素进行调整和变更，以适应当地的特殊情况。弹性传导的内容主要体现于地方、市场、公众诉求与目标的管控内容，如表 7-4，需要赋予地方管控更多的弹性空间。弹性传导的重要性在于其可以应对发展的不确定性。它能够促进用途管制的灵活性和适应性，使整个体系能够及时作出调整以适应变化的环境。

表 7-4 国土空间用途管制弹性传导内容表

管控类型	刚性落实与分解传导内容	弹性深化与反馈传导内容
管控指标	约束性管控指标	预期性管控指标
控制线	三线的空间范围和规模；城市四线划定的是矢量布局、范围、管控引导要求；洪涝风险控制线、蓄滞洪区、地质灾害防控等灾害防治的空间管控要求；其他上级规划确定的控制线范围、规模和管控要求	上级以图示化形式、或者文字描述传导的控制线布局或者内容，可以结合地区实际情况，做细节和用地布局，并明确其控制线范围、规模和管控要求
管控分区	上级划定的管控分区边界，管控分区用途管制的方式	在不突破规划城镇建设用地规模、不影响开发边界的前提下，允许城镇集中建设区、城镇弹性发展区调整边界；允许增补本级需要的管制分区边界；生态、农业、城镇空间内部结构、布局等内容
管控名录	文化遗产和自然遗产保护对象的数量、范围、空间管控引导要求，自然保护区、风景名胜区的数量规模和空间管控要求	满足文化遗产和自然遗产保护数量规模和空间管控要求的基础上，允许对范围进行局部微调
管控清单	上级明确的正负面清单	上级未明确，需本级结合实际深化补充的正负面清单
管控布局	在规划中明确的生态、交通、水利、能源、防灾减灾、城乡公共服务等对城市空间结构有重大影响的设施安排和空间布局管控，特别是跨区域设施安排和空间布局管控	在与上级管控中的重大设施及项目的规模、位置不冲突的前提下的和满足规模、配置标准的基础上，允许在单元内优化和增补设施布局和管控规则
其他内容	其他在规划中列入规划强制性管控的内容	在满足国家政策标准、行业政策标准的基础上，本级需对为满足地方发展需求内容提出地方性管控要求

1. 深化传导

在纵向层面，管制布局从上级规划到下级规划降尺度的一种方式，需要根据下级的实际情况和需求，对上级规划进行进一步的细化、优化、增补、调整和拓展，以适应下级的实际需求和资源条件。这种传导方式强调灵活性、适应性、补充性和完善性，能够更好地适应下级的具体情况，发现上级规划中存在的不足或不完善之处，并进行补充和完善。例如五级国土空间用途管制底层是乡镇，乡镇级的非基础 3 线以外的其他控制线经由县级向下传导，深化后匹配乡镇的层级特性。深化传导一方面是将空间布局细化，可以由省级战略性功能布局落实到市级的协调性功能布局，也可以进一步由县级落实至乡镇级的实施性功能布局，细化管制布局内部不符合要求的地块、图斑；另一方面是解决尺度下降后不同控制线边界的冲突问题。

在横向层面，深化传导是总体规划向专项规划的用途管制传导的最主要的表现形式。比如省级总体规划确定的重大建设项目管控矢量，在数据库中可能是以点、线或者大致的空间范围入库。那么专项规划需要依据细化项目空间尺度和增加深度，点状要素地理坐标或所在区域的位置信息，以便进行精确的定位和规划；线性要素需要提供道路交通、管道布局准确的空间线形走向、节点坐标、转弯半径和控制宽度等具体内容（谭中华等，2023）；面状要素需要提供明确的空间位置、边界范围、控制点的坐标、土地用途和面积等。

2. 反馈传导

在纵向层面，反馈传导是指上级管控要素和内容传导到下级过程中，除了自上而下的传导，还包括自下而上的传导。一种情况是，上级管控的内容和信息是由下级逐级细化并且上报的现象，如城镇开发边界的管控倍数由省级下达，但城镇开发边界的管控边界范围信息由县级上报市级、市级反馈省级，再比如生态保护红线原本由省级划定，但在下达过程中允许市、县级依据需求进行调入和调出，并将调整后的生态保护红线情况上报给省级审核和汇总。另一种情况是，上级下达的目标或者任务确实不符合地方实际，或者地方实际有更大的需求需要上级做出相应调整的，应及时反馈信息传达给上级，以便上级及时调整和优化。

在横向层面的反馈传导，是指在管控过程中，为确保各个阶段的一致性和协调性，通过收集专项规划的管制信息和数据，与各相关部门、专家、利益相关者以及公众的广泛沟通和反馈，对总体规划的管控要求进行调整和修订，实现管控目标的协同推进和有效实施。

参 考 文 献

黄征学, 蒋仁开, 吴九兴. 2019. 国土空间用途管制的演进历程、发展趋势与政策创新[J]. 中国土地科学, 33(6):1-9.

李林林, 靳相木, 吴次芳. 2019. 国土空间规划立法的逻辑路径与基本问题[J]. 中国土地科学, 33(1): 1-8.

陆枭麟, 胡海波, 曹华娟. 2022. 控制性详细规划更新优化研究[J]. 现代城市研究, (5): 35-39.

马向明，杨光辉. 2023. 从“多规合一”实践看国土空间的“唯一性”和“复杂性”[J]. 城市观察, (3): 82-93, 162.

谭中华，戴冰武，曾毅. 2023. 省级国土空间专项规划传导方式探究[J]. 国土资源导刊, 20(2): 88-92.

徐晶，杨昔. 2020. 国土空间规划传导体系与实施机制探讨[J]. 中国土地, (8): 21-24.

易家林，郭杰，欧名豪，等. 2023. 国土空间用途管制：制度变迁、目标导向与体系构建[J]. 自然资源学报, 38(6): 1415-1429.

岳文泽，王田雨. 2019. 中国国土空间用途管制的基础性问题思考[J]. 中国土地科学, 33(8): 8-15.

张小东，韩昊英，陈宇. 2021. 国土空间规划编制视角下的国土空间用途管制体系研究[J]. 上海国土资源, 42(1): 68-73.

邹利林，章丽君，梁一凡，等. 2022. 新时代国土空间功能的科学认知与研究框架[J]. 自然资源学报, 37(12): 3060-3072.

祖健，艾东，郝晋珉，等. 2021. 国土空间用途管制的挑战与对策——以北京市规划实践为基础[J]. 城市发展研究, 28(2):1-8.

曾源源，朱锦锋. 2022. 国土空间规划体系传导的理论认知与优化路径[J]. 规划师, 38(10): 139-146.

第 8 章　国土空间用途管制实施监督

国土空间用途管制监督，是保障自然资源管理秩序、严守空间底线、确保国土空间用途管制实施效果的重要措施。各类监督活动重点关注开发利用行为的合法性、合规性及其对生态环境的影响。通过监管督察和行政处罚，及时监测并惩处偏离国家利益的开发行为，以减少开发建设对公共利益和生态环境的损害（林坚等，2019）。国土空间用途管制监督是中央与地方政府、社会公众共同综合运用多种监督手段，对国土空间的总量、结构、强度、环境、方式、准入、转用和建设等方面进行的全方位监督和管理。

本章主要探索高质量发展背景下国土空间用途管制监督的关键要素，包括监督实施的主体、内容及手段。首先明确中央与地方政府、社会公众在国土空间用途管制中的主体责任，界定其权责范围和具体职责。其次，从国土空间分区条件准入监督、国土空间使用许可/规划许可监督、国土空间审批许可监督等方面，分析国土空间用途管制全生命周期的监督内容。最后，明确监督手段，包括各级自然资源主管部门的日常行政督察、对违法违规开发利用行为的执法监督、现代信息化手段的动态监测，以及社会舆论的全民监督，强化监督力度，落实监管责任，提高监督质效。

8.1　国土空间用途管制监督主体与责任

国土空间用途管制监督作为国土空间用途管制全生命周期过程中的关键性环节，对提高国土空间规划与国土空间用途管制实施效率和效能、推进国家治理体系和治理能力现代化具有重要作用。

国土空间用途管制的主体首先是公共权力的行使者和拥有者，即政府与公众。监督的直接主体是政府，包括中央和地方的政府部门，涉及立法机关、行政机关、司法机关等多个职能部门。由于中央和地方政府部门的监督多采取样本巡查和随机监督的方式，全面覆盖往往存在难度，部分地区难免出现监督疏漏。因此，社会与公众作为监督过程中的重要间接主体，能够有效弥补政府监管的不足，拓宽监督的覆盖面和精细程度。同时，也保障了社会和公众的知情权、参与权和监督权，使国土空间用途管制监督更加全面和透明。

8.1.1　中央政府部门

在国土空间用途管制的监督过程中，国家中央政府部门是监督的最高层级，负责制定相关的国土空间规划法律、政策和标准，为国土空间用途管制的实施监督提供基本遵循与法律依据。

1. 自然资源部

自然资源部是国土空间规划、用途管制监督的国家级主管部门，在用途管制的实施过程中起指导和引领作用，负责建立国土空间规划体系并监督实施，制定国土空间用途管制的相关政策、法律法规和技术标准，并对全国范围内的用途管制工作进行指导和定期或不定期巡查监督。

自然资源部对国土空间用途管制的监督是一个系统工程，涉及资源利用、规划实施、生态保护、违法行为查处以及部门协同等多个方面，确保国土空间用途管制政策和相关法律法规得到严格执行，自然资源得到合理利用和有效保护，生态环境得到持续改善，为实现国土空间的可持续与高质量发展提供坚实保障。

2. 自然资源总督察办公室

自然资源总督察办公室是自然资源部内设督察部门，负责完善国家自然资源督察制度，拟订自然资源督察相关政策和工作规则等，根据授权，承担对自然资源和国土空间规划等法律法规执行情况的监督检查工作，实现对地方政府行为的制约和监督（姜闻远，2022）。其基本模式为中央政府设立常设或派出机构。

在国土空间用途管制过程中，自然资源总督察办公室承担着重要的监督和管理职责。首先，监督地方政府在国土空间规划与国土空间用途管制政策编制和实施过程中是否严格遵守国家政策和法律法规；其次，对各类土地利用项目的审批和实施情况进行监督检查，特别是在建设项目用地审批过程中，监督项目是否符合规划要求和法律规定；再者，定期对各地国土空间用途管制情况进行评估，发布评估报告，总结经验，提出改进建议，完善国土空间用途管制的监督机制。

目前自然资源部设立 9 个国家自然资源督察局，如表 8-1，每个督察局负责对管辖地的人民政府及所辖地方政府，在落实党中央、国务院关于自然资源和国土空间规划的重大方针政策、决策部署及法律法规时的执行情况进行督察，着力完善督察工作设计、控制、制衡机制，健全督察管理、督察实施、督察监督工作制度。国家自然资源督察局的督察工作不改变、不取代地方政府及其自然资源等主管部门的行政许可、行政处罚等管理职权，不直接查处案件。

表 8-1　国家自然资源督察局情况表

<table>
<tr><th>督察局名称</th><th>管辖范围</th><th>主要监督责任</th></tr>
<tr><td>国家自然资源督察北京局</td><td>北京市、天津市、河北省、山西省、内蒙古自治区</td><td rowspan="9">①督察地方政府落实党中央、国务院关于自然资源重大方针政策、决策部署及法律法规执行等情况；
②督察地方政府落实最严格的耕地保护制度和最严格的节约用地制度等土地开发利用与管理情况；
③督察地方政府落实自然资源开发利用中的生态保护修复、矿产资源保护及开发利用监管等职责情况；
④督察地方政府实施国土空间规划情况，重点是落实生态保护红线、永久基本农田、城镇开发边界等重要控制线情况；
⑤对涉及自然资源开发利用、生态保护重大问题开展督察；
⑥按照有关规定对地方政府负责人开展约谈，移交移送问题线索；
⑦督察地方政府组织实施整改情况，按照有关规定提出责令限期整改建议；
⑧承办国家自然资源总督察交办的其他任务</td></tr>
<tr><td>国家自然资源督察沈阳局</td><td>辽宁省、吉林省、黑龙江省、大连市</td></tr>
<tr><td>国家自然资源督察上海局</td><td>上海市、浙江省、福建省、宁波市、厦门市</td></tr>
<tr><td>国家自然资源督察南京局</td><td>江苏省、安徽省、江西省</td></tr>
<tr><td>国家自然资源督察济南局</td><td>山东省、河南省、青岛市</td></tr>
<tr><td>国家自然资源督察广州局</td><td>广东省、广西壮族自治区、海南省、深圳市</td></tr>
<tr><td>国家自然资源督察武汉局</td><td>湖北省、湖南省和贵州省</td></tr>
<tr><td>国家自然资源督察成都局</td><td>重庆市、四川省、云南省、西藏自治区</td></tr>
<tr><td>国家自然资源督察西安局</td><td>陕西省、甘肃省、青海省、宁夏回族自治区、新疆维吾尔自治区</td></tr>
</table>

资料来源：各派驻地方的国家自然资源督察局职能配置、内设机构和人员编制暂行规定。

8.1.2　地方政府部门

省级自然资源部门在国土空间用途管制的监督过程中，发挥承上启下的重要作用，确保中央政府制定的各类国土空间用途管制政策在地方能够得到有效落实。其主要职能：一是负责将中央政府的用途管制政策与本地实际情况相结合，制定具体的实施细则和操作指南，将国家政策进行细化和本地化，制定详细的管理规程和技术标准，确保各项政策措施在基层具备可操作性、易于执行；二是监督辖区内各市、县（区）自然资源部门国土空间用途管制工作的落实情况；三是通过联合检查、信息共享、协调执法等方式，与其他相关部门通力协作，形成多部门联动的工作格局，合力推进国土空间用途管制工作。

市县级自然资源部门在国土空间用途管制的监督过程中，肩负着执行国土空间用途管制政策、进行日常管理和监督的重要职责，确保政策在基层得以全面落实和执行。一是负责审核和审批土地用途变更申请，对土地用途变更申请进行详细审查，确保每一项变更申请都符合国家和地方的国土空间总体规划和国土空间用途管制政策要求。二是负责建设项目用地合规性审查，市县级自然资源部门、需严格按照国家和地方的相关法律法规和政策要求，核查项目用地是否符合总体规划、专项规划以及控制性详细规划的要求。三是市县级自然资源部门还承担开展实地检查和巡查任务，定期或不定期组织人员对辖区内的土地利用情况与国土空间用途管制实施情况进行实地检查和巡查，对发现的违法违规行为，立即采取措施进行纠正，依法进行查处。四是与其他相关部门的协作和配合，形成部门间的信息共享和联动机制，共同开展联合执法和检查工作，确保地方国土空间用途管制政策的全面落实。

8.1.3　社会与公众

社会与公众监督是确保国土空间用途管制政策的透明、合法和公正执行的关键。政府部门应构建多主体全面、全过程参与的公众参与机制，强化对公众的引导教育，建立良性循环的互动机制，设计针对不同利益主体的多样化公众参与形式，实现国土空间用途管制与公众参与的融合。如定期举行听证会、座谈会等公众参与活动，引导公众主动提出意见和建议，参与决策过程；利用信息公开平台，支持公众查询和了解相关政策、规划和审批情况，及时掌握最新信息；通过开通举报热线、信访渠道、组织志愿者活动等方式，鼓励公众反映违法违规用地行为，促使相关部门及时处理和整改；通过媒体、网络等途径，引导公众对国土空间规划和用途管制实施过程中的问题进行曝光和舆论监督。

8.2　国土空间用途管制的全生命周期监督

以“多审合一”“多证合一”“多测合一”为导向，国土空间用途管制监督的核心内容，包括国土空间分区条件准入监督、国土空间使用许可/规划许可监督、国土空间审批许可监督。依法批准的国土空间规划是开展各类国土空间保护开发建设活动、实施统一用途管制的基本依据，也是进行国土空间准入、使用、转用的法定依据。依法批准的国土空间详细规划是核发规划许可的主要依据。应按照全生命周期的理念，根据相关法律法规与政策制度的设计，加强国土空间用途管制的全过程监督，强化规划、建设、管理的全过程各环节监督，将以人为本、尊重自然、传承历史、绿色低碳等高质量发展理念，融入国土空间用途管制监督过程，推进用途管制监督工作的全面性与精细化。

8.2.1　国土空间条件准入监督

各类分区中的合规性活动，如生态保护和农牧渔生产为主导功能的分区内的保护、修复类活动，以及涉及正向或平行转用的活动；以及开发建设为主导功能的分区内的自然或建设资源的保护修缮活动，以及不涉及建设用地的正向和平行转用活动，在符合用途管制规则和要求的前提下，以“条件准入”方式进入。

在条件准入过程的监督中，应严格把握以下关键点：活动是否符合国土空间的准入方式，是否遵循正负面清单、是否满足规划指标和控制线的管控要求等用途管制规则。对每个项目在进入分区之前，是否通过详尽的审核和环境影响评价，是否满足所有既定管控要求等进行监督，以维护分区的主导功能和整体规划的严肃性及有效性。

1. 国土空间准入方式监督

目前我国国土空间准入方式是，在城镇开发边界内，实行“详细规划+规划许可”的管制方式；在城镇开发边界外，按照主导用途分区，实行“详细规划+规划许可”和“约束指标+分区准入”的管制方式。在城镇开发边界内，首先应当符合总体规划提出的城镇发展区管制规则要求；其次符合详细规划中的用地布局要求，同时还应当充分衔接专项规划的相关内容。在城镇开发边界外，应当按照总体规划的主导用途分区，首先符合总体规划提出的管制规则和约束性指标内容；其次符合村庄规划或者该地方设置的其他详细规划、专项规划的用地管制规则，方可条件准入。对于条件准入类的活动，不涉及用地性质的转变、布局的转变，因此不涉及使用许可、规划许可和审批许可的过程。

2. 正负面清单条件审核监督

正面和负面清单条件审核是指依据各分区正面和负面清单，对国土空间开发利用活动进行空间准入的前置审查（李强等，2021）。区域正面清单主要界定允许、鼓励的项目和行为，负面清单主要界定禁止、限制的项目和行为。空间准入正负面清单条件审核监督时，按照刚弹结合、管控有效的原则，在不过多增加行政成本的前提下，结合现有行政管理流程，重点监督审批部门是否按照正、负面清单内容严格审批项目准入，相关部门是否按时、按规出具符合准入要求的意见。

涉及以下四个方面：

（1）“五级”总体规划中制定的各类管控规则清单：包括“三区三线”管控规则清单、规划分区管控清单、自然保护地管控规则清单以及其他控制线管控清单等。这些清单是空间准入条件的基础，提供了针对不同类型空间的具体管控要求和限制，确保各区域的开发和保护符合总体规划的规定。

（2）重点建设项目清单：包括“五级”总体规划中制定的建设项目清单和管控清单。明确了各级政府在特定区域内规划和支持的重点建设项目，并对项目实施提出具体的管控要求，确保其符合国土空间用途管制和总体规划的目标。

（3）发改委及其他部门制定的准入负面清单：如发改委的《市场准入负面清单》和《重点生态功能区产业准入负面清单》，工信部的《重点行业准入负面清单》，生态环境部的《环境准入负面清单》等。监管部门以此甄别不合规项目并进行相应的监督和审批（毕云龙，2021）。

（4）其他行业部门制定的空间准入正负面清单，补充和细化了特定领域空间准入标准和要求，以实现精细化和专业化的空间管控。

3. 规划指标审核监督

规划指标包括约束性指标和预期性指标两类。条件准入过程中应当首先满足约束性指标中的刚性管控内容。对于预期性指标，由于其是期望达到的发展目标，具有挑战性又切实可行，不同于约束性指标的强制性和法定性，不强制满足，其监督应当从宏观方向把握，符合规划既定的发展方向。

8.2.2　国土空间使用许可/规划许可监督

国土空间使用许可/规划许可，是自然资源及空间载体使用权取得的前置审查环节，也是国土空间规划和国土空间用途管制实施和监督的关键环节。规范国土空间使用许可/规划许可行政行为，对颁发许可证书的过程以及批后使用建设过程进行监督，防止规划实施领域违法违规许可，提升国土空间规划许可行政效能。

1. 使用许可证书核发过程与自然资源使用过程监督

自然资源和国土空间使用许可的证书依据自然资源类型包括多个方面，涉及到的部门、权限、规则也多种多样。

总体而言，使用许可证书核发过程与自然资源使用过程监督应当包括以下内容。

一是依据核发标准与流程，监督申请条件、材料要求和审批流程等内容，是否符合管理流程要求，资料是否齐全，审批权限是否合法合规。

二是建立申请信息公示机制，设置专门的公示平台，公开申请人信息及申请事项，及时更新许可证申请进度和结果，增强透明度，接受社会监督。

三是强化材料审核与现场检查过程，对申请材料进行严格审核，必要时进行现场检查，核实申请内容是否符合规定，避免虚假申请。

四是在许可证书发放后，定期对持证单位进行跟踪检查，确保其利用过程符合许可证要求。

五是建立配套的自然资源社会监督规章制度，推动出台有关自然资源社会监督的管理办法；积极培育自然资源社会监督组织，如强化对自然资源开发保护开发利用的社会组织、高等院校、科研院所、专家学者等的支持；建立投诉与举报渠道，鼓励社会公众积极投诉和举报不当行为，及时处理相关反馈。

2. 规划许可证书核发过程与建设过程监督

规划许可审批包括用地预审与选址意见书核发以及建设用地规划许可证、建设工程规划许可证、乡村建设规划许可证核发，即“一书三证”的核发。

1）建设项目用地预审与选址意见书核发过程监督

建设项目用地预审，是自然资源主管部门在建设项目审批、核准、备案阶段依法对涉及的土地利用事项进行的审查。在建设项目批准、核准前或者备案阶段，自然资源主管部门对建设项目用地事项进行审查，并提出用地预审意见。对于需要有关部门批准或者核准的建设项目，若以划拨方式提供国有土地使用权，建设单位在报送有关部门批准或者核准前，应申请核发选址意见书。对于需要申请核发选址意见书的项目，应合并办理用地预审与选址意见书。

用地预审与选址意见书核发过程的监督重点，集中在项目建设依据审核、项目选址审核、项目占地规模节约集约性条件审核、项目建设相关问题处理方式等方面，具体监督内容如表 8-2 所示。

表 8-2 用地预审与选址意见书核发监督重点

序号	监督重点
1	由上级自然资源部门监督下级自然资源部门是否严格审核项目的主要功能和用途，是否符合国家产业政策、供地政策、土地管理法律法规规定的条件，项目位置、现状地类、面积等与数据库比对是否一致等项目基本情况
2	其项目选址位置、用地范围是否符合国土空间规划，或者规划管控规则；若不符合规划，是否符合规划允许修改情形
3	涉及生态保护红线的，应重点监督其不可避让条件是否符合规定的人为活动和国家重大项目范围，并监督其对生态功能的破坏影响情况
4	涉及占用永久基本农田的，重点督察其是否符合允许占用的情形及避让可行性条件，是否按要求组织踏勘论证，是否经过国务院审批或上级主管部门审批
5	涉及占用自然保护区确实难以避让的建设项目，重点督察其是否按规取得自然资源主管部门出具的同意意见
6	在建设项目预审时是否逐条核对国土空间规划、国家和地方技术规定等的建设项目范围、面积、用地性质、建筑使用性质、容积率或地上建筑面积、建筑控制高度、绿地率；各类性质建筑规模、地下空间开发强度、建筑密度、交通组织、基地竖向设计要求、风貌保护、建筑形式、建筑立面等建筑管控要求；公共服务配套设施设置、机动车停车和非机动车配建指标、结建人防工程、用地交通出入口、建筑退让的要求
7	监督项目用地空间相邻关系的限制条件，是否逐一征求相关部门的管理意见，包括生态环境、林草、农业、人防、文物、交通、市政、抗震、国家安全、卫生、水利、建设等部门的管理意见
8	监督用地预审与选址意见书是否规范、材料是否齐全

资料来源：整理改编于《规划许可审查要点指南（试行）（征求意见稿）》。

2）建设项目规划条件审核监督

除依法需要办理用地预审与选址意见书的建设项目外，对于其他建设项目，以出让方式提供国有土地使用权的，在国有土地使用权出让前，自然资源主管部门应依据详细规划等，提出出让地块的位置、使用性质、开发强度等规划条件，并将其作为国有土地使用权出让合同的一部分。未确定规划条件的地块，不得出让国有土地使用权。以划拨方式提供国有土地使用权的，规划条件的相关内容应纳入用地预审与选址意见书中；在取得国有建设用地划拨决定书后再次进行改建、扩建、新建的项目，可根据改建、扩建、新建的需要申请办理规划条件。建设项目规划条件审核监督的重点如表 8-3 所示。

表 8-3　其他建设项目规划条件审核监督重点

序号	监督重点
1	监督在预审时是否逐条核对国土空间总体规划、详细规划、相关专项规划以及国家和地方技术规定等的建设项目的范围、面积、用地性质、建筑使用性质、容积率或地上建筑面积、建筑控制高度、绿地率等各类性质建筑规模、地下空间开发强度、建筑密度、交通组织、基地竖向设计要求、风貌保护、建筑形式、建筑立面等建筑管控要求
2	监督是否符合公共服务配套设施的设置、机动车停车和非机动车配建指标、结建人防工程、用地交通出入口、建筑退让要求
3	监督是否逐一征求相关部门的管理意见，包括但不限于生态环境、林草、农业、人防、文物、交通、市政、抗震、国家安全、卫生、水利、建设等部门的管理意见
4	相关材料是否规范、齐全

资料来源：整理改编于《规划许可审查要点指南（试行）（征求意见稿）》。

3）建设用地（含临时用地）规划许可证核发过程监督

详细规划是核发建设用地规划许可证和建设工程规划许可证（含临时许可证）的主要依据。规划用地“多审合一、多证合一”改革下，建设用地规划许可内容包括用地单位、项目名称、批准用地机关、批准用地文号、用地位置、用地面积、土地用途、建设规模以及土地取得方式等。因工程施工、应急抢险、抗震救灾、地质勘察、文物考古等工作需要临时使用土地时，需办理临时建设用地规划许可证。建设用地（含临时用地）规划许可证的核发过程的监督重点如表 8-4 所示。

表 8-4　建设用地（含临时用地）规划许可证的核发过程的监督重点

建设用地规划许可证	临时建设用地规划许可证
是否严格核对项目建设用地位置及范围、土地用途与建设项目用地预审与选址意见书或规划条件的一致性，以及用地四至坐标与测量成果报告的一致性	是否严格审核相关部门批准项目施工、应急抢险、抗震救灾、地质勘察、文物考古等工作的文件和说明
是否对项目用地现状的合法性、现状建设的合法性进行严格审查	是否按照要求与有关自然资源主管部门、农村集体经济组织、村民委员会等相关土地权属方签订同意临时使用土地的合同
对于能源、水利、交通、采矿和军事设施等基本位于城镇开发边界之外的建设项目，如果因依法批准初步设计变更等原因导致用地位置及范围与用地预审与选址意见书不一致，在核发建设用地规划许可证时，是否对变更后情况进行合规性审查	若涉及占用耕地，还需监督其是否编制复垦方案，涉及占用草地、林地、湿地的，则需取得相关部门的批准。对于可能影响交通、市容、安全的临时建设用地，必须确保其不违规批准
是否对项目用地现状合法性和现状建设合法性进行严格审查，确保所有（临时）用地符合相关法律法规和规划要求	

资料来源：整理改编于《规划许可审查要点指南（试行）（征求意见稿）》。

4）乡村建设用地规划许可证核发过程监督

已批准的村庄规划是乡村建设规划许可证的核发依据。在集体土地上进行乡镇企业、乡村公共设施和公益事业建设活动，建设单位或个人需向乡、镇人民政府提出申请，由乡、镇人民政府报市、县人民政府自然资源主管部门核发乡村建设规划许可证。

村民使用宅基地建设村民住房的乡村建设用地规划许可证和其他乡村建设项目的乡村建设用地规划许可证核发过程监督的重点有所不同，前者关注村庄和村民的权属利益和村庄风貌管控，后者关注村庄格局的维护和全域管控。具体见表 8-5。

表 8-5　乡村建设用地规划许可证核发过程的监督重点

宅基地乡村建设用地规划许可证	其他乡村建设用地规划许可证
是否严格核实申请对象的资格条件，确保其不属于已经出卖、出租、赠予住宅后再次申请宅基地的情况	是否审核国家及地方设计规范和标准的符合情况，确保申报设计图纸符合所在地国土空间规划和相关管控要求
是否依法召开村委会并取得村委会的同意意见，是否依法组织公示并提交相关公示材料	是否对相关规划要求进行逐项审核，如详细规划、用地预审与选址意见书、规划条件、相关法律法规、规范性文件等逐一核对，审查项目用地范围、用地面积、建筑使用功能、容积率或建筑规模、建筑高度、总平面布局、人防工程设置、其他构筑物的设置、住宅户数、公共服务设施配置情况、风貌保护要求、行政办公及生活服务设施用地所占比重、利害关系人意见等
是否符合村庄规划或村庄规划管理要求，重点审查用地面积、四至范围、建设占用现状地类、建筑面积、建筑高度、建筑层数、相邻关系等，依照村庄风貌管控要求，对拟建住宅的材料、风格等进行审查并提出意见	是否征询生态环境、林草、农业、人防、文物、交通、市政、抗震、国家安全、卫生、水利、建设等相关部门的意见，确保规划许可内容齐全、无含糊不清、模棱两可的情况，并检查乡村建设用地规划许可的分层平面图、立面图、剖面图等图纸是否合规
是否对用地现状的合法性和现状建设的合法性进行严格审查	是否按照规定程序进行批前公示，确保整个核发过程透明、规范

资料来源：整理改编于《规划许可审查要点指南（试行）（征求意见稿）》。

5）建设工程规划许可证（含临时）核发过程监督

建设工程规划许可证（含临时）核发依据是已批准的详细规划。在国有土地上进行建筑物、构筑物、道路、管线和其他工程建设的，建设单位须向自然资源主管部门申请建设工程规划许可证。在工程施工、应急抢险、抗震救灾、地质勘察和文物考古等工作中，建设单位如需建设临时建筑物、构筑物和其他工程，须申请办理临时建设工程规划许可。

核发过程监督还需关注已获批建设工程规划许可证的建设项目建设情况，确保其不会影响近期建设规划或详细规划的实施，也不会影响交通、市容、安全和其他公共利益。监督核发临时建设工程规划许可证时，需对临时建筑的使用期限和后续无条件拆除的承诺做出明确要求，并确保使用期限结束后能够按要求恢复原状。主要监督内容如表 8-6 所示。

表 8-6　建设工程规划许可证（含临时）核发过程监督重点

建设工程规划许可证	临时建设工程规划许可证
申请项目是否符合国家及地方设计规范和标准，特别是设计图纸是否符合所在地国土空间规划和相关管控要求	是否审核相关部门批准的项目施工、应急抢险、抗震救灾、地质勘查和文物考古等相关文件或说明
对相关规划要求进行逐一核对，包括项目用地范围、用地面积、建筑使用功能、容积率或建筑规模、建筑高度、总平面布局、人防工程设置、其他构筑物的设置、住宅户数、公共服务设施配置情况、风貌保护要求、行政办公及生活服务设施用地所占比重、利害关系人意见等，以及用地预审与选址意见书和规划条件中确定的其他刚性管控内容	是否确保申请单位与建设项目的建设单位一致，如果申请单位与拟使用土地的权属单位不一致，则需核实其临时建设用地规划许可证和临时用地批准手续是否完备
在核发许可证时是否征询相关部门的意见，如生态环境、林草、农业、人防、文物、交通、市政、抗震、国家安全、卫生、水利、建设等部门	临时建设的相关设计文件和申请材料，是否符合现行法律法规、设计规范和标准
确保建设工程规划许可内容齐全，不存在含糊不清或模棱两可的情况。监督平面图、立面图、剖面图等图纸是否合规	
在核发建设工程规划许可证时，需按照规定程序进行批前公示，确保透明度和公众参与	

资料来源：整理改编于《规划许可审查要点指南（试行）（征求意见稿）》。

6）规划核实和土地验收

根据建设单位申请，自然资源和规划部门对建设项目是否符合城乡建设用地规划许可证、建设工程规划许可证及经批准的规划方案图件等规划条件和规划许可内容，以及土地有偿使用合同（划拨决定书等）履行情况进行检查核验并出具验收意见。

在规划核实和土地验收过程中，相关部门需严格依据规划条件进行核实，并且必须有两人以上现场审核并全过程记录，核实结果要及时公开，接受社会监督。不得借规划核实和土地验收规避违法建设认定和行政处罚，不得将违法建设合法化。未取得规划许可或违反规划许可进行建设的项目，不得通过规划核实与土地验收；发现未按照规划许可内容进行建设的行为，需依法进行处罚并追究相关责任。未通过规划核实且不符合其他法定登记条件的，不予办理不动产登记。在此过程中，应杜绝采取各类隐瞒手段骗取通过规划核实，或违法违规通过规划核实的情况，如发现问题，需依法纠正规划核实意见，并依法进行处罚和追责。通过规划核实的项目应纳入国土空间规划“一张图”实施监督信息系统，确保全过程的透明和规范。

规划核实和土地验收的主要项目类型，包括取得建设工程规划许可或乡村建设规划许可的一般房屋建筑工程、市政交通建筑工程、线性市政基础设施工程、线性交通基础设施工程等。根据项目类型，规划核实分为验收和备案两种形式。一般房屋建筑工程、市政交通建筑工程、使用宅基地进行建设的农村村民住宅通过验收方式进行规划核实，开展规划核实时需组织现场踏勘。线性市政基础设施工程和线性交通基础设施工程则通过备案方式进行规划核实。无规划许可或违反规划许可的建设项目不得通过规划核实，不得组织竣工验收。

一般房屋建筑工程和市政交通建筑工程的规划核实和土地核验，相关部门需逐一核对土地出让合同约定或国有建设用地划拨决定书载明事项的履行情况，针对逾期开工、逾期竣工或土地闲置情况，作出相应处罚。涉及公共服务设施、市政基础设施等建（构）筑物的建设，需依照建设时序要求完成相应建设，并确保土建工程和外墙装饰装修工程已完成，施工现场已清理完毕。对于施工暂设、临时建（构）筑物和临时用地，需确保按照要求完成腾退和拆除。

农村村民住宅的规划核实和土地核验，需核实农户是否按照批准面积和“四至”等要求使用宅基地、是否按照批准面积和规划要求建设住房。

线性市政和交通基础设施工程的规划核实和土地核验，需逐一核对土地出让合同约定或国有建设用地划拨决定书载明事项的履行情况，确保符合建设工程规划使用性质和相关技术规范要求。

分期实施的建筑工程，申请分期规划核实时，如果工程设计方案分期进行，则按设计方案进行分期验收，土地核验与最后一批次分期规划核实一并申请办理。监督重点在于统一核实土地出让合同的履约情况，逐一核对与其配套的绿化、道路、停车位等设施的建设分期投入使用情况，严格审核建成区与施工区的安全隔离措施。对于规划许可要求的物管用房，如果不在分期竣工规划核实范围内，需对临时物管用房进行合规性审查。

8.2.3 国土空间审批许可监督

对于转用类活动，在主导功能为生态保护和农牧渔生产的分区，对负向转用因其可能会对区域主导功能产生影响，必须进行审批许可；主导功能为开发建设分区中的转用类活动，除村庄建设区中不涉及建设用地的，均需进行审批许可。按照地类的转变类型，可以分为农用地用途转用审批和林草等其他用地转用审批。

1. 农用地用途转用审批监督

农用地用途转用审批是指在国土空间规划确定的城市和村庄、集镇建设用地范围内进行的批次农用地转用审批和在国土空间规划确定的城市和村庄、集镇建设用地范围外单独选址项目农用地转用审批。农用地用途转用审批监督的重点在审查农用地转用方案、审核土地征收申请以及审查报批权限的合规性。

在城市和村庄、集镇建设用地范围内，为实施国土空间规划而将农用地转为建设用地时，首先需严格逐条审核建设项目的安排是否符合国土空间规划和土地利用年度计划，并检查补充耕地情况说明；其次，在用地报批阶段，监督市、县人民政府是否按照规定组织自然资源等部门拟订农用地转用方案，并分批次报有批准权的人民政府批准。

在国土空间规划确定的城市和村庄、集镇建设用地范围外，审核农用地转用方案时，需重点关注其是否严格审核国土空间规划和土地利用年度计划及补充耕地情况说明；对于涉及占用永久基本农田的情况，需重点审核其占用的必要性、合理性以及补划的可行性说明；在用地报批阶段，审批监督涉及占用永久基本农田的用地是否按照要求报国务院批准，不涉及占用永久基本农田的用地是否按照要求由国务院或其授权的省、自治区、直辖市人民政府批准。

2. 林草等其他用地转用审批监督

林地、草地转用审批监督的目的，在于确保其符合《建设项目使用林地审核审批管理规范》《草原征占用审核审批管理规范》等要求。在审核建设项目征收、征用或使用林地、草原的申请材料时，一是需要逐项核对其是否符合审核审批办理条件以及特别规定；二是监督项目产业政策、相关利用规划以及环境条件等要求是否得到严格审核。

8.3 国土空间用途管制监督手段

8.3.1 强化行政管理 提升监督实效

1. 国土空间用途管制监督的督察制度

国土空间用途管制督察是中央政府部门赋予自然资源督察机构的一项重要职责与任务。国土空间用途管制的督察制度主要包括例行督察、审核督察、专项督察、执法督查。

1）例行督察

例行督察是由国家自然资源主管部门派驻地方的国家自然资源督察局定期或不定期开展的一项重要监督活动。通过深入现场调查、审查相关文件和数据、与地方政府及相关部门进行座谈等方式，全面了解地方政府在国土空间用途管制和自然资源管理中的实际工作情况。督察局对地方落实国家政策情况、执行相关法律法规情况等方面进行审查，对于在例行督察中发现的违法违规情况，以详细的督察报告形式，向地方政府进行通报。地方政府接到督察报告后，需依照相关法律法规和政策文件的要求，限时对发现的问题进行整改和纠正。整改措施的制定和实施情况在后续的督察中进行跟踪检查，确保问题得到彻底解决。

此外，通过例行督察活动提出加强和改进国土空间用途管制领域政府治理的建议。结合督察中发现的问题，分析其产生的原因，探讨如何从制度和管理上进行改进，从而提高地方政府在国土空间用途管制和自然资源管理中的工作水平。

2）审核督察

审核督察是由国家自然资源主管部门派驻地方的国家自然资源督察局按照国务院规定的流程和权限进行的一种监督检查活动。主要针对督察区域内应上报国务院审批的事项以及由省级人民政府或省级人民政府授权的设区市人民政府审批的农用地转用和土地征收等事项的审批和批后实施情况，进行监督检查。审核督察的主要目的是确保农用地转用和土地征收等重大事项的审批程序合法合规，以及通过审批后的重大事项相关实施情况符合国家政策法规要求。

3）专项督察

专项督察是由国家自然资源总督察办公室统一组织实施的一种针对性极强的监督

检查活动。与例行督察不同，专项督察主要聚焦国土空间用途管制实施过程中出现的突出问题或普遍问题，通过对这些特定事项进行深入监督和检查，规范地方政府和开发主体的行为。

专项督查内容包括但不限于：督察工作规划确定的事项、国家自然资源督察年度工作计划、国务院或总督察的重大决策和重要工作部署、上级部门批示事项、区域国土空间用途管制等突发性重大问题。专项督察的启动通常源于国家层面关注的重点问题，或是在日常监督管理中发现的严重违规行为。国家自然资源总督察办公室会根据实际情况，制定详细的专项督察方案，明确督察的对象、范围、内容和方法。督察对象可能包括省、市、县各级政府及其相关职能部门，也可能涉及具体的开发项目或特定区域。

4）执法督察

执法督察是贯穿国土空间用途管制全生命周期全过程的保障线和生命线，高度重视并切实加强执法监督是国土空间用途管制实施监管的重要环节。执法督察不仅是对国土空间用途管制政策实施效果的检验，更是对违法违规行为的震慑和纠正，通过严密的监督和严格的执法，确保国土空间用途管制的各项政策和措施有效落实。

执法督查过程中，督察部门从保障国家粮食安全、生态安全、经济安全的高度，坚持严格执法，对违法问题保持高压态势，坚定不移守护各类空间底线。对群众举报、媒体反映、遥感检测、执法巡查、随机调研等方式发现的违法线索，及时核查，严肃查处。部、省、市、县 4 级自然资源主管部门按照“法定职责必须为，法无授权不可为”的原则，履行各自的查处职责，严肃查处国土空间用途管制过程中的违法问题。对于情节严重的违法行为，要通过司法手段追究刑事责任，确保执法督察的权威性。

2. 国土空间用途管制监督的行政处罚

国土空间用途管制监督的行政处罚是指国家自然资源主管部门和其他相关行政机关，对违反国土空间用途管制规定的单位或个人，依据法律法规进行制裁的措施，其目的是纠正违法行为，维护国土空间用途管制的严肃性和有效性。

行政处罚是维护法律法规权威的重要手段。具体的行政处罚措施包括责令停止违法行为、责令限期整改、罚款、没收违法所得、停产停业、吊销相关证照、法律责任追究、公开通报以及其他法律规定的处罚措施，有效地打击和预防违法违规行为，确保国土空间用途管制的各项政策和措施得以有效落实，保障国土资源的可持续利用和生态环境的高质量发展。

3. 国土空间用途管制监督的绩效评价

国土空间用途管制的核心目标之一是减少空间开发利用过程中的负外部性、协调开发利用的矛盾、保护公共空间利益、提高公共财政的使用效率、推动空间的有序开发以及确保国土空间规划的有效落实。为此必须在监督过程中建立一套完善的绩效评价机制，系统评估各地区在国土空间用途管制方面的实际成效和存在的问题，为改进和加强用途管制措施提供科学依据。

国土空间用途管制监督绩效评价的首要步骤是确定绩效评价主体，明确不同评价主体的权限和职责。其次，确定科学合理的绩效评价标准和指标体系评价标准，判断各地区管理绩效的高低。对于绩效评价结果不理想的地区，采取相应督察或行政处罚措施，增加巡查的频次和力度，以闭环的绩效评价和反馈机制，提升国土空间用途管制的整体效果。

8.3.2　完善法律法规　实现有效监督

法律法规是国土空间用途管制的高效监督的重要保障。

首先，法律法规应当明确国土空间用途管制的基本原则和具体要求，提供系统的法律框架和操作规范，从全域全要素视角明确空间准入、用途转用和开发利用监管三个主要环节的范围、内容、要求、程序等，实现对土地、草原、森林、海洋等各类国土空间用途管制的统一指导与监督，使监督工作有章可循，有据可依。

其次，在监督过程中，法律法规需要对各类开发利用行为进行规范和约束，确保国土空间的开发利用活动合法合规。对于违法违规行为，相关部门可以依据法律法规采取相应的行政处罚措施。

最后，定期审查和评估国土空间用途管制的实施效果，通过法律手段保障监督工作的持续性和有效性，并促进国土空间用途管制监督过程和评估结果的透明化和公开化，增强公众对政府决策的信任和支持。

8.3.3　强化科技手段　促进高效监督

1. 健全国土空间用途管制全流程监测预警技术体系

健全国土空间用途管制全流程监测预警技术体系，是实现精准监测和有效管理的技术基础。

一是充分利用卫星遥感技术，构建“空-天-地-网”一体、分级监测、多源感知的监测网络。对重点项目和重点区域，通过部署由全自动巡检的无人机机巢构成的低空遥感网络，实现高精度实时监测，灵活补充卫星遥感监测网络。在关键区域部署地面传感器，实时采集土壤条件、环境质量等精细化数据，实现对土地利用情况、生态保护状况的精准监控。将传感器网络的数据与卫星遥感和无人机监测的数据进行综合分析，提高监测的全面性和准确性。

二是充分利用 AI 和深度学习等感知方式，对“空-天-地-网”监测网络的监测数据进行感知，获取数据中有关于国土空间用途管制要素的属性与特征。首先，融合多源数据的地表覆盖 AI 自动提取与变化监测关键技术，探索分层次、有差异的国土空间用途管制要素的类型、状态、强度及其变化的监测方法；其次，基于多源影像内容和深度学习的国土空间要素提取方法，集成人工神经网络、决策树、支持向量机等分类器，关联自然资源典型要素在不同时相、尺度、空间分辨率影像上的光谱、纹理、形状及几何拓扑、空间关系等特征信息，提升国土空间用途管制的监测能力（毕云龙等，2020）。

三是利用时空大数据精准化汇聚和人工智能处理技术，对在线的多源异构数据自动解析并存入数据库，对海量监测数据进行快速存储、管理和分析，追踪数据中的规律和异常情况，并通过机器学习算法，对土地利用变化进行预测和评估，提供更加智能化的决策支持。

2. 强化国土空间用途管制监督场景化、可视化、数字化支撑

强化国土空间用途管制监测的场景化、可视化、数字化支撑，是提升监测工作实效和管理水平的重要措施。

场景化监测通过构建虚拟仿真环境，模拟不同土地利用政策和措施对国土空间的影响。针对国土空间用途管制监测的三维立体与时序动态特征，建立现实场景与虚拟要素的时空构建表达技术体系；制定基于各类国土空间用途管制场景的监测预警体系，面向国土空间开发与保护、国土空间整治与生态修复、国土空间安全底线管控、重大项目实施监测等工作，开展多类用途管制监测评估场景服务应用（贺瑜琦等，2022；尤淑撑等，2021）。

监测数据的可视化展示能够大幅提升信息的直观性和易理解性。通过构建可视化数据平台，监测数据以地图、图表、三维模型等形式展示，提供多层次、多维度的数据展示功能，支持用户根据需要进行自定义查询和分析，让管理者和公众更直观地了解土地利用现状和变化情况。

数字化支撑是实现监测信息高效管理和应用的基础。建设具备数据采集、存储、处理、分析和展示全流程功能的统一国土空间监测信息系统，该系统应支持多源数据的融合与综合分析，具有良好的扩展性和兼容性，能够与其他相关信息系统对接，实现信息的互通共享，从而高效监督国土空间用途管制。

8.3.4 活用社会舆论，推动全民监督

社会舆论作为国土空间用途管制的全民监督手段，发挥着重要的监督作用。一方面，通过媒体的广泛宣传和公众的积极参与，促进国土空间用途管制的透明和公开。另一方面，公众通过新闻媒体、互联网平台等途径，了解国土空间用途管制的相关政策、措施和实施情况，对政府和相关部门的工作进行监督和评价，及时发现和曝光国土空间开发利用中的违法违规行为，推动相关部门采取措施进行整改和处理，促进政府决策的科学化和民主化，提高国土空间用途管制的社会认同度和公信力。

通过社会舆论的监督，公众的参与意识和责任感得到增强，形成全社会共同关注、共同参与、共同监督国土空间用途管制的良好氛围。社会舆论的监督通过社会组织、专业团体和公众举报等形式，形成多层次、多渠道的监督网络，确保监督的广泛性和深入性，推动国土空间用途管制效能的不断提升。

参 考 文 献

毕云龙, 徐小黎, 李勇, 等. 2020. 完善国土空间用途管制制度的再思考[J]. 中国国土资源经济, 33(4): 78-83.

毕云龙, 徐小黎, 李勇, 等. 2021. 国土空间规划许可制度建立面临的问题与对策[J]. 规划师, 37(2): 45-49.

贺瑜琦, 曾一笑, 陈光, 等. 2022. 新型测绘视角下的山地城市规划实施场景预警模拟技术探索[J]. 测绘通报, (4): 11-15.

姜闻远, 陈海嵩. 2022. 中国自然资源督察体系完善的规范路径[J]. 自然资源学报, 37(12): 3073-3087.

李强, 王熙然, 尚宇辰, 等. 2021. 国土空间用途管制中的公共参与：以香港地区为例[C]//中国城市规划学会,成都市人民政府. 面向高质量发展的空间治理——2021 中国城市规划年会论文集（13 规划实施与管理）. 北京工业大学城建学部, 2021: 8.

林坚, 武婷, 张叶笑, 等. 2019. 统一国土空间用途管制制度的思考[J]. 自然资源学报, 34(10): 2200-2208.

尤淑撑, 何芸, 刘爱霞, 等. 2021. 国产高分卫星数据在自然资源遥感监测中的应用[J]. 卫星应用, (12): 32-38.

第 9 章　数字化国土空间用途管制

以数字化赋能加速社会经济高质量发展，是当今世界不可逆的变革浪潮，也恰逢其时。在国土空间用途管制领域，需要充分认识“高质量发展”这一新时代中国特色社会主义的主旋律，以信息技术和数字化工具为依托，推动用途管制数字化转型，充分释放数据要素、数字技术的潜在价值，服务支撑高质量发展。

本章剖析数字化国土空间用途管制的内涵，明确国土空间用途管制数字化转型的关键任务，建立“三融五跨”高效协同体系，推动用途管制业务整合与统一化以及数据治理的规范化、系统化和智能化，强化部门协同与智慧应用；依托国土空间基础信息平台、国土空间用途管制监管系统、国土空间规划“一张图”实施监督信息系统以及国土空间规划实时监测网络等数字化工具，梳理数字化国土空间用途管制实现路径，为国土空间用途管制全生命周期过程提供决策支持，从而推进国土空间治理体系和治理能力现代化。

9.1　数字化国土空间用途管制的内涵

9.1.1　国土空间用途管制的数字化转型

推进治理体系的数字化转型，是提升国土空间治理能力的重要途径，国土空间用途管制需要依托数字化技术，全面提升规划编制、审批、实施和监测治理能力，从而实现全域、全要素、全流程数字化转型，形成治理监管新模式。经过多年的发展，数字化技术助力国土空间用途管制从无到有，实现了从核心数据库建设到构建统一信息模型（一张图）的转变（罗亚等，2022）。从初始的单一建设用地审批系统开始，逐步扩大和深入全域全要素管控当中，大数据、人工智能、云计算等新技术手段，也被运用到国土空间用途管制中，促进实现全面科学的数字化国土空间用途管制。

如今数字化国土空间用途管制的业务范围，已涵盖国土空间规划、规划管理、规划预审、农用地转用与土地征收、土地供应、规划许可、不动产登记、土地督察、执法监察等多个方面，整合了国土空间现状、空间规划、用途管制审批许可、国民社会经济等多元数据，建立了统一的标准、编码、底图底线和核验规则，形成了多维度、综合性的国土空间用途管制信息监管平台，在全国范围内实时联通，全程跟踪和监管用途管制的整个过程（李由君等，2022）。

随着数字技术持续演进和大模型的广泛应用，用途管制正逐步实现全面数字化、精准化和智能化。同时，以推进国土空间治理体系和治理能力现代化为目标的用途管制数字化转型，还需要不断探索更优、更全的数字化之道，从而实现国土空间用途管制的“数治、智治与共治”（于海涛等，2023）。

9.1.2　数字化国土空间用途管制的内涵

数字化国土空间用途管制是指通过数字技术和信息化手段，整合和分析用途管制相关数据，构建信息模型，实现对国土空间用途的精准管理和动态调控的过程。数字化转型背景下，国土空间用途管制最显著特征是大数据、人工智能等新型智能信息技术对管控实践的赋能增效（岳文泽等，2024），它包括数据化管理、智能化分析、动态化调控、信息共享与协同以及监督与评估等多个方面。

具体而言，数字化国土空间用途管制通过信息化新兴技术，建立国土空间信息数据库，对各类空间数据进行整合、存储和管理，形成全面、准确、实时的数据基础，为国土空间用途管制提供数据支持。利用大数据和人工智能技术，对国土空间数据进行深入分析，挖掘数据间的内在联系，预测未来的发展趋势，为国土空间规划和国土空间用途管制提供决策依据。实时监测和更新国土空间数据，及时发现和解决用途管制过程中的问题，实现对国土空间资源的动态管理和调控。建立信息共享平台，促进政府部门间的信息交流和协同工作，提高工作效率，确保规划和用途管制制度的顺利实施。通过有效的监督和评估机制，对国土空间用途管制工作进行全程跟踪和监管，确保各项措施落到实处，取得实效。

9.2　用途管制数字化转型的关键任务

9.2.1　建立“三融五跨”数字化高效协同体系

开展数字化国土空间用途管制改革下的转型工作，是履行统一国土空间用途管制职责、推进国土空间治理体系和治理能力现代化的重要手段。“高位统筹、融合统一、技术革新、全链关联”是数字化国土空间用途管制首要目标。针对目前部分地方建设项目缺空间缺指标、土地与项目审批缺贯通、重大项目保障缺机制、公众参与缺途径、规划实施缺监管等现象，以及用途管制标准不统一、数据不融合、业务不关联、技术不智能、系统不联通、服务不便捷等难题，需利用数字化手段聚焦计划管理、空间准入、用途转用、规划许可、监测评估等方面，统筹推进技术融合、业务融合、数据融合三个方面的深度融合，和地域跨越、层级跨越、业务跨越、系统跨越、部门跨越五个方面的全面跨越，建立“三融五跨”的全面数字化高效协同体系（如图 9-1），实现用途管制全域、全要素、全流程、全生命周期数字化转型，助推国土空间用途管制改革，形成高效、精准、动态、实时的治理监管新模式。

随着数字技术持续演进，国土空间用途管制工作将面临更多转型和变革的机遇（金志丰，2020），需在“统一底图、统一标准、统一规划、统一平台”的基础上，从系统治理、综合治理、源头治理、依法治理四个层面出发，结合部、省、市、县不同层级的管理模式，考虑省域刚性底线管控和统筹宏观管理、市县层面的分区引导和协同管理、乡镇和村庄层面的差别化管制、区域高质量发展的主攻方向、地方空间治理水平及数字化改革优势等诸多因素，更好地为国土空间用途管制等工作高质量发展提供服务保障。

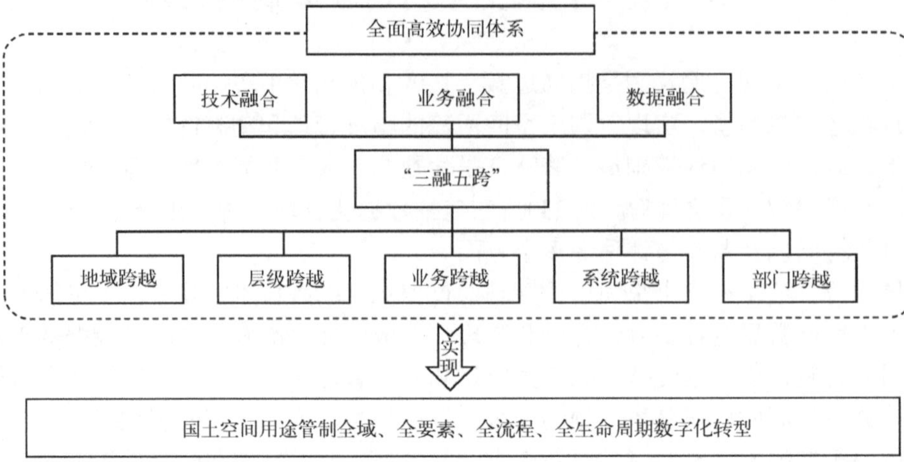

图 9-1 "三融五跨"的全面高效数字化协同体系

1. "三融"互通

1）技术融合

技术融合是指将数字化技术与国土空间用途管制紧密结合，充分利用大数据、人工智能等先进技术手段，通过数据挖掘和分析，精准监测和评估国土空间开发利用情况，为决策提供科学依据。提高用途管制的效率和准确性，聚焦技术融合，需要有数据库或模型库作为支撑，构建可复用的数据集合，为业务应用系统开发和数据融合共享提供技术支持，实现应用功能服务化和资产化复用。

一方面，通过形成流程运行、规则调用、数据流动、空间分析、安全管理等各类公共微服务组件，有效整合各类用途管制业务管理、空间数据、证照等核心数据，使业务经验、业务知识向业务模型转化，数据加工流程、数据全周期关联、共享交换等数据融合流程向自动化编排、标准化服务的方向转化，为各部门各系统提供规范化、标准化的服务，支撑业务办理、日常监管、数据上报核验、数据共享分发和迅速响应等应用需要。另一方面，以业务为驱动，加强业务应用场景的梳理，为业务提供便捷的分析探索、算法模型工具，推动数据业务化，业务数据化。

2）业务融合

业务融合是指将智能信息技术应用到国土空间用途管制的各项业务中。聚焦业务融合，运用系统方法，按照"全域、全要素、全周期、全流程"的原则，通过业务职能分析和组织协同分析，明确用途管制业务的组织定位及职能协同关系，推动国土空间用途管制业务创新和管理升级。

首先以核心职能为对象，梳理全地域、跨层级、跨部门、全链条的业务协同关系，针对各项业务，对材料清单、审批流程、业务表单、批文证照、空间要求等内容开展业务标准化工作。其次，在统一底图底数、统一规划和业务标准化的基础上，串联形成分区分类分级的用途管制规则体系。随后，依托国土空间用途管制监测监管需求场景，详细分析其涉及的统计监管维度、指标项、指标运算规则、指标项涉及业务对象等，构建多层级的监测监管指标体系，开展全周期业务协同和全环节监测监管。

3）数据融合

数据融合是将不同数据源的数据信息自动分析、优化综合的过程，以数据驱动价值的工作模式，在充分认识和分析现有用途管制数据的基础上，结合不同层级的业务需求，开展数据融合治理，促进数据共享共用，以最大限度地发挥数据价值，服务用途管制动态评估、监测预警、业务审批改革等工作。

首先，识别用途管制业务域所需参考、产生、加工的数据资源，形成数据资源目录，并面向数据本身和数据管理情况，分析数据语义差异、梳理矛盾冲突，开展数据分析工作。其次，优化现有数据结构，按照完整性、正确性、一致性、规范性的原则进行数据融合，构建分层分级、协同关联、适应用途管制改革和应用要求的数据模型。第三，结合系统化思路，开展常态化数据融合治理的过程，围绕用途管制业务主线，以码为链，以谱关联，对用途管制全周期数据进行关联融合，实现用途管制数据全周期串联和业务全链路打通。最后，协同用途管制业务需求，通过共享数据接入和服务，实现数据驱动业务协同。

2. “五跨”协同

“五跨”协同的模式是以统一的国土空间规划“一张图”为基础，通过横向协同和纵向贯通，着力整合现有业务应用系统，打造业务协同、数据驱动、监测监管、应用智能的应用新模式，构建业务、数据、服务全方位融合的一体化、智能化审批—监管应用体系，形成“计划指标、空间准入、用途转用、许可审批、监测监管”为主要脉络的用途管制业务链条闭环管理应用体系。

地域跨越：要求实现国土空间用途管制的城乡、海陆、地上地下全域覆盖，确保各类土地和空间资源得到统筹管理，对国土空间进行合理规划与管控，优化配置与高效利用。

业务跨越：用途管制的各个环节实现各业务之间的协同，这包括科学决策、行政审批以及全过程的监管和服务等。

系统跨越：用途管制与其他政府部门的信息系统互联互通，共享数据、共享资源，形成统一的国土空间治理体系，提高信息利用的效率和准确性。

部门跨越：各部门之间打破壁垒，信息互通，实现国土空间用途管制政务一体化，协同构建高效的管制体系。

层级跨越：国家、省级、市级、县级各级平台建设信息共享，层级间纵向传导。

9.2.2　强化用途管制业务的整合与统一化

要实现数字化国土空间用途管制的高效运作，业务整合与统一化是不可或缺的一环。“整合”意味着将各个业务领域或部门的工作流程、数据和信息进行深度融合，形成一个统一、协调的工作体系，打破部门间的信息壁垒，促进信息的顺畅流通，提高整体工作效率。“统一化”要求制定和实施统一的规则、流程和技术标准，确保所有业务活动都按照一致、准确和高效的方式进行。为此，需要深入理解和分析场景化应用的要求，充分发挥数据流驱动的优势与便利，对组织机构进行优化，明确各部门的职责和业务流程，建立统一的标准和规范。

通过业务整合与统一化，开展国土空间用途管制信息化建设，构建“全域、全要素、全流程、全生命周期”的用途管制数据体系，按照“统一底图、统一标准、统一规划、统一平台”的要求，从明晰权责、业务流程、业务规则和技术标准四个方面展开标准化设计，在内部因素上促使采用同一语言体系交流，从外部环境上打破技术部门沟通的壁垒，实现资源共享、信息互通。

1. 明晰部门权责

明晰权责是业务整合与统一的基础。通过制定明确的权责清单，确保各部门各司其职，避免权责交叉和空白。从以往的多规并存、管制体系庞杂化、管制制度矛盾冲突，到如今统一行使所有国土空间用途管制职责，各部门以及各权责主体的职责和工作范围已逐渐清晰化，但是主管部门与行业部门之间的治权和事权分配问题仍是一大挑战。

从纵向上看，主管部门与各类行业部门仍存在事权分配不明晰、传导机制不完善等多方面问题，主管部门的治权和行业部门的事权如何协调，如何在博弈过程中达到动态平衡是业务整合和统一化的关键问题。从横向上看，同一层级中不同的行业部门、工作单位对于同一种类的空间开发利用有不同的标准或方法，在没有明确的权责分配规则下，难以协调同一层级的行业部门对空间开发利用活动的主导地位。因此权责的统一和明晰，是业务整合与统一化的关键基础，也是实施数字化国土空间用途管制的基本前提。

2. 标准化业务流程

业务流程的标准化是实现高效国土空间用途管制的关键，对业务流程进行全面梳理，消除冗余和低效的环节，优化工作流程，制定统一的标准和规范，减少人为因素对管制效果的影响，提升国土空间全域治理和管控的效率。

利用国土空间规划“一张图”实施监督信息系统、国土空间用途管制系统中政务一体化平台等模块，对用途管制相关信息进行全过程管理以及数据资源、功能应用、管理机制等一体化整合。同时支撑跨区域协同治理和纵向传导，以业务数字化促进管理的精细化，实现国土空间用途管制“规划—计划—审批—监管”的国土空间全域、资源全要素、业务全流程、项目全周期、风险防控全方位的“五全管理”。

在业务审批方面，横向上协同建设项目审批在线监管系统、工程建设项目审批管理系统、自然资源主管部门及其他部门相关的业务系统；纵向上打通部、省、市、县多级联动链路，实现用途管制各项管理业务的多跨协同。

在规则管控方面，按照统一核验管控规则体系，对项目申报及审批、许可结果等各环节进行核验，对底线管控要素进行分析，实现全空间、全链条分析与管理。

在监测监管方面，基于用途管制应用数仓和监测监管指标体系，对全域全业务阶段的数据进行统计分析和监测监管，构建宏观—中观—微观的逐级监管模式，以多尺度、多维度、多方位的视角实现对业务办理的全面展示，形成过程管理、数据监管、统计台账监管及实施评估的监管网。

3. 制定业务规则

业务规则的制定是确保管制公平、公正的重要保障。实施数字化国土空间用途管制，要求搭建自然资源业务规则管控体系，需要制定明确的业务规则，包括调查监测、审批、监管等方面的规则，建立业务规则库，利用信息化手段开展数字化监管，确保业务健康高效有序运转。

建立审批业务规则库，根据不同业务进行自定义规则配置，结合系统事务调度，达到流程辅助审批、自动审批的目的；通过与图形系统联动，实现在审批过程中对项目的空间位置、字段属性、业务表单、材料附件等信息的关联查询，支持图、文双向交互查询，浏览调阅，为项目图形方案的合法性、合规性、合理性审查提供可靠支持，实现系统智能审批。与此同时，在业务规则引擎的支持下，拓展业务规则发布、业务规则调用、业务规则监控等应用，实现智能审批、动态监管。

4. 规范技术标准

技术标准是实现标准化设计的重要支撑，通过统一技术标准，提高数据的准确性和可靠性，为后续的数据处理和分析提供有力保障。制定统一的技术标准，包括数据格式、数据交换、信息安全等方面，既要符合国家和行业的规定，同时也要适应业务发展的需要。

自然资源部发布的《国土空间用途管制数据规范（试行）》，以现行国土空间用途管制过程中核心数据为基础，建立具备普适性的国土空间用途管制数据框架体系，通过信息化、数字化的手段，理顺管理流程，解决管理痛点，实现数据互联互通和共建共享。除此之外，还应充分发挥自然资源管理数据的基础性、关键性作用，运用大数据、云计算、人工智能等信息技术，按照分类管控要求，逐级、逐层、逐步丰富数据，打造高效协同的数字政府，营造良好数字营商环境（朱彧，2021）。

9.2.3　推进管制数据标准化与规范化治理

数据的质量直接关系到决策的准确性和有效性。因此，对数据进行标准化和规范化治理至关重要，包括数据清洗、验证和整合，制定统一的数据标准和交换格式，加强数据安全防护，防止数据泄露和滥用，既确保了数据的准确性和一致性，也为后续的数据处理和分析提供了坚实基础。除提升数据生产的多元化、快速化和精准化与实时在线网络汇聚能力之外，还应推进数据治理的规范化、系统化和智能化，深化数据资源挖掘融合，全面提升数据共享服务能力，充分发挥数据要素价值，用数据赋能自然资源治理现代化。

1. 立足“统一底图”推进数据整合

国土空间基础信息平台，是推进国土空间用途管制实施和监管的重要工具，推进国土空间信息平台建设，是国土空间用途管制治理体系和治理能力现代化的具体要求（唐如冰，2023）。在平台和应用的建设中，强调实时汇聚各类业务信息至“一张图”，确保各业务线条的数据能够实时共享。依托国土空间基础信息平台，开展用途管制历史数据治理与融合，通过整合集成土地利用现状、“三区三线”规划管控、用途管制各类审批、控制性详规、村庄规划以及各类专项规划等数据，共享住建、交通、水利、能源等行业空间类专项规划数据，形成用途管制管理统一的底板、底图、底线，提升用途管制业务一体化数据支撑能力。并且需要充分发挥自然资源主管部门的优势，协调联合相关部门和行业，逐步建立覆盖多种资源要素的统一动态监测监管体系。推动形成多元国土空间数据资源体系，开展国土空间实时监测与预警。

2. 立足“业务服务”推进数据扩容

结合区域实际情况，制定因地制宜的国土空间用途管制数据规范实施方案，系统地梳理用途管制业务流程，细化明确各环节审批职责，从法律法规、规范性文件、技术规范等方面提炼审核要点，进一步整合用地审批、规划许可等用途管制数据，构建可量化、可检索、可追踪的数据标准体系，形成统一、全面、准确的用途管制成果数据底图。

3. 立足“监测需求”推进数据共享

一是引入先进的遥感技术、无人机和地面传感器，构建涵盖空中、地面、天空和网络层面的全面监测网络，除传统的用途调查，还需要加强对环境质量、社会经济状况、人口分布等方面的调查，以更全面地了解国土空间的变化及其影响因素，并通过大数据技术和人工智能算法对监测数据进行深度处理和分析，揭示国土空间用途管制的实施成效，为科学决策提供强有力支持。

二是紧密合作各相关部门和机构，确保实现监测数据的实时共享和更新。建立统一的信息组织体系，整合空间关系、时间关系、业务逻辑和价值影响，实现从点到区域、从地块到底图的统一编码和联动；建立国土空间信息模型，将各种数据整合到一个统一的框架中，方便数据的查询、分析和共享。

9.2.4　完善横向与纵向业务协同和数据交互

国土空间用途管制的数字化转型，需要基于“三融五跨”的高效协同体系，统一的业务办理标准、TIM 数据规范和“一张图”，统筹用途管制涉及的跨业务决策、行政审批、全过程监管过程，形成协同、便利、智慧的国土空间用途管制应用环境。

1. 建立横向业务协同机制

建立投资项目在线审批监管平台、建设项目审批管理系统（含用地预审与规划选址、建设用地规划许可、建设工程规划许可等统一标准接口），实时获取建设用地预审、规划选址、建设用地规划许可、建设工程规划许可等业务数据，并基于国土空间信息平台，同时将用途管制业务审批信息和相关数据共享给相关部门，与其他政府部门的应用系统互联互通、协同联动，打通平行部门之间数据共享交换渠道，形成业务耦合、协同互促的国土空间治理体系。如湖北省推进“一码管地”改革，构建以“电子监管码”为核心的数据关联共享机制，赋予土地专属“身份证号”，搭建起以国土空间用途管制为核心，向前串联规划编制、向后贯通确权登记、执法督查等业务的数据框架，实现业务全环节打通，推动自然资源管理决策科学化，提升政务服务效能。

2. 纵向联动实现四级数据交互

一是针对建设用地预审、农用地转用、土地征收、国家重点项目先行用地等多个方面，强化省、市、县三级系统纵向数据交互，并将相关信息统一推送至全国国土空间用途管制监管系统。二是针对“一书三证”等采用统分结合的模式，对已有自建系统的市、县采用系统对接方式，省级开发相关数据接口，市、县通过接口实时推送到省级系统和全国国土空间用途管制监管系统。三是建立健全预警监测系统，实时监控数据推送情况，支持人工干预模式对重点项目进行优先推送，实现国家、省、市、县四级数据交互与业务融合。

9.3　国土空间用途管制数字化平台

9.3.1　国土空间用途管制监管系统

国土空间用途管制监管系统是国土空间用途管制实施监督管理的主要工具，着力解决“数据分散、规则杂乱、标准不一、智能化水平低”等问题，实现“统一底图数据、统一核验规则、统一赋码关联”的用途管制跨层级、跨部门、跨系统的数据共享、业务协同、系统互联，助推用途管制全流程的数字化转型，强化国土空间管控、提升行政审批效能。

系统以自然资源三维立体“一张图”为数据基础，以国土空间用途管制数据规范为标准，基于国土空间基础信息平台，按照自然资源部关于建设用地规划许可、建设工程规划许可、乡村建设规划许可以及土地核验、规划核验等建设要求，聚焦建设项目用地预审与选址、农用地转用与土地征收、“一书三证”等国土空间用途管制业务模块，整合信息化技术和执法监管手段，实现对国土空间用途管制的全程监管、高效执法和数据共享。

1. 系统建设

首先，系统集成各级政府部门和相关机构的数据资源，包括国土资源、城乡规划、环境保护、农业农村、林业等部门与用途管制相关的信息，通过数据共享和信息交流，实时获取各个领域的最新数据，实现互联互通、协同联动，形成业务耦合、协同互促的国土空间治理体系。

其次，随着国土资源信息化工作的推进，国土空间规划“一张图”实施监督信息系统的数据整合与系统建设在不断完善，未来国土空间用途管制实施监管的执法监察，应当在“一张图”数据库的基础上，推进移动端“一张图”建设，将执法监察与“一张图”紧密结合，通过卫星像片与航空像片、现场巡查与影像判断，从而在事前、事中和事后监管过程中，自动进行监测、分析和预警，及时发现潜在问题，确保监管的实时性和有效性。

再者，国土空间用途管制监管系统应当深化“放管服”改革，打造全域全要素网上运转流程。以深化“放管服”改革为基础，通过“多审合一、多证合一”改革，整合农用地转用、土地征收、用地预审等业务的数字化信息化流程，实现高效、协同、智能、透明的办理流程。严格实施国土空间总体规划、控制性详细规划、村庄规划，以“三区三线”为主要管控边界，同时结合规划分区、“双评价”等多元数据，开展数据分析，对建设项目用地具体规划条件进行审查，确保审批合规。

最后，建立高效的国土空间用途管制监督检查与执法监察工作新模式。一是加强监督检查，建立项目规划用地信息管理模型和日常监督预警机制，实现实施过程的全程留痕和全周期监管；并结合用途管制专题知识库、规则库和模型库，建立完善的数据库和搜索引擎，快速、准确地查询相关国土空间用途管制土地利用信息，实现了一码关联、知识引导、智能核验、主动避让和智能评判等功能。此外，还可以通过人工智能算法对大数据进行分析，发现问题和隐患，并提供预警机制，及时采取措施避免潜在风险。二是建立统一的执法标准和流程，执法人员通过系统进行案件录入、审核、调查取证等操作，实时跟踪案件处理的进展情况；同时，提供在线协作和沟通工具，方便各级执法部门之间的信息共享和联动，有效处置违反国土空间用途管制的违法问题。

2. 系统功能

1）全业务智能办理

以“多审合一”“多证合一”“多验合一”“规划条件与建设条件集成”“拿地即拿证”“方案联合审查”等用途管制制度改革为基础，全面梳理“计划管理、空间准入、用途转用、规划许可、监测评估”等阶段的业务事项，从统一事项名称、统一申请材料、统一办事流程、统一审查内容、统一批文制式等角度开展业务标准化，规范各项管理业务的信息化核验内容和标准。以业务信息模型为基础，基于灵活可定制的流程处理技术，开发包括网络收件、经办审查、部门会审、公告公示、领导审签、补件补正以及效能管理等环节和功能在内的信息系统，满足省、市、县、乡（镇）多级部门在线办理各类建设项目规划许可业务需要。建立监测监管评估模型以及用途管制管控传导规则模型，强化国土空间各项管控要求，优化国土空间用途管制业务管理和审批流程。

2）全方位证书管理

业务网络办理通过后，项目名称、用地面积、核发机关等信息在审批流程中自动关联到证书，按照自然资源部监制的规划用地审批许可文书规范样式，依托电子印章服务生成电子证照，实现证书全流程电子化管理；通过二维码识别验证、证照信息解析、在线下载、自动归档等功能，实现统一的证书配号管理、制证管理、证照查验以及证书的延期、变更、注销等全周期规范证照管理。同时强化电子证照应用，并与其他部门互通互认，实时调用，积极推进“减证便民”“无纸化”办公，促进低碳环保，持续便捷优化服务。

3）全生命周期监管

系统对用地审批全过程进行监管，构建以电子监管码为核心的业务关联协同模型，并衔接不动产单元代码，贯穿建设用地“预、批、供、建、验、登”信息化全流程，形成“一码管地”、内外贯通的项目全阶段全生命周期带图管理，对全生命周期进行一键式综合展示，形成规划用地图谱。重点监测项目用地存在的未批先建、批而未供、未供即用、供而未用、用而未尽等情况，实现用途管制全生命周期数字化管控。

对重大项目进行全要素保障，围绕重大项目全业务阶段事项，建立纵向贯通国家、省、市、县四级自然资源部门，横向连通各级政府部门及项目建设单位的重大项目“预、批、供、建、验、登”全流程监管体系。同时对项目各个阶段事项进行强监管，及时追溯项目实际落地情况中的卡点问题，做到态势“早感知”，风险“早预警”，问题“早处置”，助推重大项目的高效精准落地。

4）全过程决策分析

基于国土空间用途管制“一张图”专题成果，整合现有的现状、规划管控、用途管制各类审批等管理数据，构建带图智审模块，实现对项目地块的现状分析、“三线”检查、规划检查、征地检查、供地检查、违法用地检查等图形压覆分析。按照统一底图底数，开展报件审查和国土空间用途管制实施监管，智能辅助决策。系统对国土空间现状、“三区三线”、规划实施情况、用地审批情况、违法用地预警情况等多项内容进行监测，并为管理者提供全过程的决策分析与应对策略。利用报表自动生成功能和定制的报表模板，从系统指标库自动抽取相应数据，生成反映规划许可单项业务用地时序、结构、规模、布局等情况的统计报表，如预审与选址效能、用地规划许可用途面积、工程规划许可房建类市政类建设规模等；对各类许可证书发放情况进行综合统计与对比分析；围绕用地规划许可后工程规划许可完成情况、工程规划许可后项目验收完成情况，设计工程规划许可实施率、规划核实完成率等统计监测指标，为规划实施监督管理提供实时动态的数据支撑和决策支持。国土空间用途管制监管系统案例见专栏 9-1。

专栏 9-1　国土空间用途管制监管系统案例

1. 中地数码：实现国土空间用途管制“一图”总览

中地数码以用地全生命周期监管为主要目标搭建国土空间用途管制监管系统，实现国土空间用途管制“一图”总览。该系统整合了现状、规划、用途管制及各类业务审批等数据，涵盖了用途管制“一张图”、用地计划“一本账”、土地转用“一码追溯”、数据汇交“一套标准”、源头管控“一张清单”等多项功能（如图 9-2）。

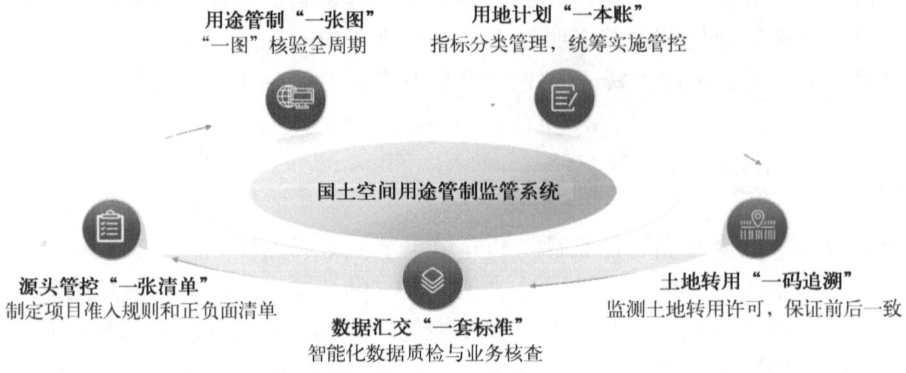

图 9-2　国土空间用途管制监管系统主要功能（据中地数码官网，有调整）

在集中统一管理的框架下，该系统对土地处置年度任务、国家指标、地方指标、巩固脱贫攻坚成果指标等进行全面整合。通过改革用地计划管理方式，加强计划管理与土地供应、开发利用、督察执法等环节的协同配合，实现土地资源的全周期管理。

通过在项目谋划阶段引入数字化用途管制，附加准入、限制、禁止的项目类型、规划条件等管控规则，实现正负面清单检测等功能应用，从源头上严格把控空间准入，细化具体的准入标准和限制条件，也为后续项目的预审和许可审批环节提供技术支撑。

为满足国土空间用途管制监管业务需求及数据交互规范，该系统构建省、市、县三级国土空间用途管制业务数据的统一上报、核验和结果接收体系，确保业务流程的规范化。通过统一核验机制，健全监测评估和预警体系，推动用途管制全流程和全要素的数字化、智能化服务与监管。通过日常管理监测、指标监测、项目阶段监管、土地监管，支撑土地批、供、用、补、查的全域、全要素监测监管，实现国土空间各类要素用途管控、转换畅通、总量控制和系统平衡。

2. 吉奥时空：高效管控、智慧协同

吉奥时空的国土空间用途管制系统数字化建设，依托标准规范和信息安全体系保障，基于自然资源云基础设施，整合自然资源“一张图”大数据体系和国土空间基础信息平台，力图实现全要素资源监管和全周期数据共享。

该系统转变传统电子政务工作模式，依据“互联网+”思维实现互联网与政务服务深度融合，建成覆盖全国的整体联动、部门协同、一网办理的“互联网+政务服务”体系。打破信息孤岛，以信息创新驱动服务模式创新，优化信息共享，使群众足不出户就可以了解政府信息，享受信息服务。同时立足政务办公信息安全，基于全栈信创环境，打造集信息接入、政务管理、应用搭建、综合分析、辅助决策等功能于一体应用体系，满足各级部门协同办公需求。系统本身拥有全面的信创环境适配能力，能够兼容信创基础软硬件，覆盖芯片、整机、操作系统、数据库、中间件、浏览器、流版软件、身份认证、电子签章等各个核心模块，力图确保政务办公的高效安全（如图 9-3）。

图 9-3　国土空间用途管制监管系统总体框架（据吉奥时空官网，有调整）

3. 上海数慧：全域全类型全要素的国土空间用途管制总体框架

上海数慧以国土空间规划为基础，以全环节管控传导为核心，以数字化手段为工具，搭建了全域全类型全要素的国土空间用途管制监管系统总体框架。该框架构建了二三维“一张图”、计划管理“一本账”、空间准入“一道线”、实施管理“一条链”、监测监管“一张网”的应用体系，实现了规则传导可控、管理流程可溯、实施监管及时的国土空间用途管制业务全周期闭环管理。总体框架包括了全周期闭环管理、全流程规范共享、全过程多维管控、全方位高效协同等多项功能。

全周期闭环管理方面，梳理用途管制“批供用补查”各阶段业务，围绕业务核心脉络，建立从计划管理、空间准入、用途转用到许可审批的全生命周期用途管制业务管理体系，实现上下游业务全贯通的精细化闭环管理。

全流程规范共享方面，基于用途管制的数据规范统一数据管理标准，实现对业务数据的全盘摸查、对比分析和标准化处理，从而制定符合自然资源部上报要求的用途管制数据管理体系，促进数据交换共享。

全过程多维管控方面，基于二三维一体化数字底板，通过多维联动，将用途管制各阶段的规则按逐级传导方式，搭建含管控依据、行为、要素和指标的管控模型，实现规则深度传导和过程精准管控。

全方位高效协同方面，针对省市县不同管理诉求建立信息共享机制，纵向与部级系统连接、打通部省市县四级，横向与业务系统、外部系统关联，实现业务分层分级管理，促进全方位多跨协同。

9.3.2 国土空间规划“一张图”实施监督信息系统

国土空间规划“一张图”实施监督信息系统建设，主要用于实现国土空间规划的编制、审批、实施及监测评估全过程管理的全面化和信息化，提高国土空间管理的精准度和效率。其中国土空间用途管制功能是该系统的核心内容之一，主要功能包括数据采集与处理、管控规则、决策支持等。

1. 数据采集与处理

1）数据采集

通过整合多源数据，包括土地利用现状调查数据、卫星遥感影像、规划审批数据、“三区三线”数据和用地审批数据等，全面、详细地反映国土空间的利用和规划状况。在数据采集过程中，土地利用现状调查数据包括各类土地的具体使用情况，卫星遥感影像为地理空间信息和环境监测提供高分辨率的视图，规划审批数据记录各类规划项目的审批过程和结果，“三区三线”数据涉及耕地和永久基本农田、生态保护红线和城镇开发边界的空间管控线信息，用地审批数据详细记录各类建设项目的用地情况。通过这些数据的汇集和整合，系统能够形成一个全面、详细且动态更新的用途管制数据库，为国土空间用途管制提供翔实的数据基础。

2）数据处理与存储

对采集的数据进行清洗、处理和整合是用途管制模块数据采集的重要步骤。首先，利用数据清洗工具和算法，对原始数据进行检查和修正，确保数据的完整性和准确性；其次，将不同来源的数据进行空间匹配和属性合并，通过空间叠加、拓扑校正和属性匹配技术，消除数据冲突和重复，形成统一的空间数据库；再者，对整合后的数据进行分类编码，根据用途管制的需求，分类处理数据，并赋予不同地块、区域相应的用途代码和管理标识；最后，将处理后的数据存储在高效、安全的数据库系统中，选择适当的数据库管理系统，并根据数据量和访问需求进行数据库设计与优化，定期数据备份，保障数据的安全和系统的稳定运行。

2. 用途管制决策支持

1）辅助建设用地项目选址决策

通过提供多维度的数据分析和对比工具，支持规划人员进行用地需求预测、供需平衡分析和建设用地选址适宜性分析，并将分析结果以地图、图表等形式直观呈现，辅助规划人员全面、直观地了解不同选址方案的优缺点，从而做出科学的选址决策。

2）规划许可决策

一是合规性检查，确保项目用地性质、用地面积、建设强度等指标符合现行国土空间规划和用途管制政策。二是提供智能审核，自动对建设项目的规划许可申请进行审核，提高审核效率和准确性。三是综合决策，整合各项评估结果，提供详细的分析和建议，数据和分析结果展示，确保各方利益相关者能够在充分了解项目情况下进行充分讨论和协商。

3）自然资源监管决策

围绕国土空间规划、自然资源开发利用、自然资源资产管理、耕地保护、自然资源执法和督察，以及形势与战略分析等多项业务，建立基于大数据的自然资源态势感知、全时全域监管与决策支持的信息化机制。实时监测和评估从资源开发利用到保护和执法的全流程过程中的国土空间的利用状况和变化趋势，识别潜在问题和风险，提供精准的态势感知。对历史数据和当前态势的深度分析，预测未来的发展趋势，并利用大数据和先进的分析模型，提供详尽的决策支持报告。此外，系统还提供在线服务，确保相关部门随时随地获取所需的信息和分析结果。

3. 信息共享与公众服务

1）信息共享

平台整合来自不同部门和单位的多源数据与记录，打破信息孤岛，形成覆盖全面、更新及时的用途管制信息库，通过标准化的数据接口和共享协议，各部门在同一平台上获取所需的数据和信息，进行实时查询和调取，提高信息的流动性和可用性。

2）公众服务

一是向社会公众提供国土空间用途管制相关信息的查询服务，获取规划编制、审批、实施等各环节的相关信息，增加国土空间管理的透明度，也增强公众对规划实施的信任和支持。二是提供用途管制全周期线上办理功能，包括用地审批、审批查询、规划许可等，公众通过在线平台提交申请、查看审批进度和获取反馈，实现全程无纸化办理，简化办理流程，提高服务效率。

9.3.3　国土空间规划实施监测网络（CSPON）

国土空间规划实施监测网络（China spatial planning observation network，简称CSPON）作为构建国土空间规划实施监督体系的重要抓手，将成为推动构建美丽中国数字化治理体系和建设绿色智慧的数字生态文明的重要举措（王伟等，2024）。CSPON 的建设是在已有的信息平台基础上进行，对基于国土空间规划“一张图”的数字化空间治理体系进行再完善、再深化、再提升和再开放，最终落实以“数字化”“网络化”支撑实现国土空间规划全生命周期管理“智能化”的目标，加快推动“可感知、能学习、善治理、自适应”的智慧规划建设。由图 9-4 可知，用途管制相关业务系统是 CSPON 的重要组成部分之一。

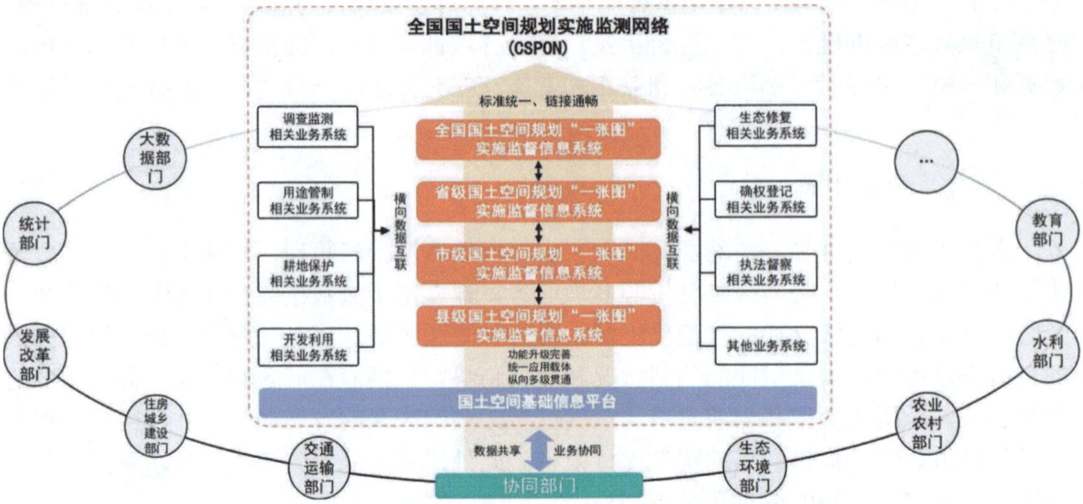

图 9-4　全国国土空间规划实施监测网络架构关系图

资料来源：全国国土空间规划实施监测网络建设工作方案（2023—2027 年）

1. 模拟推演和情景分析

CSPON 按“场景认知—数据感知—模型构架—循证决策”的模式，建立国土空间模拟推演和情景分析综合决策模型，实现“用数说话、用数决策、用数管理、用数创新”。模拟推演分析使规划者能够在政策制定和实施之前，通过对不同政策和规划方案的情景模拟，提前预估各种决策的影响。

2. 多源时空数据融合治理

推进多源时空数据融合治理，是用途管制实现精细化管理和智能化监督的重要手段。在这一过程中，需加强规划部门与技术部门的对接协同，确保技术支撑能够紧密围绕规划实施监督和监测的需求展开。

首先，以规划层级传导和底线管控为重点，通过基础地理实体空间身份编码应用，推动不同层级规划的有效传导和底线控制的严格落实。编码体系是数据融合的基础纽带，提供统一的空间标识，衔接不动产单元代码、用途管制电子监管号、建设用地电子监管号等，将各类用途管制数据进行整合和关联，实现数据的统一和标准化管理。

在此基础上，利用知识图谱技术，进一步统一“空间码”，实现数据和业务的互联互通。通过构建数据之间的关联关系，将分散的、异构的多源数据进行整合，形成一张全面、动态的空间数据图景，确保用途管制、开发利用、资产权益、确权登记、执法督察等各环节的数据实时汇集和关联计算，增强规划实施的监督和管理能力。

3. 全要素动态感知

作为国土空间规划与国土空间用途管制的重要监测系统，相关数据的及时更新和动态处理是系统运行的重要条件。CSPON 构建了高效的数据采集网络，系统能够根据数据空间范围、尺度、粒度、精度、频度、程度等需求，组合地面传感器、卫星遥感设备和无人机航拍技术，提供从宏观到微观的多层次、多维度感知体系，提升数据的有效获取和智能识别能力。

快速识别并预警国土空间安全底线管控状态。利用无人机等新设备，配合卷积神经网络等算法，实现耕地“非农化”干扰要素的快速高精度识别以及生态保护红线智能监测预警。精准感知耕地“非农化”空间位置与预警程度，快速识别违反逾越生态保护红线的违法行为，确保国土空间安全底线的严格管控。

CSPON 能够实现自然灾害的智能预警和迅速响应。系统构建的“空天地海网”监测和态势感知体系，通过整合多种传感器和监测设备，实时监控洪涝、地震、滑坡等自然灾害的发生和发展情况。利用不同区域、不同量级自然灾害风险区域识别、影响模拟和风险预警技术，将灾害风险数据结合实际管理需求进行叠加分析，实现灾害风险智能识别模拟。通过机器学习和人工智能技术，结合历史数据和模型预测，不断优化监测预警模型，对未来可能发生的灾害进行预警，提高预警的准确性和及时性，辅助相关部门及时采取防灾减灾措施。

参 考 文 献

金志丰, 张晓蕾. 2020. 省域国土空间用途管制的基本架构[J]. 中国土地, (3): 31-34.

李由君, 韩卓希, 乔天宇, 等. 2022. 数字化转型中的国家治理变化[J]. 西安交通大学学报(社会科学版), 42(3): 51-60.

罗亚, 宋亚男, 余铁桥. 2022. 数字化转型下的国土空间数字化治理逻辑研究[J]. 规划师, 38(8): 111-114.

唐如冰. 2023. 论宪法视野下的国土空间用途管制制度[J]. 重庆大学学报(社会科学版), 29(3): 189-199.

王伟, 柳泽, 林俞先, 等. 2024. 从国土空间规划“一张图”到 CSPON“一张网”学术笔谈[J]. 北京规划建设, (1): 52-65.

于海涛, 林坚, 彭震伟, 等. 2023.“健全国土空间用途管制制度”学术笔谈[J]. 城市规划学刊, (5): 1-11.

岳文泽, 侯丽, 韦静娴. 2024. 国土空间治理的数字化转型：基本内涵、模式演进与关键挑战[J]. 中国土地科学, 38(1): 36-44.

朱彧. 2021. 构建数据标准体系提升空间治理效能——部有关司局负责人解读国土空间用途管制数据规范[J]. 资源与人居环境, (7): 17-18.

第 10 章 国土空间用途管制实施保障

当前，我国国土空间用途管制制度体系在实施过程中仍然面临诸多挑战，如法律体系不健全、执法力度不足、政策执行缺乏灵活性等。本章从法制建设角度，提出完善用途管制相关法律法规体系的相关建议；从多元治理模式角度探讨如何优化治理模式，提升用途管制效能；从规范与创新角度，提出用途管制政策体系的具体措施；从提高国土空间用途管制的科学性和有效性角度，完善用途管制技术标准体系和差异化的考核机制。

10.1 加强用途管制法制建设，确保依法管制

10.1.1 完善用途管制相关法律法规

当前，我国国土空间用途管制制度主要依赖于行政规章和政策性文件，其法律效力层次位阶相对较低，且存在碎片化现象。规划及用途管制领域的现行法律法规之间的协调性、系统性不足，给实践工作带来了诸多困扰。国土空间用途管制制度建设需要从政策性规定转向权威性更高、执行力更强的法律规范。此外，《关于建立国土空间规划体系并监督实施的若干意见》明确指出，国土空间规划是空间开发保护的基础，而统一用途管制是实施规划的重要手段。用途管制与空间规划是相辅相成、并行不悖的。在制定或修订相关法律法规时，应当充分考虑到两者之间的内在联系和互动关系，加强规划与管制之间的衔接和协同，确保法律法规之间的协调性和一致性。

首先，要加强法律法规建设，实现“有法可依”的目标。优先制定《国土空间规划法》和《国土空间开发保护法》等核心法律，为国土空间和自然资源的合理利用与保护提供明确、权威的法律依据；对现有的相关法律法规进行修订，基于科学规划、合理利用、严格监管的原则，进一步修改完善《中华人民共和国土地管理法》《中华人民共和国城乡规划法》《中华人民共和国水法》《中华人民共和国环境保护法》《中华人民共和国矿产资源法》《中华人民共和国森林法》《中华人民共和国草原法》《中华人民共和国自然保护区法》等法律法规中各类空间和要素用途管制制度，明确各类空间、要素和行为的权利边界以及用途管制要求，清晰界定各级行政区与主管部门的职责范围，确保管理职责的明确划分与无缝衔接，提升管理效能、避免推诿扯皮（邢文秀等，2023），形成松紧适度、协调一致的管制规则与法律体系；配套制定《国土空间规划法实施细则》和《生态环境保护细则》等法规，为依法管制提供具体的操作规程和法律责任，以确保依法管制落地执行。

其次，鼓励各地将实践探索中的成功案例与丰富经验转化为法律条文，精细化立法策略，为国土空间用途管制制度奠定更为全面的法律基石。浙江省积极推进《浙江省国土空间规划条例》的立法议程，并已将其确立为 2023 年度的核心立法任务。该条例创新性地将“分区准入+约束指标”管理模式、规划用地“多审合一、多证合一”的简化流

程以及存量用地更新等前沿实践融入法律框架（方黎明等，2024），为浙江省国土空间用途管制实施构建了清晰明确的法律指引与制度支撑。湖南省也在探索从立法层面完善底线约束制度来强化国土空间资源的严格监管与有效保护。《湖南省实施土地管理法办法》经湖南省人大审议通过，其中一项重要举措将耕地转用审批权集中至省级政府，强化了耕地保护力度，防范耕地资源的不当流失与滥用（方黎明等，2024）。此外，湖南省还发布了居民自建房安全管理规定，整合了乡村规划许可、建设工程规划许可等职能，为乡村地区的和谐发展设立了清晰管控准则。制定了专门的生态绿心地区保护条例，明确了项目准入标准、用地审批流程等关键管制手段，为自然生态区域的可持续发展构筑了更为严密的法律防线，促进生态与发展的和谐共生。

10.1.2　加强执法监察治理体系和治理能力现代化建设

深入实施依法管制还须全面加强执法监察治理体系和治理能力现代化建设，从源头上强化执法监察力量的统筹协调，在立法层面深化执法监察的法治化、标准化进程，构建与国土空间用途管制相契合的现代治理框架。

首先，加强自然资源部门与司法部门的深度协作，建立国土空间用途管制执法监察的司法支持机制，为必要时刻的“强制执行”提供快速通道，有效遏制和打击违法违规行为。其次，加强与基层政府的联动，构建国土空间用途管制和城乡建设执法的协同机制，通过信息共享、资源整合，进一步提升执法效率，确保国土空间用途管制的执行与监督无缝对接。再者，加强与公安部门的联动，构建自然资源部门与公安部门的联合执法机制，强化执法效果，对违法违规行为形成强大的威慑力。最后，在保障体系建设方面，要着重提升用途管制执法监察工作的整体水平；注重用途管制执法队伍的专业化建设，提升执法人员的专业素养和综合能力；加快建设县（区）、乡镇、村、所纵向一体化的执法监察工作网络，实现执法工作的快速响应，提高快速反应能力和执法威慑力。

10.2　打造多元治理模式，提升用途管制治理效能

10.2.1　理顺政府部门职责分工与协同合作关系

明确不同职能部门的权责边界，逐步分离国土空间用途管制中的决策权、执行权和监督权，避免权力过度集中，防止利益冲突和权力滥用。不同机构之间应建立良好的协作机制，定期协商和沟通，促进信息传递和数据共享，提高工作效率和决策质量。

1. 厘清中央与地方权责关系

建立用途管制事权分级系统，结合用途分区，理清各层级政府在用途管制中的责任事项和权力范围，避免管制事权划分不清、权责不对等的问题。中央应主要负责制定宏观调控政策，制定管制目标和战略、管制标准和规范、管制流程和权限等，授予省级政府管制权并实行监管。省级政府主要确定用途管制重点内容、指标体系、用途准入正负

面清单、自然资源整治和修复政策，并对地方政府进行指导和考核。因此涉及底线性、战略性的、凸显保护的用途分区，如生态保护区和农田保护区，应划入省级以上事权。市县、乡镇级别政府执行管制事权，对自然资源用途管制负有直接责任，完成自然资源动态调查与评估工作，对自然资源用途予以许可或准入，对管制实施过程和效果予以评价和反馈，完成上级政府确定的自然资源整治与修复任务。地方政府管制事权除了要凸显保护，更要体现合理利用，因此如生态控制区、城镇发展区、乡村发展区等分区应划入地方政府的管制事权。

2. 明确国土空间用途管制部门职能和权限范围

通过法律法规、政策文件和规程，明确国土空间用途管制相关部门的职责范围、权力边界以及在各领域的管理细则；建立权责体系，明确各级国土空间用途管制实施负责人，将各部门协作承担各项任务的安排落实，并加强责任追究机制建设，确保各方工作统筹协调；制定相应的管理条例，强化政府及工作人员对权力和责任清单的培训学习；建立制度化的政府跨部门动态反馈协商平台，实现重点部门工作的专项对接和分步协商，科学统筹各类空间和要素管控。

3. 协调用途管制部门管制治权与管制事权关系

管制治权是指管制部门对与其行政权责对应的权域空间及其内部空间资源开发、保护和利用实施行政管制的权力；其主体为承担用途管制的管制部门，客体为管制部门管制治权对应的权域空间和内部各种资源要素。管制事权是指管制部门根据管制治权具体实施，并实现管制治权的任务和职责，包括自身的管制事权和分配给其他部门的管制事权。

管制事权的边界受制于管制治权的边界，管制治权的边界和权能规定了管制事权的边界和权能。管制治权是管制部门实施管制的权力来源和基础，而管制事权则是管制部门具体实施和履行管制治权的任务和职责。管制治权的权界规定着管制事权的范围，管制治权的权能规定着管制事权的任务和责任；而管制事权则是实施管制治权的途径和手段。因此，确保管制治权与管制事权的协调和合作关系，是促进管制部门有效实施管制的关键。

国土空间用途管制涉及空间利用全生命周期，需要从国土空间规划编制、实施、监督等环节实现协调与管制。应设定“准入管制边界”和“准用管制规则”，以确保管制部门的权责边界明确、责任分工合理，进而实现管制治权与管制事权的协调。

首先，设定“准入管制边界”，通过划定国土空间分区的边界，限制进入不同国土空间分区的行为主体，非经过审核批准不允许进入。国土空间规划划定的“三区三线”是国土空间开发保护的控制底线，构成了县（区）级辖区空间或跨县（区）级辖区空间以及各级规划分区的管制边界。然而，这些控制底线是基于利用功能的空间分异划定的，与基于管制治权分异空间形成的治权空间并不完全一致，导致在实践中难以落实到具体承担管制的部门管制治权上，影响了管制的实施效果。因此，需要进一步优化调整管制边界。改进的方法之一是在划定“三区三线”时，将其与管制部门的治权边界进行协调，同时分解管制事权。准入管制边界是关于管制部门能够行使管制治权与事权关系的权域边界，因此，行政管辖边界可以作为一级管制边界。以行政管辖边界为管制边界，既可以确保管制部门的治权边界与治权空间边界一致，实现全空间用途的管制，也可以在行政管辖边界内划定下层规划分区的管制空间，实现管制部门的治权与事权的协调。

其次，设定“准用管制规则”，通过制定国土空间利用的准用管制规则，控制准入主体对空间用途进行改变，非经过审核批准不允许改变用途，实施“利用准用管制”。准用管制规则主要解决管制空间的准用问题，利用一级准入边界进行规划分区划定时，可以协调分担“三区三线”管制责任和任务，实现县（区）级全空间全要素的统一系统管制；进一步地，可以利用二级准入边界细化县（区）空间，实现各要素分区的协调管制。

10.2.2　激励市场主体参与用途管制

国土空间利用的最终目标是优化资源配置和提高利用效率。政府应采取激励和引导措施，使市场主体自愿进行与政府意图相一致的经济活动，在不改变微观经济主体追求自身利益的行为目标的同时，实现社会公益的增长并满足社会发展的需求。因此，在国土空间用途管制中，应采取适当的激励措施，鼓励市场主体积极参与，共同推动可持续发展。

激励市场主体参与国土空间用途管制需要政府采取多种手段，从政策、资金、创新、合作和审批程序等多个方面入手，综合施策，具体包括以下几个方面：①政策激励。政府根据不同行业、不同地区的特点，有针对性地制定优惠政策，如税收减免、财政补贴、土地供应等，最大程度地激发市场主体的积极性。②资金扶持。通过设立专项资金、提供低息贷款或资金补贴等方式，用于支持企业技术改造、产业升级、环境保护等方面的投入，减轻参与国土空间用途管制的市场主体的融资压力，提高市场主体参与的积极性。③创新驱动。加大对科技创新的投入，设立专项研发基金，提供资金支持和科研补贴，鼓励企业加强技术研发，提升自身的科技创新能力；推广应用新技术、新工艺、新设备等，提高企业的生产效率和品质水平，减少对环境的负面影响。④合作共赢。引导企业与科研机构、高校等建立合作关系，通过产学研合作，实现技术、资金、人才等资源的共享，促进企业与科研机构、高校之间的互利共赢，共同推进国土空间用途管制工作。⑤程序简化。精简和优化国土空间用途管制的审批程序，建立在线申报、审批和查询平台，通过网络服务，提高办事效率，减少市场主体的时间和成本。

10.2.3　完善公众参与协作机制

尊重公众在国土空间治理中的主体地位，保障公民、法人和其他组织依法获取相关信息的权利，通过依法、有序、有效的途径，不断拓展公众参与渠道，积极发挥其主体作用，构建多元化的参与方式。

1. 建立平等协商对话机制

政府需摒弃高高在上的姿态，以开放和包容的态度进行沟通，充分利用自媒体平台，主动发声，公布政策导向；在制定用途管制方案时和采取普遍性用途管制措施之前，通过听证会、民意调查等方式征求公众意见；通过网络、媒体，畅通公众利益诉求表达渠道，搭建公众监督平台，为公众对国土空间开发利用和保护进行监督提供便利；在规划、用地和项目审批的各个环节中，按照既定程序公示、征求意见，确保信息公示的质量和内容，针对关键问题，扩大听证制度的覆盖范围，让公众和利益相关者全面了解相关情况，并积极核实、调查和及时反馈收集意见。

2. 探索多样化的公众参与途径

目前公众参与的途径多为被动接受，主要集中在通过公示公告、征求意见、听证会等方式发表意见，对管制过程的实质性参与较少。可以探索签订合作协议等方式，让公众参与到实质性的管理事务中，成为管理者，切实提高公众对国土空间管制的参与感、责任感。例如，在永久基本农田保护中，划定保护网格，每个网格由所在的村集体选派出“田长”，政府与“田长”签订管护监督协议；合约一旦达成，合约双方必须依约履行合约义务，对永久基本农田进行耕作的农户或受让承包经营权人进行监管，监督其按要求进行耕作；网格田被发现、举报存在破坏耕地实行非农化的违法用地行为的，“田长”需接受监管失职的惩罚；保护任务完成较好的“田长”，可以对其进行一定的资金奖励或者由政府授予荣誉等。

10.3　完善用途管制政策措施，筑牢政策体系稳定性基石

10.3.1　推进用地审批与规划许可的整合与革新

作为国土空间用途管制的两大支柱，用地审批与规划许可的深度融合成为提升治理效能的关键。需紧抓《国土空间规划法》立法研究的契机，系统性地规范、整合并优化现有审批与许可流程，构建一个权责清晰、流程顺畅、科学高效的管制体系（刘海丽等，2021），其核心在于统一行使国土空间用途管制权，确保每一寸土地都能得到合理规划与高效利用。

用地审批与规划许可的整合与革新应遵循集成化理念，对审批流程进行根本性变革，通过事项合并、时限压缩、要件简化及服务强化，实现同一阶段审批事项的并联高效处理。建设用地规划许可与土地出让合同（或划拨决定书）中的规划条件应视为同等重要，鼓励各地探索合并核发或精简许可证的方式。工程许可与乡村规划许可的适用范围及审批主体需明确界定，并予以法定化，确保规划审批与用地审批的无缝衔接，避免管理割裂。全面梳理建设项目全周期中的规划用地审批服务事项，明确各事项的管理目标、逻辑链条、法律依据及具体内容，剔除冗余、前置及不必要的审查环节，重构管制逻辑，整合监管资源，重塑审批流程。

比如，福建省开展“多审合一、多证合一、多测合一、多验合一”的综合性改革，不仅明确了房屋建筑工程与市政工程项目的并联审批事项与流程，还推行了设计方案联合审查与联合技术指导等创新措施。通过合并规划选址与用地预审、整合建设用地规划许可与用地批准、统一测绘业务及竣工验收阶段的“多测合一”，极大地提升了审批效率与服务质量；特别是用地审批系统的升级改造，实现了从单一报批到分阶段审查的转变，为建设项目提供了前置指导、全程监管与标准化审批的全方位服务；其省级用地审批数据的实时共享至全国系统，确保了信息的时效性与准确性，为深化改革提供了宝贵的实践经验与参考案例（毕云龙，2024）。

10.3.2　持续推进土地计划管理方式改革

土地利用计划管理是国土空间用途管制的关键手段。随着 2019 年《中华人民共和国土地管理法》的修正与实施，自然资源部对土地利用年度计划管理方式进行了重大改革，由传统的年度下达新增建设用地计划转变为“增存挂钩”模式（毕云龙，2024）。其改革核心在于确保国家重大项目、国家军事设施重大项目及省政府重大用地项目等关键领域的用地需求，以支撑国家发展战略的顺利实施。同时，为提升土地资源利用效率，对除上述重大项目外的其他项目用地实施“增存挂钩”机制，即新增计划指标的分配将紧密关联各地区的存量土地处置量，以此激励地方加快低效闲置土地的盘活利用。在资源分配上，改革体现了区域发展的差异化策略。对于经济发展优势地区，倾斜安排基础指标，重点考量地区生产总值贡献、农业转移人口进城落户数量以及吸收外省人口能力等因素，以支持这些地区进一步增强经济集聚效应和辐射带动能力。另一方面，为保障国家粮食安全和生态系统稳定，改革还特别强调对粮食生产和生态优势地区的奖励措施，对超额承担耕地保护任务的省份，以及生态保护红线划定面积比例排名靠前的省份，给予计划指标的额外奖励，以激励这些地区持续加强耕地保护和生态屏障建设。

10.3.3　构建切实有效的全类型用途管制政策体系

在推动国土空间治理体系和治理能力现代化的进程中，构建一套全面覆盖、科学严谨、执行有力的全类型用途管制政策体系显得尤为重要。这里的“全类型”不仅是一个宽泛的概念，更是具体涵盖了生态空间、农业空间、城镇空间以及涉海空间等多个维度，确保每一寸国土都能得到合理、高效的利用与保护。

1. 健全生态空间用途管制政策体系

在生态空间划定过程中，应坚持生态优先原则，全面评估资源环境承载能力和国土空间开发适宜性，确保耕地和永久基本农田、生态保护红线和城镇开发边界这“三条红线”互不交叉，平衡发展与保护的关系。同时，构建分级分类差别化的生态空间用途管制制度，将生态空间精细划分为生态保护红线和一般生态空间，并针对不同区域制定差异化的管制规则，严格限定生态空间内的活动类型和强度，实现对生态资源的精准保护和合理利用（董华斌等，2022）。积极推动生态空间的多功能复合利用，特别是在城市范围内，通过土地综合整治等政策工具，促进用地流转和优化土地利用结构，使生态空间在保障生态功能的同时，也能满足城市发展的多元化需求。同时，需要积极探索生态产品价值实现与管护的有效路径，通过编制自然资源资产负债表、创新评估方法等手段，充分激发自然资源的内在价值，加快建立自然生态资源外部性补偿机制，以经济激励的方式促进生态保护与修复的良性循环，为实现可持续发展奠定坚实基础（周琳，2024）。

2. 完善农业空间用途管制政策措施

农业空间用途管制是确保农业用地合理、可持续利用的重要手段，旨在保护耕地资源、促进农业现代化和生态农业发展。完善农业空间用途管制政策措施，首先应加强对保护区内耕地的严格保护，永久基本农田应重点用于种植粮食作物，不得擅自转为其他农用地或农业设施建设用地。其次，优化其他农业空间准入管理，允许按照市场需要进行农业结构调整，发展油料、花木、瓜菜、桑茶、林果等经济作物及水产养殖，但应严格控制农地转为建设用地，不得随意占用或荒芜农用地。在永久基本农田以外的其他农业空间内，应引导发展高效农业和休闲观光农业，同时注重生态保护，避免过度开垦和破坏生态环境。第三，要坚持实施耕地“大占补”，按照“谁批准、谁负责，谁实施、谁补充”的原则，对占用耕地进行非农建设或农业结构调整的行为，要求落实耕地总量动态平衡，统筹林地、草地、园地等其他农用地及农业设施用地等整治为耕地的方式，补足同等数量、质量的可长期稳定利用的耕地；建立耕地生态补偿机制，实行有偿调剂使用耕地指标，并将耕地“大占补”落实情况纳入耕地保护和粮食安全考核体系，对未按规定落实的地区进行相应处罚（张杨等，2022）。

3. 完善城镇空间用途管控政策措施

首先，针对特别用途区，需明确其管制要求，制定详细的准入标准与配套细则，并强化监管以确保资源的有效利用（胡钫等，2023）。其次，为适应城镇发展的动态性，应系统研究并优化城镇开发边界的调整机制，明确通过定期评估与动态调整，确保开发边界既能满足发展需求，又不触碰生态红线与农田保护底线。第三，对于城镇开发边界外的建设活动，按主导用途分区管理，采用“详细规划+规划许可”与“约束指标+分区准入”相结合的管控模式，特别是针对区域性基础设施、特殊用地及具有邻避效应的产业项目等，需明确其准入要求和目录，以促进城乡融合发展。最后，针对增减挂钩政策激励机制部分失灵的问题，应进一步完善相关政策措施，通过调整挂钩比例、优化挂钩方式等手段，提高项目落地的可行性和积极性（周琳，2024），并加强对挂钩项目的监管和评估工作。

4. 加强涉海空间用途管制制度

优化涉海空间用途管制制度的顶层设计，深度推进陆海规划的无缝对接，构建一个全方位、一体化的陆海统筹“一张图”管理体系，提高海域空间用途管制的效率与成效，确保海洋资源的可持续利用与生态环境的保护（李彦平等，2020）。在国土空间规划的战略布局中，需跨越传统思维界限，从政策与技术的双重维度深度融合陆海规划，打破“以陆定海”或“以海定陆”的旧有模式，实现陆海资源的全面统筹与高效管理。为此，应构建统一的地理信息平台，将海陆数据资源深度融合，绘制一张精准、详尽的陆海空间利用蓝图，为科学规划与决策奠定坚实基础（林小如等，2018）。

在《国土空间规划法》的立法筹备阶段，要全面审视并梳理现行涉海法律法规体系，识别并解决其存在的矛盾与空白，确保法律框架和谐统一、有效指导实践，建立健全涉海领域的定期评估与动态调整机制，及时发现并解决规划执行中的问题与不足，确保规划目标的顺利实现。对于城镇开发边界内的历史围填海项目，应依据评估结果进行科学分类与合理调整，适时将其纳入或调出城市开发边界范围，并设立专项管理指标以加强监管（杨百合等，2024）。在立法过程中，应明确提出低效用海退出机制的原则性要求，并配套制定详细、可操作的实施细则。针对海陆分界线管理不一致等复杂问题，应建立统一的空间准入标准与管理机制以加强协同管理。在海陆分界区域的管理上应充分考虑多重因素如农业储备、红树林蓝碳生态修复等的综合影响合理确定空间利用的优先次序与布局方案，避免优质空间资源的政策性浪费与闲置（林小如等，2018）。

10.3.4　强化全要素用途管制政策体系

“统筹推进山水林田湖草沙综合治理”，是习近平生态文明思想的重要内容和根本要求，对我国生态文明建设具有直接指导意义。当前，亟需构建一个基于地域特色、要素关联及多元主体参与的全要素协同用途管制政策框架。首要任务是完善保护与修复的技术支撑体系，遵循自然法则，灵活运用自然恢复与人工干预相结合的策略，坚持“一地一策”，针对草原、森林、河流、湖泊、湿地、农田等生态系统的不同状况，精准实施禁牧休牧、禁伐限伐、禁渔休渔、休耕轮作等措施。对于水土流失、荒漠化、石漠化等严峻生态问题，倡导以自然恢复为主，辅以适度的人工修复，实现生态修复的科学性与合理性的统一。对于受损严重、自我恢复能力弱的区域，则需采取积极的科学干预，加速生态系统复原。其次，要加速构建系统治理的制度体系，包括完善自然资源产权制度，构建绿色低碳市场体系，深化排污权、碳排放权交易制度改革，强化生态补偿机制的监督、考核与追责，促进政府间在治理行动上的横向合作，加快法治建设步伐，确保各部门间法律制度的协调性与系统性，为系统治理提供坚实的制度保障。再者，应积极促进治理主体的多元化与协同化；多元主体的广泛参与是山水林田湖草沙系统治理的社会基石，应建立有效的公众参与渠道与激励机制，使参与者的投入能够合理转化为个人收益与社会福祉，从而激发社会各界参与治理的积极性与创造力。最后，需进一步完善市场体系以推动生态产品价值实现，加快生态产品市场建设，促进多元市场的深度融合，创新激励机制，推动形成生产发展、生活富裕、生态良好的良性循环，共同构建蓝天常在、青山常在、绿水长流的美好生活环境。

10.4 优化技术标准体系，强化动态适应性匹配

10.4.1 引导技术标准制定从工程思维转向治理思维

技术标准制定需要着重于两个方面的建设：一是促进行政逻辑与技术逻辑的融合；二是强化标准制定实施的全过程管理。

首先，行政逻辑与技术逻辑的融合，是构建全链条式国土空间治理标准体系的关键。这意味着需要将行政管理的需求与技术发展的先进性相结合，确保标准体系既符合政策导向，又具备科学性和可操作性。为此，需要构建一个由资源调查、确权登记、评估核算、国土空间规划、用途管制、监测预警、绩效考核等环节构成的全链条式标准体系，确保国土空间治理的各个环节都有明确的指导和规范，实现各环节之间的无缝衔接和高效协同。

另一方面，强化标准制定实施的全过程管理是至关重要的，需要实现标准研制、实施和信息反馈的全流程可跟踪闭环管理。在标准研制阶段，组织专家团队进行深入研究和论证，确保标准内容科学合理、可操作性强。在标准实施阶段，加强对基层管理部门和市场主体的培训和指导，确保标准得到有效执行。同时，建立标准实施信息反馈和评估机制，及时收集和分析实施过程中出现的问题和挑战，以便对标准进行及时的调整和优化。

10.4.2 实现标准体系动态适应性转变

为应对国土空间管制过程中不断涌现的新领域和新空间挑战，必须加快新领域、新空间管制标准研发步伐，不断增强标准体系的动态适应性。当前，国土空间治理面临着诸多新课题和新要求，特别是在韧性安全国土建设、地上地下空间统筹、非建设空间管控、主体功能区传导、资源节约集约高效利用监测评估以及公共服务与基础设施建设等领域，对用途管制标准体系的完善提出了迫切需求。

在强化韧性安全国土建设方面，需制定更为严格和科学的国土安全标准，通过优化国土空间布局、加强防灾减灾能力建设、提升应急响应效率等措施，增强国土韧性和安全性。在地上地下空间的统筹利用方面，需制定科学合理的地上地下空间规划标准，实现土地资源的最大化利用，同时确保城市建设的和谐美观，包括优化城市空间布局、完善地下交通系统、增强地下空间的综合功能等。在非建设空间管控方面，要加强对非建设用地的保护和利用，严格非建设空间管控标准，限制无序扩张和过度开发，积极探索非建设空间的合理利用方式，保护生态环境和自然资源，推动生态文明建设。在主体功能区传导方面，强化主体功能区与“三区三线”、规划分区之间的协调传导，明确各功能区的定位和发展方向，引导资源要素的合理流动和优化配置，确保政策的有效落地和区域间的协调发展。在资源节约集约高效利用监测评估方面，要加强对资源利用情况的监测和评估，制定科学的监测评估标准和方法，推广资源节约集约利用的新技术、新工艺和新模式，提高资源利用效率。在公共服务与基础设施方面，面向服务高质量发展和满足高品质生活的现实需求，要加快公共服务设施、市政基础设施和交通设施等标准体系

的优化工作，通过提升公共服务设施的服务质量和覆盖范围，加强市政基础设施的建设和管理，提高城市的承载能力和运行效率，满足人民群众日益增长的美好生活需要。

10.5　健全差异化考核机制，强化用途管制绩效评估

10.5.1　建立差异化指标考核体系

在城镇空间的绩效评价中，应鲜明树立“转方式、调结构”的导向标，将其作为推动经济高质量发展的核心驱动力。具体指标体系应涵盖经济增长的规模与质量双重维度，引导城镇空间在保持经济活力的同时，迈向更加高效、绿色、可持续的发展轨道。农业空间作为国家粮食安全的基石，其绩效评价应紧密围绕“耕地保护”这一核心任务展开。通过永久基本农田保护面积、耕地保有量等关键指标，全面监测与评估农业空间内耕地资源的保护状况与利用效率，保障粮食安全。生态空间作为自然生态系统的重要组成部分，其绩效评价应聚焦于“生态保护”这一核心目标。具体指标设计上，应涵盖生态保护红线面积、林地保有量、湿地保护面积等关键指标，全面反映生态空间的生态状况与服务功能，引导生态空间在维护自然生态平衡、提供生态服务方面发挥更大作用，鼓励地方政府与社会各界共同参与生态保护工作，共同守护好我们的绿水青山。

10.5.2　建立激励相容的绩效考核配套体系

为确保差异化指标考核体系的有效实施，还需要构建一个激励相容的绩效考核配套体系，通过正向激励与负向惩戒相结合的方式，激发各级党政领导班子和领导干部的工作积极性，强化其空间保护和资源利用的责任意识。

1. 建立“奖惩并举”的考核结果运用机制

在考核过程中，对表现优秀的领导班子和领导干部，要给予充分的肯定和奖励，在综合评价中加分、在选拔任用中优先考虑等。而对表现不佳的领导班子和领导干部，则要进行相应的惩戒，在综合评价中扣分、在选拔任用中予以限制等。通过“奖惩并举”的方式，更加精准地激励各级领导班子和领导干部积极履行职责，推动差异化绩效考核的深入实施。

2. 实现绩效考核成效与生态补偿机制的良性互动

目前，我国在退耕还林、退耕还草、退耕还湖、基本农田保护、公益林保护以及区域及流域生态保护补偿等方面已进行了积极探索，并取得了显著成效。2016 年，国务院办公厅发布的《关于健全生态保护补偿机制的意见》更是为生态保护补偿机制的构建提供了明确指导，强调了权责统一、合理补偿、政府主导、社会参与等原则，并着力推动森林、草原、湿地、荒漠、海洋、水流、耕地等重点领域的生态保护补偿工作。这一顶层设计的出台，标志着我国生态保护补偿机制建设进入了新的阶段。为了使其更好地发

挥作用，需要加快构建符合国情的生态保护补偿制度体系，确保国土空间用途管制的公平原则得以体现，从而提高全民保护自然资源和生态空间的自觉性和积极性。

为实现绩效考核成效与生态补偿机制的良性互动这一目标，首先要完善相关法律法规和政策措施，明确生态保护补偿的原则、范围和标准，以及各相关主体的责任和义务。同时，加强政策措施的制定和落实，确保生态补偿基金的有效设立、补偿标准的合理制定，以及生态保护项目的科学评估与审批。其次，将绩效考核结果与生态补偿挂钩。在生态保护与可持续发展等方面绩效考核成效显著的地区可获得更多的生态补偿资金及倾斜性政策支持；反之，则减少或取消相关补偿。最后，建立反馈机制，定期审视生态补偿机制的实施成效。结合实际情况与评估结果及时捕捉并分析问题所在，灵活调整绩效考核的指标体系与生态补偿的标准设定，确保两者间形成动态平衡、相互促进的良性循环。

3. 严格落实领导干部自然资源资产离任审计制度

为了确保领导干部在自然资源开发、利用和保护方面切实履行责任和义务，需要严格落实领导干部自然资源资产离任审计制度，要求领导干部在离职前接受审计，对其在自然资源开发、利用和保护方面的责任、义务的履行或完成情况进行全面评估，客观地评价领导干部对自然资源资产的正面或负面影响，促使其提高自身在自然资源开发、利用和保护方面的履责能力和决策水平。

参 考 文 献

毕云龙，李颖，相洪波，等. 2024. 优化国土空间用途管制工作的思考与建议——从福建省国土空间用途管制探索与实践谈起[J]. 中国国土资源经济, 37(9): 41-48.

董华斌，刘蒙罢，赵晨迪，等. 2022. 全域生态文明建设背景下我国国土空间用途管制研究[J]. 国土资源导刊, 19(1): 6-10.

方黎明，黄薇. 2024. 有力的要素保障　有效的空间治理[N]. 中国自然资源报, 2024-06-24(003).

胡钫，张继刚，叶林，等. 2023. 城市特别用途区的发展内涵与空间管制——基于规划编制与规划许可的逻辑[J]. 规划师, 39(7): 85-93.

李彦平，刘大海. 2020. 海域空间用途管制的现状、问题与完善建议[J]. 中国土地, (2): 22-25.

林小如，王丽芸，文超祥. 2018. 陆海统筹导向下的海岸带空间管制探讨——以厦门市海岸带规划为例[J]. 城市规划学刊, (4): 75-80.

刘海丽，方勇，吴永胜. 2021. 统一行使国土空间用途管制的思考[J]. 中国土地, (10): 20-23.

邢文秀，林玉婷，刘大海，等. 2023. 国土空间规划视角下海洋详细规划基本认知、编制思路与实施路径思考[J]. 城市规划学刊, (4): 95-103.

杨百合，王先鹏，马仁锋. 2024. 海岸带区域用地用海布局规划协调机制研究[J]. 中国国土资源经济, 37(6): 42-47.

张杨，李迎晨，谭向荣. 2022. 农业空间用途管制视角下的农村三产融合发展用地保障——以北京市平谷区为例[J]. 中国土地, (12): 12-15.

周琳. 2024. 我国城镇空间用途管制的底层逻辑及转型方向[J]. 城市规划, 48(3): 4-12.

附　　录

附表 1　第三次全国国土调查与用地用海分类对应表

第三次全国国土调查工作分类				国土空间调查、规划、用途管制用地用海分类		
一级类		二级类		三级类	二级类	一级类
00	湿地	0303	红树林地	——	0507 红树林地	05 湿地
		0304	森林沼泽	——	0501 森林沼泽	
		0306	灌丛沼泽	——	0502 灌丛沼泽	
		0402	沼泽草地	——	0503 沼泽草地	
		0603	盐田	——	1003 盐田	10 工矿用地
		1105	沿海滩涂	——	0505 沿海滩涂	05 湿地
		1106	内陆滩涂	——	0506 内陆滩涂	
		1108	沼泽地	——	0504 其他沼泽地	
01	耕地	0101	水田	——	0101 水田	01 耕地
		0102	水浇地	——	0102 水浇地	
		0103	旱地	——	0103 旱地	
02	园地	0201	果园	——	0201 果园	02 园地
		0202	茶园	——	0202 茶园	
		0203	橡胶园	——	0203 橡胶园地	
		0204	其他园地	——	0204 油料园地	
				——	0205 其他园地	
03	林地	0301	乔木林地	——	0301 乔木林地	03 林地
		0302	竹林地	——	0302 竹林地	
		0305	灌木林地	——	0303 灌木林地	
		0307	其他林地	——	0304 其他林地	
04	草地	0401	天然牧草地	——	0401 天然牧草地	04 草地
		0403	人工牧草地	——	0402 人工牧草地	
		0404	其他草地	——	0403 其他草地	
				——	2302 后备耕地	23 其他土地
05	商业服务业用地	05H1	商业服务业设施用地	——	0702 城镇社区服务设施用地	07 居住用地
				——	0704 农村社区服务设施用地	

续表

第三次全国国土调查工作分类				国土空间调查、规划、用途管制用地用海分类		
一级类		二级类		三级类	二级类	一级类
05	商业服务业用地	05H1	商业服务业设施用地	090101 零售商业用地	0901 商业用地	09 商业服务业用地
				090102 批发市场用地		
				090103 餐饮用地		
				090104 旅馆用地		
				090105 公用设施营业网点用地		
				——	0902 商务金融用地	
				——	0903 娱乐用地	
				——	0904 其他商业服务业用地	
		0508	物流仓储用地	110101 一类物流仓储用地	1101 物流仓储用地	11 仓储用地
				110102 二类物流仓储用地		
				110103 三类物流仓储用地		
				——	1102 储备库用地	
06	工矿用地	0601	工业用地	100101 一类工业用地	1001 工业用地	10 工矿用地
				100102 二类工业用地		
				100103 三类工业用地		
		0602	采矿用地	——	1002 采矿用地	
07	住宅用地	0701	城镇住宅用地	070101 一类城镇住宅用地	0701 城镇住宅用地	07 居住用地
				070102 二类城镇住宅用地		
				070103 三类城镇住宅用地		
		0702	农村宅基地	070301 一类农村宅基地	0703 农村宅基地	
				070302 二类农村宅基地		
08	公共管理与公共服务用　地	08H1	机关团体新闻出版用地	——	0801 机关团体用地	08 公共管理与公共服务用地
		08H2	科教文卫用地	——	0802 科研用地	
				080301 图书与展览用地	0803 文化用地	
				080302 文化活动用地		
				080401 高等教育用地	0804 教育用地	
				080402 中等职业教育用地		
				080403 中小学用地		
				080404 幼儿园用地		
				080405 其他教育用地		

续表

第三次全国国土调查工作分类				国土空间调查、规划、用途管制用地用海分类		
一级类		二级类		三级类	二级类	一级类
08	公共管理与公共服务用地	08H2	科教文卫用地	080501 体育场馆用地	0805 体育用地	08 公共管理与公共服务用地
				080502 体育训练用地		
				080601 医院用地	0806 医疗卫生用地	
				080602 基层医疗卫生设施用地		
				080603 公共卫生用地		
				080701 老年人社会福利用地	0807 社会福利用地	
				080702 儿童社会福利用地		
				080703 残疾人社会福利用地		
				080704 其他社会福利用地		
				——	0702 城镇社区服务设施用地	07 居住用地
				——	0704 农村社区服务设施用地	
		0809	公用设施用地	——	1301 供水用地	13 公用设施用地
				——	1302 排水用地	
				——	1303 供电用地	
				——	1304 供燃气用地	
				——	1305 供热用地	
				——	1306 通信用地	
					1307 邮政用地	
				——	1308 广播电视设施用地	
				——	1309 环卫用地	
				——	1310 消防用地	
				——	1312 其他公用设施用地	
		0810	公园与绿地	——	1401 公园绿地	14 绿地与开敞空间用地
				——	1402 防护绿地	
				——	1403 广场用地	
09	特殊用地			——	1501 军事设施用地	15 特殊用地
				——	1502 使领馆用地	
				——	1503 宗教用地	
				——	1504 文物古迹用地	
				——	1505 监教场所用地	
				——	1506 殡葬用地	

续表

第三次全国国土调查工作分类				国土空间调查、规划、用途管制用地用海分类		
一级类		二级类		三级类	二级类	一级类
09	特殊用地			——	1507 其他特殊用地	15 特殊用地
10	交通运输用地	1001	铁路用地	——	1201 铁路用地	12 交通运输用地
				120801 对外交通场站用地	1208 交通场站用地	
		1002	轨道交通用地	——	1206 城市轨道交通用地	
		1003	公路用地	——	1202 公路用地	
		1004	城镇村道路用地	——	1207 城镇村道路用地	
		1005	交通服务场站用地	120801 对外交通场站用地	1208 交通场站用地	12 交通运输用地
				120802 公共交通场站用地		
				120803 社会停车场用地		
				——	1209 其他交通设施用地	
		1006	农村道路	060101　村道用地	0601 农村道路	06 农业设施建设用地
				060102　田间道		
		1007	机场用地	——	1203 机场用地	12 交通运输用地
		1008	港口码头用地	——	1204 港口码头用地	
				120801 对外交通场站用地	1208 交通场站用地	
		1009	管道运输用地	——	1205 管道运输用地	
11	水域及水利设施用地	1101	河流水面	——	1701 河流水面	17 陆地水域
		1102	湖泊水面	——	1702 湖泊　水面	
		1103	水库水面	——	1703 水库水面	
		1104	坑塘水面	——	1704 坑塘水面	
		1107	沟渠	——	1705 沟渠	
		1109	水工建筑用地	——	1311 水工设施用地	13 公用设施用地
		1110	冰川及永久积雪	——	1706 冰川及常年积雪	17 陆地水域
12	其他土地	1201	空闲地	——	2301 空闲地	23 其他土地
		1202	设施农用地	060201 种植设施建设用地	0602 设施农用地	06 农业设施建设用地
				060202 畜禽养殖设施建设用地		
				060203 水产养殖设施建设用地		
		1203	田坎	——	2303 田坎	23 其他土地

续表

第三次全国国土调查工作分类				国土空间调查、规划、用途管制用地用海分类		
一级类		二级类		三级类	二级类	一级类
12	其他土地	1204	盐碱地	——	2304 盐碱地	23 其他土地
12	其他土地	1205	沙地	——	2305 沙地	23 其他土地
12	其他土地	1206	裸土地	——	2306 裸土地	23 其他土地
12	其他土地	1207	裸岩石砾地	——	2307 裸岩石砾地	23 其他土地
无此用地用海分类				——	——	16 留白用地
无此用地用海分类				——	1801 渔业基础设施用海	18 渔业用海
无此用地用海分类				——	1802 增养殖用海	18 渔业用海
无此用地用海分类				——	1803 捕捞海域	18 渔业用海
无此用地用海分类				——	1804 农林牧业用岛	18 渔业用海
无此用地用海分类				——	1901 工业用海	19 工矿通信用海
无此用地用海分类				——	1902 盐田用海	19 工矿通信用海
无此用地用海分类				——	1903 固体矿产用海	19 工矿通信用海
无此用地用海分类				——	1904 油气用海	19 工矿通信用海
无此用地用海分类				——	1905 可再生能源用海	19 工矿通信用海
无此用地用海分类				——	1906 海底电缆管道用海	19 工矿通信用海
无此用地用海分类				——	2001 港口用海	20 交通运输用海
无此用地用海分类				——	2002 航运用海	20 交通运输用海
无此用地用海分类				——	2003 路桥隧道用海	20 交通运输用海
无此用地用海分类				——	2004 机场用海	20 交通运输用海
无此用地用海分类				——	2005 其他用海	20 交通运输用海
无此用地用海分类				——	2101 风景旅游用海	21 游憩用海
无此用地用海分类				——	2102 文体休闲娱乐用海	21 游憩用海
无此用地用海分类				——	2201 军事用海	22 特殊用海
无此用地用海分类				——	2202 科研教育用海	22 特殊用海
无此用地用海分类				——	2203 海洋保护修复及海岸防护工程用海	22 特殊用海
无此用地用海分类				——	2204 排污倾倒用海	22 特殊用海
无此用地用海分类				——	2205 水下文物保护用海	22 特殊用海
无此用地用海分类				——	2206 其他特殊用海	22 特殊用海
无此用地用海分类				——	——	24 其他海域

附表 2　国土空间用途管制分区地类兼容表 1

规划地类/二级分区	自然保护地核心保护区	一般生态红线区	生态控制区	农田保护区	村庄建设区	林业发展区	牧业发展区	居住生活区	综合服务区	商业商务区	工业发展区	物流仓储区
水田 A11	×	O	O	+	O	O	O	×	×	×	×	×
水浇地 A12	×	O	O	+	O	O	O	×	×	×	×	×
旱地 A13	×	O	O	+	O	O	O	×	×	×	×	×
果园地 A21	×	O	O	×	O	O	O	×	×	×	×	×
茶园地 A22	×	O	O	×	O	O	O	×	×	×	×	×
其他园地 A2X	×	O	O	×	O	O	O	×	×	×	×	×
苗木圃地 A31	×	O	O	×	O	+	O	×	×	×	×	×
用材林地 A32	×	O	O	×	O	+	O	×	×	×	×	×
原料林地 A33	×	O	O	×	O	+	O	×	×	×	×	×
其他生产林地 A3X	×	O	O	×	O	+	O	×	×	×	×	×
天然饲草地 A41	×	O	O	×	O	O	+	×	×	×	×	×
人工饲草地 A42	×	O	O	×	O	O	+	×	×	×	×	×
设施种植用地 A51	×	O	O	×	O	O	+	×	×	×	×	×
设施养殖用地 A52	×	O	O	×	O	O	O	×	×	×	×	×
农村道路用地 A61	×	O	O	×	O	O	O	×	×	×	×	×
农业沟渠用地 A62	×	O	O	×	O	O	O	×	×	×	×	×
农业坑塘用地 A63	×	O	O	×	O	O	O	×	×	×	×	×
田坎 A64	×	O	O	×	O	O	O	×	×	×	×	×
其他农业附属用地 A6X	×	O	O	×	O	O	O	×	×	×	×	×
住宅用地 B11	×	O	O	×	+	×	×	+	O	O	O	O
采矿用地 B12	×	O	O	×	×	×	×	×	×	×	×	×
工业用地 B13	×	×	O	×	×	O	O	×	×	×	+	×
生产服务用地 B14	×	O	O	×	+	O	O	O	O	+	O	+
生活服务用地 B15	×	O	O	×	+	×	×	O	O	+	O	O
公共服务用地 B16	×	O	+	×	+	×	×	O	+	O	O	O
交通设施用地 B17	×	O	O	×	+	×	×	O	O	O	O	O
公用设施用地 B18	×	O	O	×	+	×	×	O	O	O	O	O
开敞空间 B19	×	O	O	×	+	×	×	O	O	O	O	O
特殊用地 B1B	×	×	O	×	+	×	×	O	+	O	O	O
留白用地 B1H	×	×	×	×	+	×	×	O	O	O	O	O
其他城乡建设用地 B1X	×	O	O	×	O	O	O	O	O	O	O	O

注：“＋”表示主导用途；“×”表示不可兼容用途；“O”表示兼容用途。

续表

规划地类/二级分区	自然保护地核心保护区	一般生态红线区	生态控制区	农田保护区	村庄建设区	林业发展区	牧业发展区	居住生活区	综合服务区	商业商务区	工业发展区	物流仓储区
区域交通设施用地 B21	×	O	O	×	O	×	×	O	O	O	O	O
区域公用设施用地 B22	×	O	O	×	O	×	×	O	+	O	O	O
独立住房用地 B31	×	O	O	×	×	×	×	×	×	×	×	×
独立采矿用地 B32	×	O	O	×	×	×	×	×	×	×	×	×
独立工业用地 B33	×	×	O	×	×	O	O	×	×	×	×	×
独立生产服务用地 B34	×	O	O	×	×	O	O	×	×	×	×	×
独立生活服务用地 B35	×	O	O	×	×	×	×	×	×	×	×	×
独立特殊用地 B36	×	O	O	×	×	×	×	×	×	×	×	×
其他独立建设用地 B3X	×	O	O	×	×	×	×	×	×	×	×	×
人工生态林地 C11	+	+	+	×	O	O	O	×	×	×	×	×
天然生态林地 C12	+	+	+	×	O	O	O	×	×	×	×	×
平原生态草地 C21	+	+	+	×	O	O	O	×	×	×	×	×
山丘生态草地 C22	+	+	+	×	O	O	O	×	×	×	×	×
高山生态草地 C23	+	+	+	×	O	O	O	×	×	×	×	×
裸地 C31	+	+	+	×	×	×	×	×	×	×	×	×
沙地 C32	+	+	+	×	×	×	×	×	×	×	×	×
盐碱地 C33	+	+	+	×	×	×	×	×	×	×	×	×
冰雪地 C34	+	+	+	×	×	×	×	×	×	×	×	×
其他荒野地 C3X	+	+	+	×	×	×	×	×	×	×	×	×
河流 C41	+	+	+	×	×	×	×	×	×	×	×	×
湖泊 C42	+	+	+	×	×	×	×	×	×	×	×	×
沼泽 C43	+	+	+	×	×	O	O	×	×	×	×	×
近海 C44	+	+	+	×	×	×	×	×	×	×	×	×
其他湿地 C4X	+	+	+	×	×	O	O	×	×	×	×	×
其他海域 D11	+	+	+	×	×	×	×	×	×	×	×	×
渔业用海 D21	×	O	O	×	×	×	×	×	×	×	×	×
工矿用海 D31	×	O	O	×	×	×	×	×	×	×	×	×
交通运输用海 D32	×	O	O	×	×	×	×	×	×	×	×	×
游憩用海 D33	×	O	+	×	×	×	×	×	×	×	×	×
特殊用海 D34	×	O	O	×	×	×	×	×	×	×	×	×

附表 3　国土空间用途管制分区地类兼容表 2

规划地类/二级分区	绿地休闲区	交通枢纽区	城镇弹性发展区	特别用途区	矿产能源发展区	渔业用海区	交通运输用海区	工矿通信用海区	游憩用海区	特殊用海区	海洋预留区
水田 A11	×	×	O	×	O	×	×	×	×	×	×
水浇地 A12	×	×	O	×	O	×	×	×	×	×	×
旱地 A13	×	×	O	×	O	×	×	×	×	×	×
果园地 A21	×	×	O	×	O	×	×	×	×	×	×
茶园地 A22	×	×	O	×	O	×	×	×	×	×	×
其他园地 A2X	×	×	O	×	O	×	×	×	×	×	×
苗木圃地 A31	×	×	O	×	O	×	×	×	×	×	×
用材林地 A32	×	×	O	×	O	×	×	×	×	×	×
原料林地 A33	×	×	O	×	O	×	×	×	×	×	×
其他生产林地 A3X	×	×	O	×	O	×	×	×	×	×	×
天然饲草地 A41	×	×	O	×	O	×	×	×	×	×	×
人工饲草地 A42	×	×	O	×	O	×	×	×	×	×	×
设施种植用地 A51	×	×	O	×	O	×	×	×	×	×	×
设施养殖用地 A52	×	×	O	×	O	×	×	×	×	×	×
农村道路用地 A61	×	×	O	×	O	×	×	×	×	×	×
农业沟渠用地 A62	×	×	O	×	O	×	×	×	×	×	×
农业坑塘用地 A63	×	×	O	×	O	×	×	×	×	×	×
田坎 A64	×	×	O	×	O	×	×	×	×	×	×
其他农业附属用地 A6X	×	×	O	×	O	×	×	×	×	×	×
住宅用地 B11	×	O	O	O	O	×	×	×	×	×	×
采矿用地 B12	×	×	O	O	+	×	×	×	×	×	×
工业用地 B13	×	×	O	O	O	×	×	×	×	×	×
生产服务用地 B14	O	O	O	O	O	×	×	×	×	×	×
生活服务用地 B15	O	O	O	O	O	×	×	×	×	×	×
公共服务用地 B16	O	O	O	O	O	×	×	×	×	×	×
交通设施用地 B17	O	+	O	O	O	×	×	×	×	×	×
公用设施用地 B18	O	O	O	O	O	×	×	×	×	×	×
开敞空间 B19	+	O	O	O	O	×	×	×	×	×	×
特殊用地 B1B	O	O	O	+	O	×	×	×	×	×	×
留白用地 B1H	O	O	+	+	O	×	×	×	×	×	×
其他城乡建设用地 B1X	O	O	O	O	O	×	×	×	×	×	×
区域交通设施用地 B21	O	+	O	O	O	×	×	×	×	×	×

注：“＋”表示主导用途；“×”表示不可兼容用途；“O”表示兼容用途。

续表

规划地类/二级分区	绿地休闲区	交通枢纽区	城镇弹性发展区	特别用途区	矿产能源发展区	渔业用海区	交通运输用海区	工矿通信用海区	游憩用海区	特殊用海区	海洋预留区
区域公用设施用地B22	O	+	O	O	O	×	×	×	×	×	×
独立住房用地B31	×	×	×	×	O	×	×	×	×	×	×
独立采矿用地B32	×	×	×	×	+	×	×	×	×	×	×
独立工业用地B33	×	×	×	×	O	×	×	×	×	×	×
独立生产服务用地B34	×	×	×	×	O	×	×	×	×	×	×
独立生活服务用地B35	×	×	×	×	O	×	×	×	×	×	×
独立特殊用地B36	×	×	×	×	O	×	×	×	×	×	×
其他独立建设用地B3X	×	×	×	×	O	×	×	×	×	×	×
人工生态林地C11	×	×	O	+	O	×	×	×	×	×	×
天然生态林地C12	×	×	O	+	O	×	×	×	×	×	×
平原生态草地C21	×	×	O	+	O	×	×	×	×	×	×
山丘生态草地C22	×	×	O	+	O	×	×	×	×	×	×
高山生态草地C23	×	×	O	+	O	×	×	×	×	×	×
裸地C31	×	×	×	×	O	×	×	×	×	×	×
沙地C32	×	×	×	×	O	×	×	×	×	×	×
盐碱地C33	×	×	×	×	O	×	×	×	×	×	×
冰雪地C34	×	×	×	×	O	×	×	×	×	×	×
其他荒野地C3X	×	×	×	×	O	×	×	×	×	×	×
河流C41	×	×	×	O	O	×	×	×	×	×	×
湖泊C42	×	×	×	O	O	×	×	×	×	×	×
沼泽C43	×	×	×	O	O	×	×	×	×	×	×
近海C44	×	×	×	O	O	O	O	O	O	O	O
其他湿地C4X	×	×	×	O	O	×	×	×	×	×	×
其他海域D11	×	×	×	×	O	O	O	O	O	O	+
渔业用海D21	×	×	×	×	O	+	O	O	O	O	O
工矿用海D31	×	×	×	×	O	O	O	+	O	O	O
交通运输用海D32	×	×	×	×	O	O	+	O	O	O	O
游憩用海D33	×	×	×	×	O	O	O	O	+	O	O
特殊用海D34	×	×	×	×	O	O	O	O	O	+	O

附表 4　使用权证申请及发证部门表

相关使用权证书	情况	审核及发证部门
土地承包经营权	家庭承包经营方式	乡（镇）人民政府农村经营管理部门初审，县级以上地方人民政府自然资源部门予以核发证书
	招标、拍卖、公开协商等方式承包农村土地	乡（镇）人民政府农村经营管理部门初审，承包方持初审意见报县级以上地方人民政府自然资源部门予以审核
草原使用权证		县级以上农业农村部门、农村集体经济组织、林业和草原主管部门协助管理，自然资源部门核发使用权证
畜牧业养殖经营许可证		县级以上农业农村部门、农村集体经济组织、林业和草原主管部门协助管理，自然资源部门核发使用权证
森林、林木使用权	国务院确定的国家所有的重点林区的森林、林木和林地的	国务院林业主管部门核查，国务院自然资源部门核发证书
	国家所有的跨行政区域的	共同的上一级人民政府林草部门出具审核意见，自然资源部门核发使用权证
	国家所有的其他森林、林木和林地的	县级以上地方上一级人民政府林草部门出具审核意见，自然资源部门核发使用权证
	未确定使用权的国家所有的森林、林木和林地	县级以上人民政府自然资源部门登记造册，负责保护管理
	集体、单位和个人所有的森林、林木和林地	县级人民政府农业农村部门、农村集体经济组织协助管理，林草部门出具审核意见，自然资源部门核发使用权证
林木采伐许可证	国有林业单位采伐其经营的森林和林木	逐级上报省林草部门出具审核意见，自然资源部门核发使用权证
	其他国有企业和事业单位采伐其经营的森林、林木	所在地林草部门出具审核意见，自然资源部门核发使用权证，报省自然资源部门、林草主管部门备案
	集体经济组织、农村居民采伐集体林木和在承包地上种植的林木	所在地县级农业农村部门、农村集体经济组织协助管理，林草部门出具审核意见，自然资源部门核发使用权证
狩猎证	所在县非国家重点保护野生动物的	县林草部门出具审核意见，自然资源部门核发使用权证
	跨县猎捕非国家重点保护野生动物的	所在地县林业行政主管部门审核同意后，由市级林草部门出具审核意见，自然资源部门核发使用权证
	需跨市猎捕非国家重点保护野生动物的	所在地县级以上林业行政主管部门审核同意后报省级林草部门出具审核意见，自然资源部门核发使用权证
	省外人员（包括外国人）进入猎捕非国家重点保护野生动物的	林业行政主管部门审核，自然资源部门核发使用权证
取水许可证	区分生产、生活、生态用水，地上地下用水	水利部门审核，自然资源部门核发证书
水域滩涂养殖证		县级以上地方人民政府渔业行政主管部门出具意见，本级人民政府自然资源部门核发证书
渔业捕捞许可证	围网作业的捕捞	省级渔业行政主管部门出具意见，本级人民政府自然资源部门核发证书
	其他作业的捕捞	县级以上地方人民政府渔业行政主管部门出具意见，本级人民政府自然资源部门核发证书
建设用地使用权	建设用地使用	市、县人民政府自然资源行政管理部门
宅基地使用权	宅基地使用	向所在村民小组提出宅基地书面申请，村民小组交村集体经济组织或村民委员会审查，乡镇政府农业农村部门、涉及其他非建设用地相关部门进行审查，自然资源部门核发证书
探矿权、采矿权	探矿、采矿	根据开采和勘查的矿产资源类型及规模不同，决定其审批权限是由省、自治区、直辖市人民政府地质矿产主管部门或者市县人民政府地质矿产主管部门负责
海域使用权	包括但不限于养殖用海、拆船用海、旅游娱乐用海、盐业矿业用海、港口修造船厂等建设工程用海	向海洋行政主管部门提出申请；通过招标方式取得；通过拍卖方式取得
海岛使用权	对海岛资源的占有、使用、收益和部分处分权	向海洋行政主管部门提出申请；通过招标方式取得；通过拍卖方式取得

附图 1　国土空间用途管制分区条件准入流程图

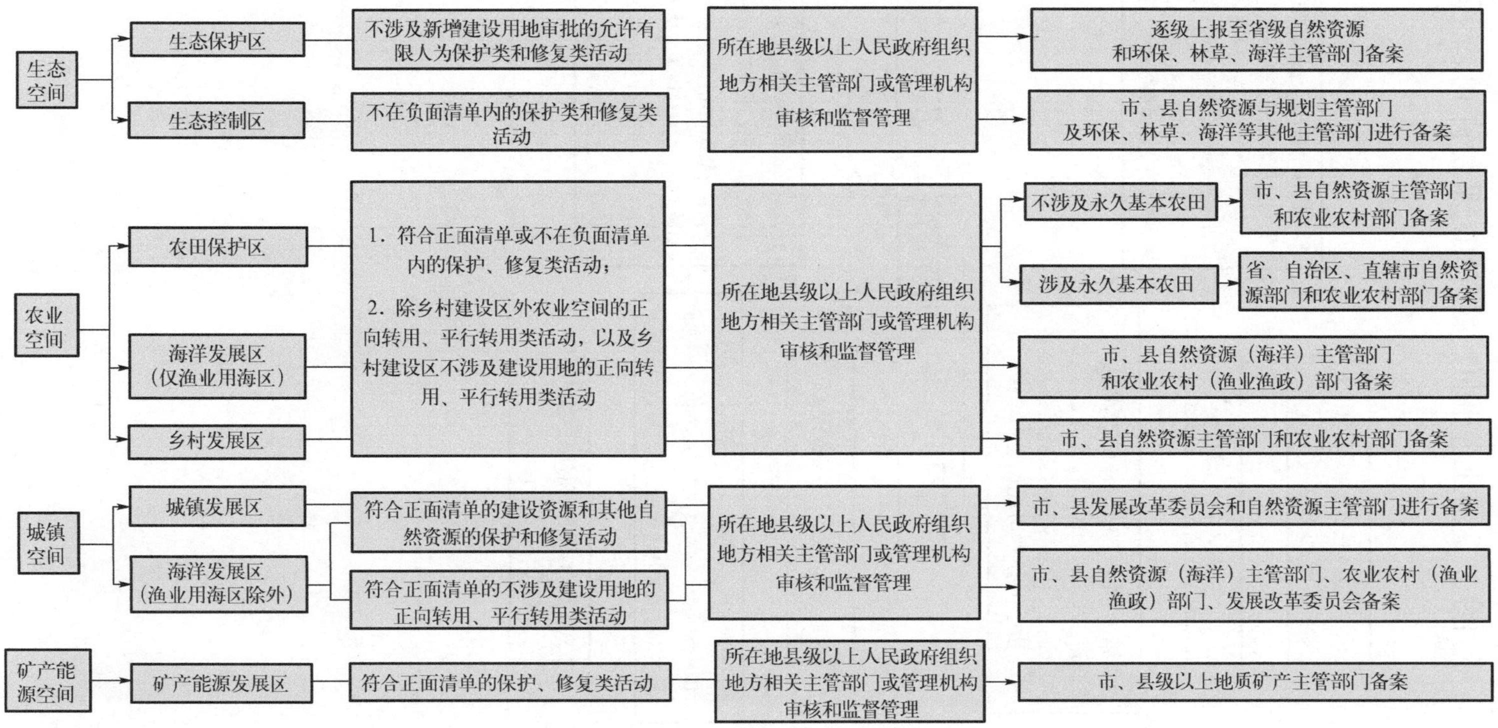

附图 2　国土空间使用许可/规划许可流程图

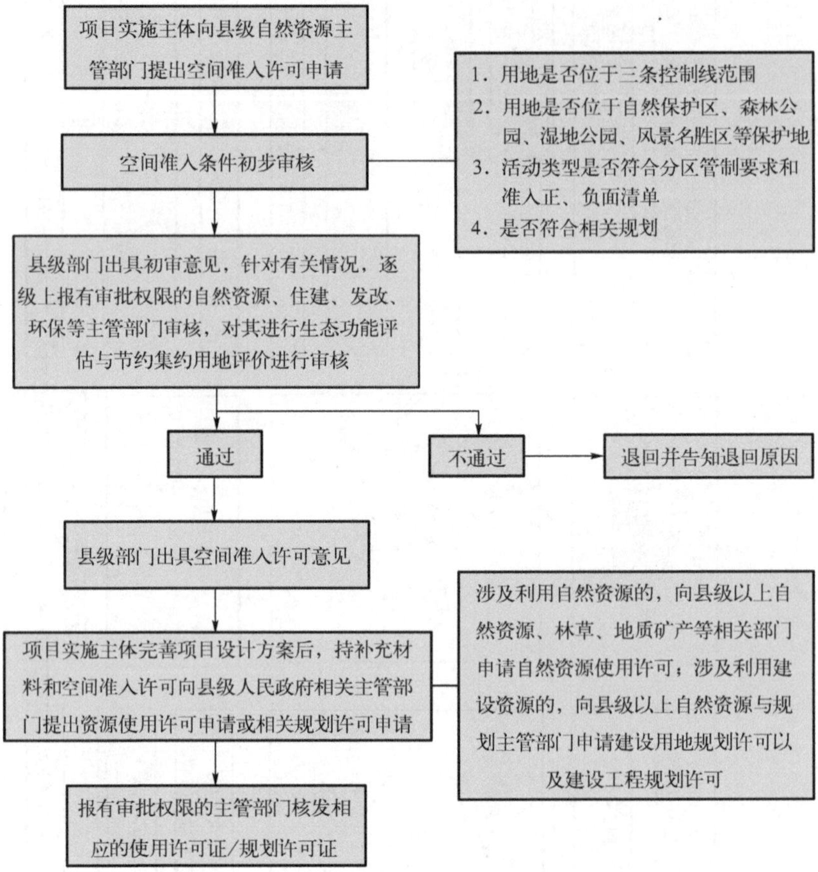

附图3　国土空间审批许可流程图

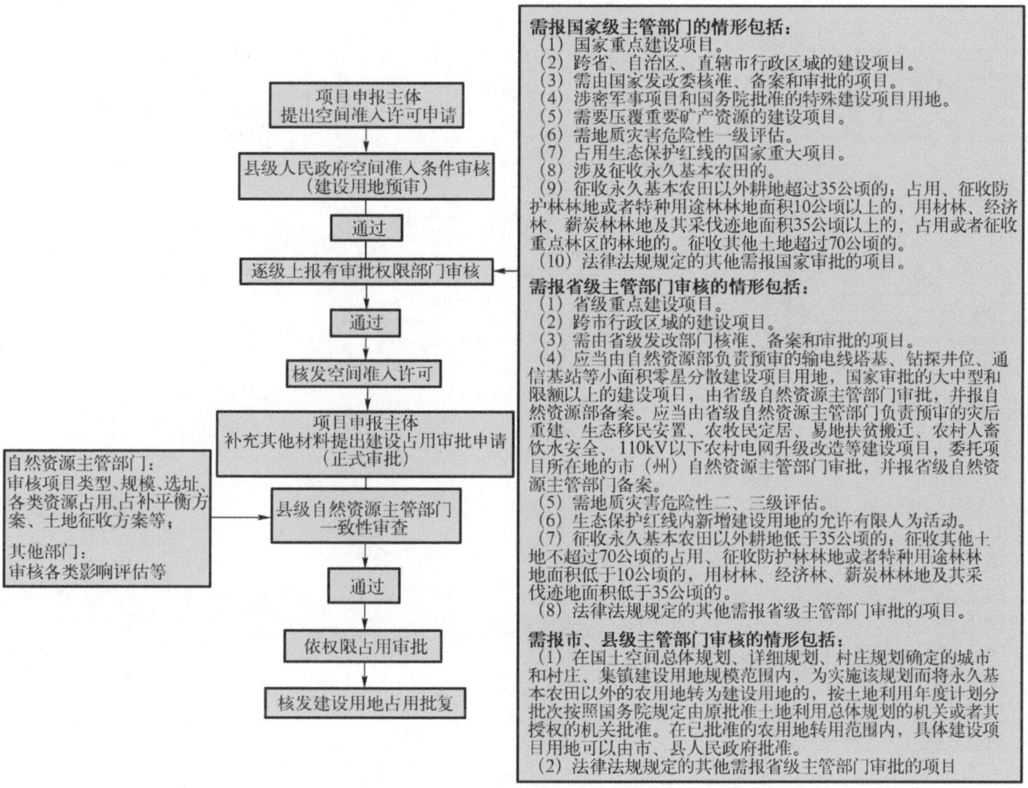